そのまま使える
型紙
つき

紙1枚からこんなにかわいい!

うさミミcraftの おうちでクラフト 12か月

うさミミcraft

はじめに

はじめまして、うさミミcraftです。

まず、この本を手に取っていただきありがとうございます。この本では、親子でワイワイ楽しく作れることをコンセプトとし、季《き》節《せつ》のイベントに合わせたクラフト作品を紹《しょう》介《かい》しています。

小さなお子さんでも作りやすいものから、作りごたえのあるものまでたくさんあります。かわいい作品をそろえることができたと思っているので、ぜひたくさんチャレンジしていただけると嬉《うれ》しいです。

そして、ものづくりの楽しさを少しでもみなさんに知っていただければと思っています。自分の手で作るというのは、おそらくみなさんが思っている以《い》上《じょう》に達《たっ》成《せい》感《かん》を覚《おぼ》え、完《かん》成《せい》した作品には愛《あい》着《ちゃく》がわくことでしょう。

作品たちは、棚《たな》の上や壁《かべ》に飾《かざ》って部屋を彩《いろど》ったり、誰《だれ》かにメッセージを添《そ》えてプレゼントしてみたりしてはいかがでしょうか。

ものづくり仲《なか》間《ま》として、みなさんに充《じゅう》実《じつ》した楽しいクラフトライフが待っていることを心から願《ねが》っています。

うさミミcraft

もくじ

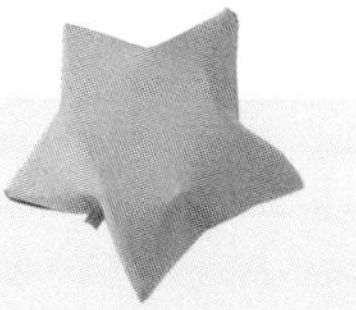

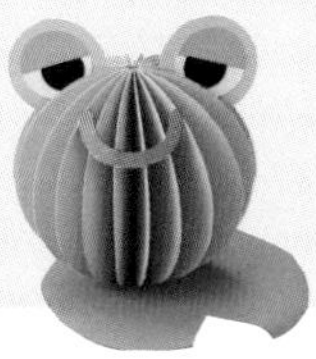

JANUARY

1月

手のひらサイズの門《かど》松《まつ》や、てまり風の
ボール飾《かざ》りなど、お正月をかわいく飾《かざ》る
作品です。雪だるまは色《いろ》違《ちが》いで作って
並《なら》べて楽しんでください！

門《かど》松《まつ》

作り方→ P.32

ボールの正月《しょうがつ》飾《かざ》り

作り方→ P.35

雪だるま

| 作り方→ P.36 |

FEBRUARY

2月

2月のイベントは、コロンとしたシルエットが
かわいい節《せつ》分《ぶん》のおにや、バレンタインの
ハート飾《かざ》りで楽しく！　春を予感させる梅《うめ》の花
は、たくさん作ると華《はな》やかです。

おに

作り方→ P.38

梅《うめ》の花

| 作り方→ P.42 |

立体のハート

| 作り方→ P.40 |

3 重《じゅう》のハート

| 作り方→ P.41 |

MARCH
3月

ひな祭りを祝《いわ》うひな人形は、重ねた着物や
小物まで細部にこだわりました。
ガーベラや小鳥は、カラフルに作って
春らしく飾《かざ》ってください。

うさぎの ひな人形

作り方→ P.43

桃《もも》の花

作り方→ P.46

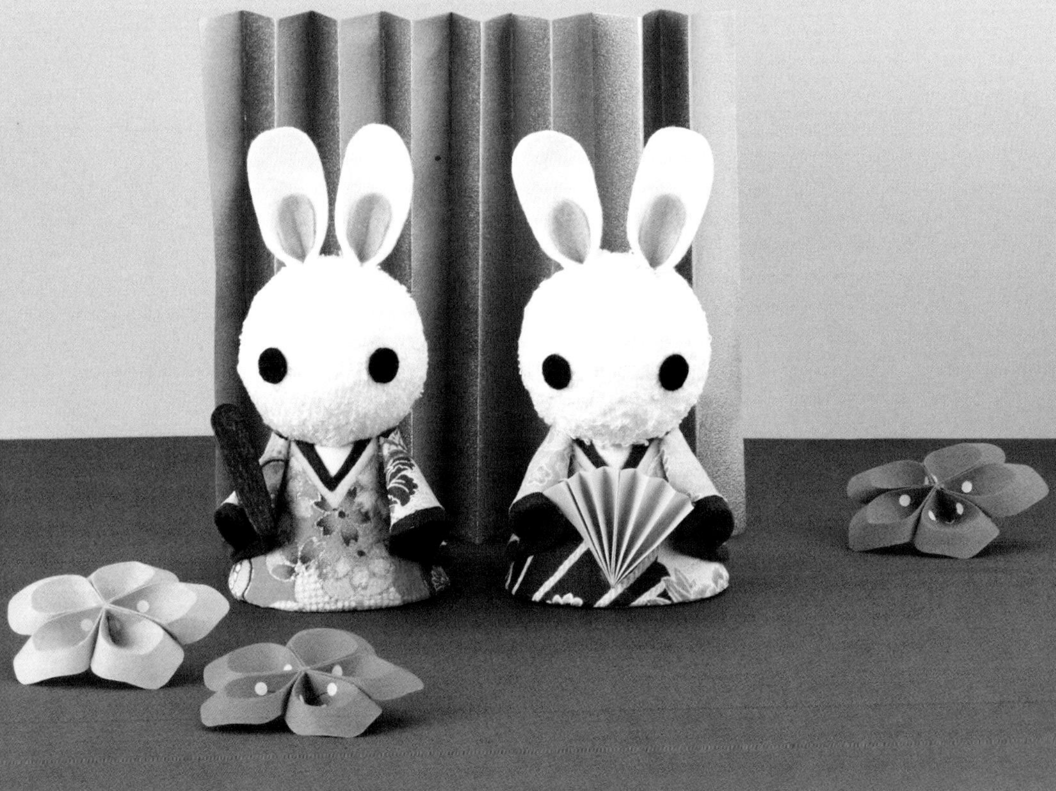

ガーベラ

作り方→ P.47

小鳥

作り方→ P.50

APRIL

4月

クローバーとてんとう虫は、
組み合わせてリースにするのもおすすめ。
桜《さくら》の花やちょうちょは、入学・入園の飾《かざ》りにも
ぴったり。いろいろアレンジできます。

クローバー

| 作り方→ P.56 |

てんとう虫

| 作り方→ P.57 |

桜《さくら》の花

作り方→ P.52、53

ちょうちょ

作り方→ P.54、55

MAY

5月

いろいろな柄《がら》が楽しめるこいのぼりや、
折《お》り紙を組み合わせて作るかぶとのリースで、
男の子の節《せっ》句《く》をお祝《いわ》い。母の日の
カーネーションは花《はな》束《たば》にしても素《す》敵《てき》。

こいのぼりのガーランド

作り方→ P.59

かぶとのリース

作り方→ P.60

カーネーション

作り方→ P.64

JUNE
6月

まるで本物みたいな傘《かさ》や表《ひょう》情《じょう》豊《ゆた》かなカエル、
おめかししたてるてる坊《ぼう》主《ず》など、
雨の季《き》節《せつ》も楽しくなる、キュートな作品です。
自由に組み合わせて飾《かざ》りましょう！

傘《かさ》

| 作り方→ P.67 |

てるてる坊《ぼう》主《ず》

| 作り方→ P.68 |

カエル

| 作り方→ P.66 |

JULY
7月

七夕《たなばた》飾《かざ》りは単体《たんたい》で飾《かざ》っても、組み合わせて
つるし飾《かざ》りにしてもかわいいですよ。
夜空に咲《さ》く花火はちょっと大人っぽく。
色の組み合わせで雰囲気《ふんいき》が変《か》わります。

カラフルくす玉

作り方→ P.74

七夕《たなばた》の星

作り方→ P.71

ゆれるボール飾《かざ》り

作り方→ P.72

花火

作り方→ P.75

AUGUST
8月

チリンと鳴る風鈴《ふうりん》に真っ赤なスイカ。
夏のさわやかな縁側《えんがわ》の風景《ふうけい》です。
お祭りのちょうちんやおいしいアイスクリームが、
楽しい夏をさらに盛《も》り上げてくれます。

風鈴《ふうりん》

作り方→ P.78

スイカ

作り方→ P.77

アイスクリーム

作り方→ P.80

ちょうちん

作り方→ P.82

SEPTEMBER
9月

食欲《しょくよく》の秋にかわいいブドウの飾《かざ》りはいかが？
ふくろうは敬老《けいろう》の日の飾《かざ》りにぴったり。
サボテンは小さなお花を咲《さ》かせたり、
自由にアレンジしてみて。

ブドウ

作り方→ P.84

サボテン

作り方→ P.88

ふくろう

作り方→ P.86

OCTOBER

10月

キュートなおばけやカラフルなカボチャが
ハロウィンを楽しくしてくれます。
カボチャおばけにミイラ男、魔女《まじょ》の黒ネコなど、
センスを生かしてたくさん作りましょう！

おばけ

| 作り方→ P.92 |

ハロウィン・モンスター

| 作り方→ P.90 |

カボチャ

| 作り方→ P.93 |

NOVEMBER

11月

くるんと巻《ま》いたしっぽのりすやどんぐりは、
タオル生地やウールボールを使ってほっこり
秋らしい雰囲気《ふんいき》に。キノコは傘《かさ》の裏《うら》の
リアルなひだがポイントです。

キノコ

作り方→ P.94

どんぐり

作り方→ P.98

りす

作り方→ P.99

DECEMBER 12月

クリスマスをいろどる作品たち。
ミニリースやベルはツリーに飾《かざ》って。
バラをたくさん組み合わせて作るツリーは、
主役級のゴージャスな雰《ふん》囲《い》気《き》です。

毛糸のミニリース

作り方→ P.104

ベル

作り方→ P.110

クリスマスの星

| 作り方→ P.108 |

ローズ・ツリー

| 作り方→ P.102 |

卵型《たまごがた》のクリスマス・オーナメント

| 作り方→ P.106 |

基本《きほん》の材料《ざいりょう》

本書で紹介《しょうかい》する作品に使用するおもな材料《ざいりょう》です。
100円ショップや文具店、手芸店《しゅげいてん》で購入《こうにゅう》できます。
インターネット通販《つうはん》では、色や柄《がら》の種類《しゅるい》が豊富《ほうふ》に選《えら》べます。

紙系《けい》

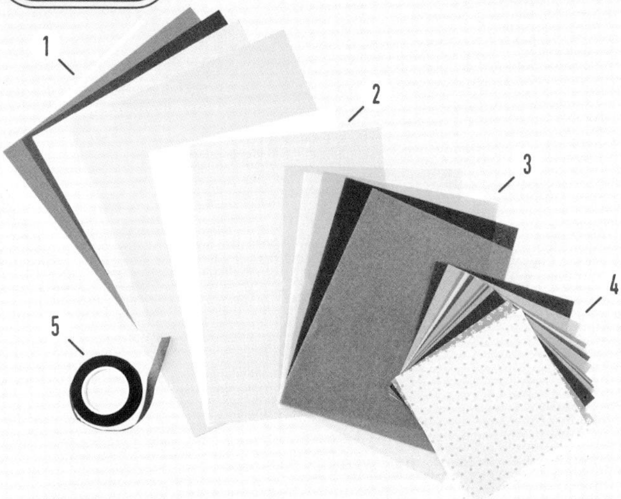

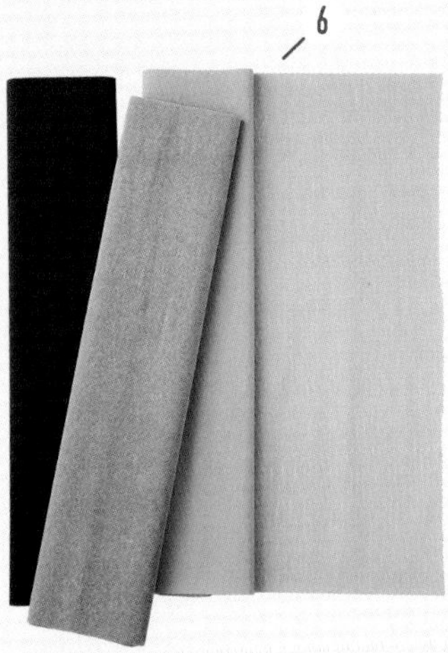

1 画用紙

いちばんよく使う材料《ざいりょう》。いろんな色を用意しておくと便利《べんり》です。

2 コピー用紙

A4サイズのコピー用紙を使用しています。

3 お花紙

おもにペーパーフラワーを作るときに使われる薄《うす》い紙です。本書では、25×20㎝サイズのものを使用しています。

4 折《お》り紙

基本的《きほんてき》に15×15㎝の通常《つうじょう》サイズの折《お》り紙を使用しています。

5 フローラルテープ

造花《ぞうか》を作るときに使う紙製《かみせい》のテープです。引っ張《ぱ》りながら巻《ま》くと、粘着《ねんちゃく》力《りょく》が出ます。100円ショップやホームセンターで購入《こうにゅう》できます。

6 クレープ紙

造花《ぞうか》作りやラッピングに使われる、しわの入ったやわらかい紙です。ネットショップでの購入《こうにゅう》がおすすめ。

布《ぬの》系《けい》

1 タオル生地

パイル地のタオル生地です。厚《あつ》すぎないもののほうが扱《あつか》いやすいです。

2 フェルト

パーツや飾《かざ》りに使うことが多いので、小さめのサイズで必要《ひつよう》な色を用意するといいでしょう。

3 ちりめん生地（はぎれ）

おもに100円ショップのちりめん風生地を使用しています。ちりめん素材以外《そざいいがい》を使用する場合は、薄《うす》くてやわかい布《ぬの》がおすすめです。

ベース（土台）

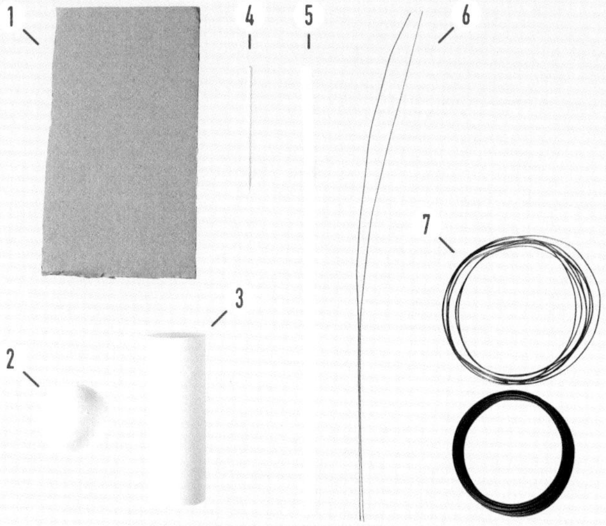

1 段《だん》ボール

紙や布《ぬの》を貼《は》って土台として使います。空き箱の再利用《さいりよう》でOK。

2 発泡《はっぽう》スチロール

発泡《はっぽう》スチロール製《せい》のボールです。100円ショップやホームセンターで手に入ります。

3 トイレットペーパーの芯《しん》

商品によって長さに少し差《さ》があります。そのままの長さでも大丈夫《だいじょうぶ》ですが、正確《せいかく》に測《はか》って作ると、よりきれいにできます。発泡《はっぽう》スチロールに円形の目印《めじるし》をつけるときにも使います。

4 つまようじ

作品を支《ささ》える軸《じく》として使います。細かい作業をするときや紙を巻《ま》くときにも使います。

5 ストロー

プラスチック製《せい》のストローです。太さは、各《かく》作品のページで確認《かくにん》してください。

6 アレンジワイヤー

地巻《まき》ワイヤーとも言い、おもにフラワーアレンジメントで使用する細い針金《はりがね》です。周《まわ》りに色付《いろづ》きの紙が巻《ま》かれており、1本36cm長さです。太さは、24番（約《やく》0.55mm）前後のものが使いやすいです。

7 針金《はりがね》

太めのもので2～1.6mm、細めのもので1.5～1mm程度《ていど》のものを使っています。ビニール被膜《ひまく》のもののほうが安全です。

デコレーション

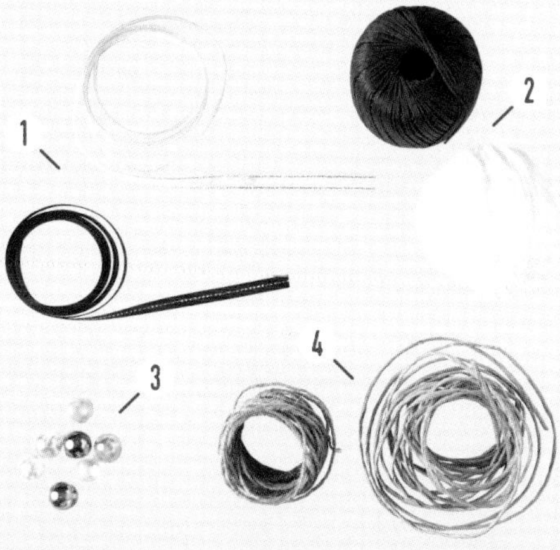

1 リボン

デコレーションや、作品を吊《つ》るしたりつないだりするためにあると便利《べんり》です。色や太さはお好《この》みで用意してください。

2 レース糸、毛糸

レース糸はおもに作品を吊《つ》るすときに、毛糸はデコレーション用に使います。

3 ビーズ

色や素材《そざい》は好《す》きなものでOKです。スパンコールなどもデコレーションに使うときれいです。

4 紙ひも・あさひも

おもに木などの素材感《そざいかん》を再現《さいげん》するときに使用します。吊《つ》りひもとしても。

基本《きほん》の道具

本書で使用している道具を紹介《しょうかい》します。
カッターやペンチ、グルーガン、千枚通《せんまいどお》しなどを使うときは、
大人の人と一緒《いっしょ》に作業するようにしましょう。

切る

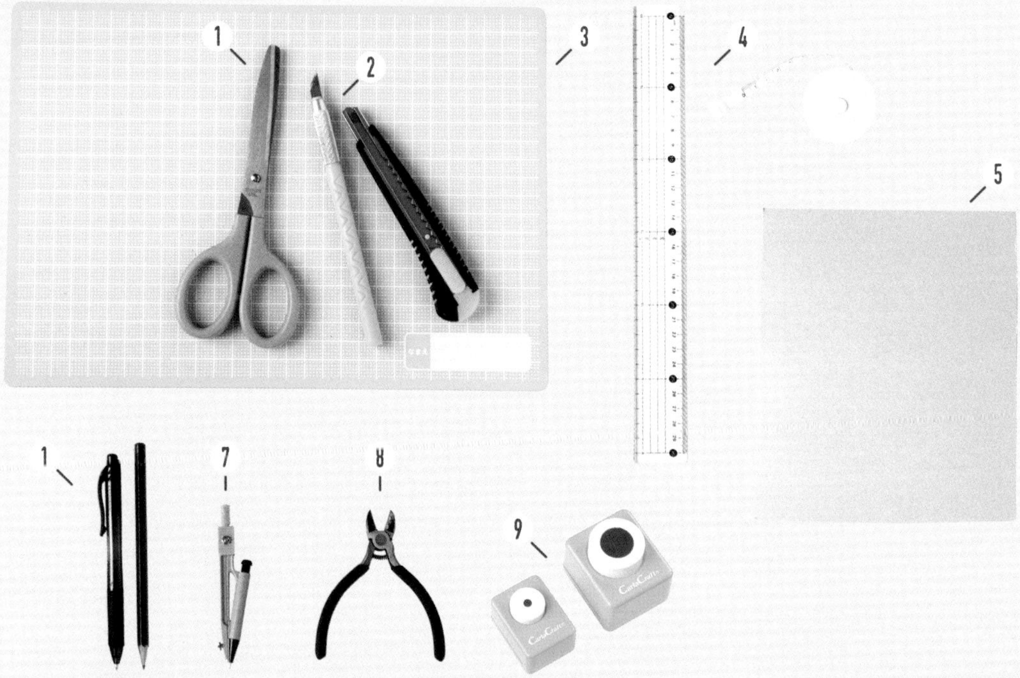

1 はさみ

紙や布《ぬの》を切るときに使います。

2 カッター、デザインナイフ

紙をまっすぐに切るときは、はさみの代わりにカッターを使うと便利《べんり》です。発泡《はっぽう》スチロールなどを切るときにも使います。

3 カッティングマット

カッターを使うときに、切りすぎて机《つくえ》を傷《きず》つけたり、切るものがずれないように下に敷《し》いておきましょう。（※本書内では写真を見やすくするため、カッターマットを外した状態《じょうたい》で撮影《さつえい》しています。）

4 ものさし、メジャー

長さを測《はか》るために使います。ものさしは、紙をカッターでまっすぐ切ったり、まっすぐ折《お》るときにも便利《べんり》です。

5 厚紙《あつがみ》（ボール紙）

同じ型紙《かたがみ》からたくさん紙を切り出したいときに、厚紙《あつがみ》で型《かた》を作ると楽にできます。

6 えんぴつ、ペン

目印《めじるし》をつけたり、型紙《かたがみ》を書き写したりするときに使います。布《ぬの》に目印《めじるし》をつける場合、ふつうのペンでも書けますが、布《ぬの》用のペンやチャコペンがあればなおいいでしょう。

7 コンパス

布《ぬの》を円形に切るときは、一度、厚紙《あつがみ》や使わない画用紙で型《かた》をとってから、書き写すといいでしょう。コンパスがない場合は、P.117をコピーして使ってください。

8 ニッパー

針金《はりがね》、アレンジワイヤーを切るときに使います。切った針金《はりがね》は鋭《するど》いので、作業には注意してください。

9 クラフトパンチ

きれいに紙を型抜《かたぬ》きできます。小さな穴《あな》をあけるために、直径《ちょっけい》5㎜の円形のものがあると便利《べんり》です。2㎝程度《ていど》の大きめのものや、花形のものもあると作品の幅《はば》が広がります。

貼《は》る・留《と》める

1 接着剤《せっちゃくざい》

紙をしっかり貼《は》り合わせるときや、布《ぬの》を貼《は》るときに使います。

2 のり

紙を貼《は》り合わせるときに使います。

3 両面テープ

おもに大きい面積《めんせき》の紙を貼《は》り合わせるときに使います。1～1.5㎝幅《はば》のものが使いやすいでしょう。

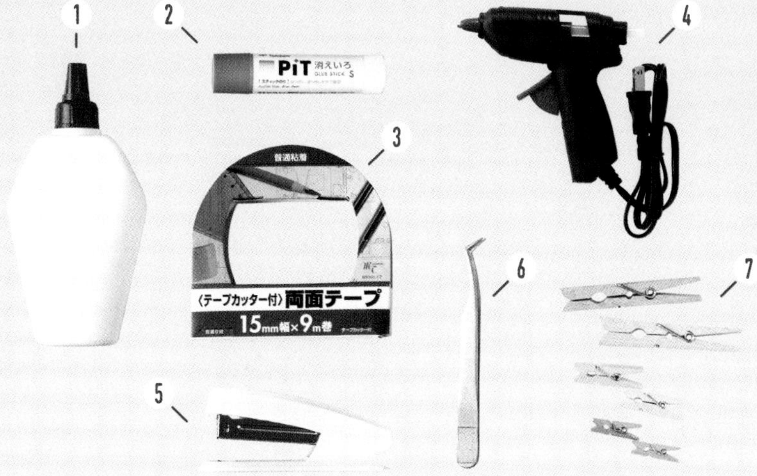

4 グルーガン

大きいものや凸凹《でこぼこ》したものを貼《は》りつけるときに使います。熱《ねつ》で接着剤《せっちゃくざい》を溶《と》かして固定《こてい》するため、熱《あつ》くなるので注意しましょう。

5 ステープラー

紙を留《と》めるときに使います。

6 ピンセット

細かいパーツを貼《は》ったり、指の届《とど》きにくい範囲《はんい》の作業をするときに、ピンセットがあるときれいにできます。

7 ピンチ

貼《は》り合わせた紙や布《ぬの》を乾《かわ》くまで固定《こてい》しておくために使います。いくつかのサイズを用意しておくと便利《べんり》です。

いろいろな加工《かこう》

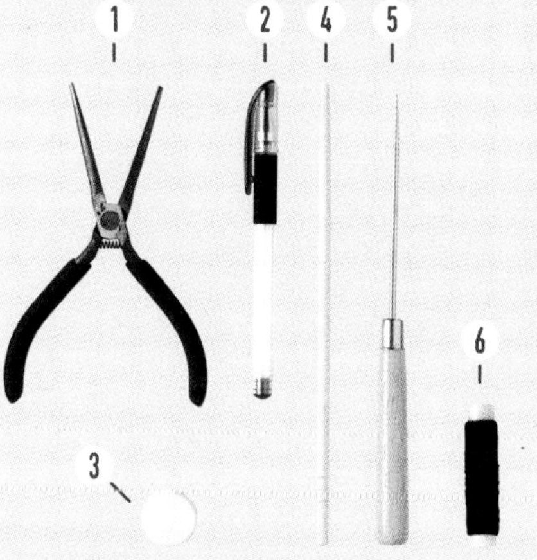

1 ペンチ

針金《はりがね》を曲げたりねじったり加工《かこう》するときに使います。刃《は》つきのものならニッパーと兼《か》ねることができます。作業によっては、2本あると便利《べんり》です。

2 空《から》のボールペン

紙を折《お》りやすくするために、空《から》のボールペンでなぞって跡《あと》をつけます。インクがつかないように、使い切ったものを用意しましょう。「鉄筆」というペーパークラフト専用《せんよう》の商品もあります。

3 ペットボトルのキャップ

発泡《はっぽう》スチロールに目印《めじるし》をつけたり、材料《ざいりょう》のサイズを測《はか》る目印《めじるし》として使います。

4 丸箸《ばし》

紙をしごいてクセをつけ、丸みをつけます。軸《じく》が丸いえんぴつなどでもOKです。

5 千枚通《せんまいどお》し(キリ)

紙や発泡《はっぽう》スチロールに穴《あな》をあけるときに使います。先がするどいので、気をつけて扱《あつか》いましょう。

6 糸

おもに発泡《はっぽう》スチロールに目印《めじるし》をつけるときのガイドとして使います。通常《つうじょう》の縫《ぬ》い糸でかまいません。

1月

門松《かどまつ》

作品→ P.4

材料《ざいりょう》

動画《どうが》はこちら

〈竹〉
- ストロー（白または透明《とうめい》・5㎜太さ）…1本
- コピー用紙（白・A4）…1枚《まい》
- お花紙（緑）…1枚《まい》

〈葉牡丹《はぼたん》〉
- お花紙（クリーム色、薄《うす》いピンク、うぐいす色）…各《かく》1枚《まい》
- アレンジワイヤー（緑）…約《やく》10㎝

〈松《まつ》〉
- レース糸（緑）
- アレンジワイヤー（茶・18㎝）…2本

〈土台〉
- トイレットペーパーの芯《しん》…1本
- 段《だん》ボール（約《やく》4×4㎝）…1枚《まい》
- 紙ひも（またはあさひも）

道具

- ものさし
- えんぴつ
- はさみ
- 両面テープ
- カッター
- カッティングマット
- 接着剤《せっちゃくざい》
- 段《だん》ボール箱（空箱）
- ニス
- 筆《ふで》
- ピンセット
- ニッパー
- ペンチ（2本）
- ペットボトルのキャップ
- グルーガン

作り方

竹

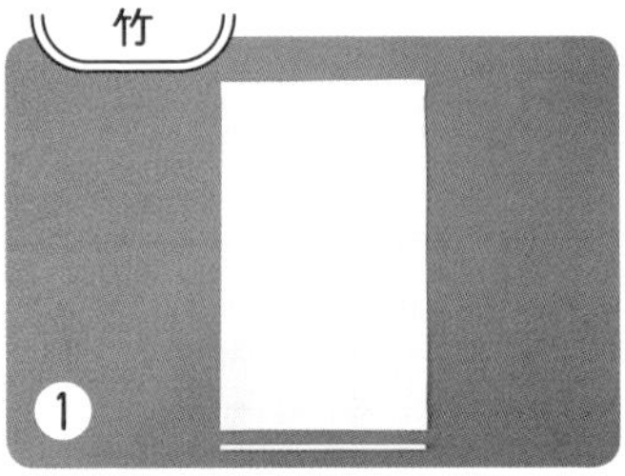

コピー用紙をストローと同じ幅《はば》に切り、巻《ま》き始めと巻《ま》き終わりになる両端《りょうたん》に、両面テープを貼《は》る。

❶で貼《は》った両面テープにストローを貼《は》りつけ、巻《ま》き始める。

巻《ま》き終わった状態《じょうたい》。巻《ま》き終わりまでぴったりと貼《は》りつける。

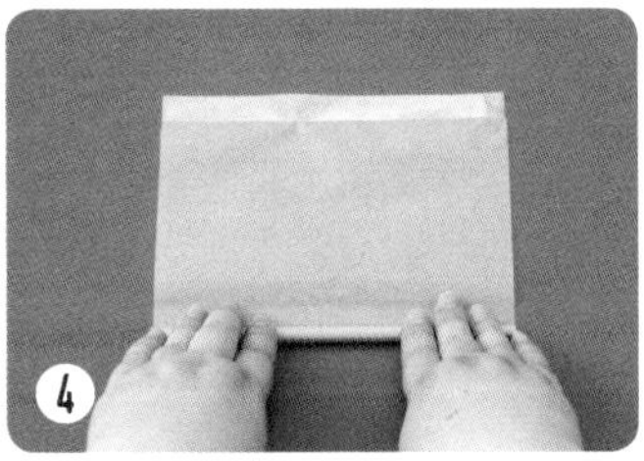

❸に、緑のお花紙を❶~❸と同じ手《て》順《じゅん》で巻《ま》きつける。

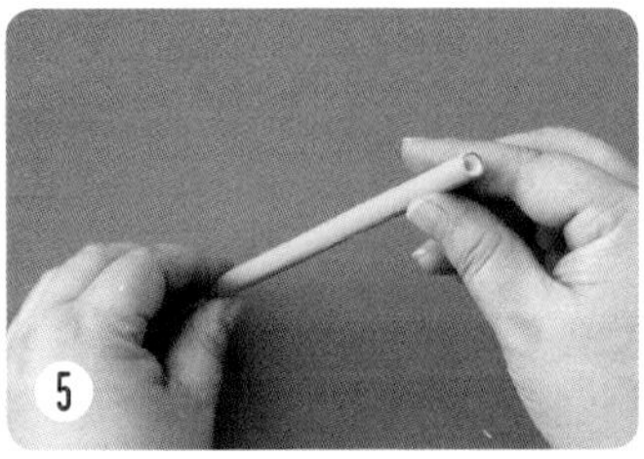

お花紙を巻《ま》き終わった状態《じょうたい》。内側《うちがわ》が白、外側《そとがわ》が緑の竹ができる。

大人と一緒《いっしょ》に

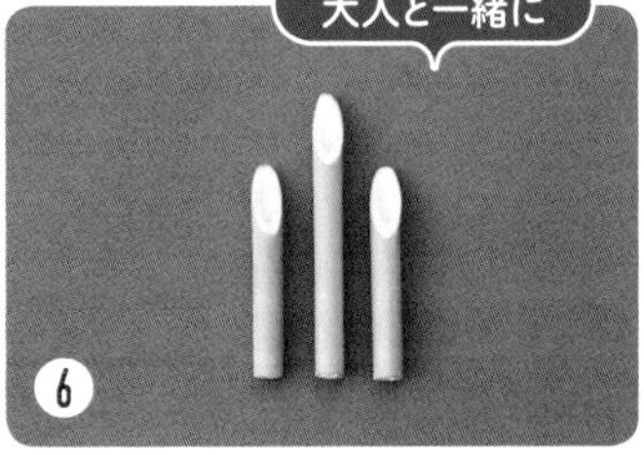

❺をカッターで斜《なな》めに切る（硬《かた》いので注意）。8㎝程度《ていど》を1本、6㎝程度《ていど》を2本に切り分ける。

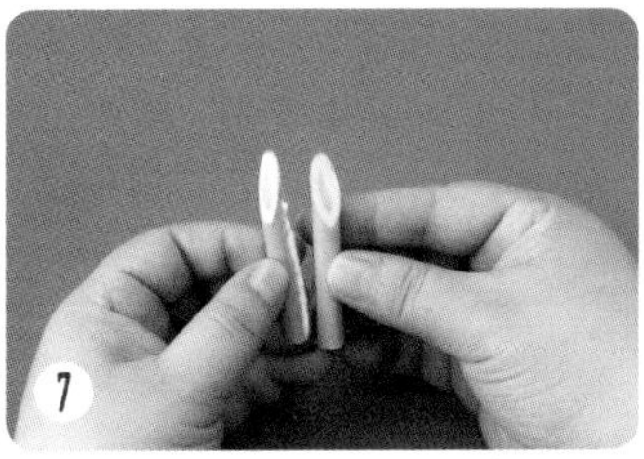

短い竹を写真のように接着剤《せっちゃくざい》で貼《は》り合わせる（断面《だんめん》がガタガタしたり、コピー用紙《ようし》がずれる場合は、❻のあと接着剤《せっちゃくざい》を塗《ぬ》って固《かた》めておく）。

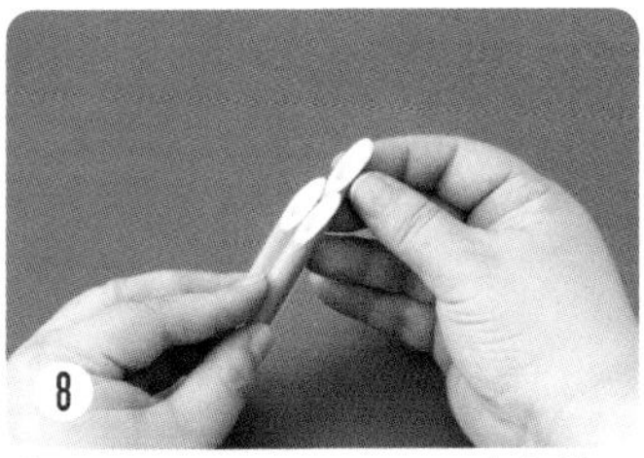

乾《かわ》いたら、長い竹を後ろから接着剤《せっちゃくざい》で貼《は》りつける。竹の完成《かんせい》。

葉牡丹《はぼたん》

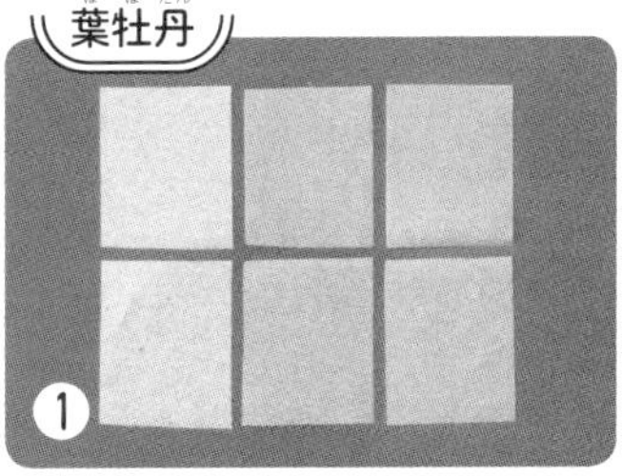

3色のお花紙を6×5cmのサイズに2枚《まい》ずつ切る。

クリーム色2枚《まい》、薄《うす》いピンク2枚《まい》、うぐいす色2枚《まい》の順《じゅん》に重ね、じゃばら折《お》りにする。

アレンジワイヤー（緑）で、❷の真ん中をねじってとめる。

お花紙の両端《りょうたん》を写真のように丸く切る。

お花紙のじゃばらを開き、花びら同士《どうし》の間に、花の中心に向かって1cm程《ほど》切り込《こ》みを入れる。

アレンジワイヤーを持ち、花びらを1枚《まい》ずつ立ち上げていく。

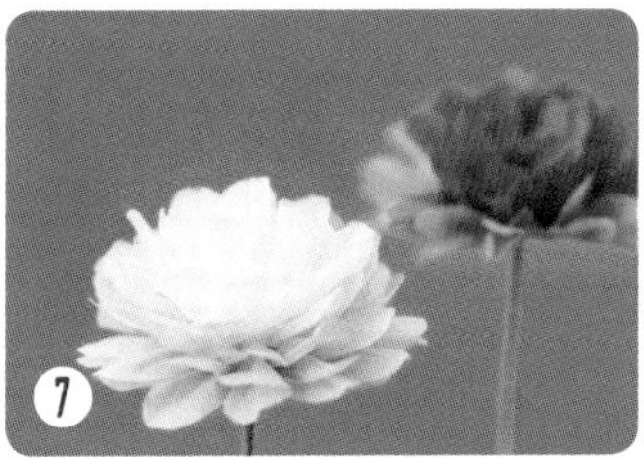

形を整えて葉牡丹《はぼたん》のできあがり。赤紫《むらさき》などの色違《ちが》いで作った葉牡丹《はぼたん》と組み合わせると、より華《はな》やかになる。

松《まつ》

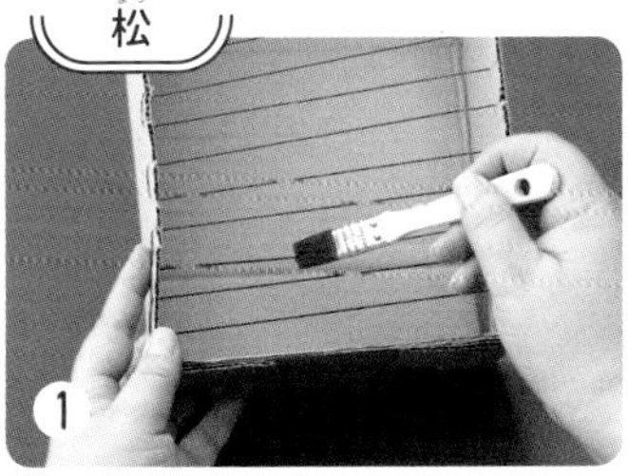

段《だん》ボール箱上面に等間隔《とうかんかく》の切り込《こ》みを入れ、写真のようにレース糸を引っ掛《か》ける。糸にニスを塗《ぬ》って乾《かわ》かす。

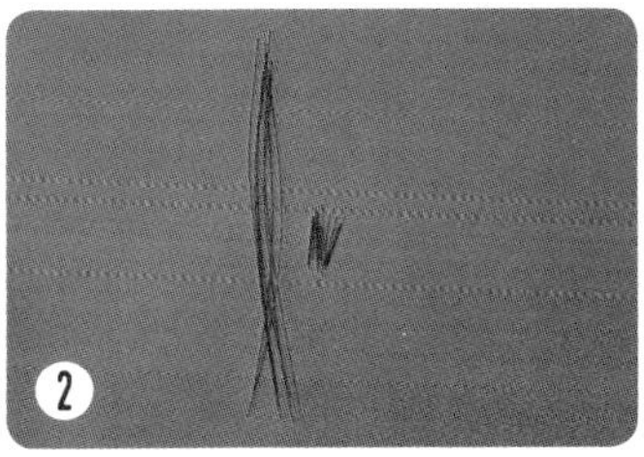

❶が乾《かわ》いたらニスを塗《ぬ》った部分だけ切り取り、3cmくらいの長さに切りそろえる。

アレンジワイヤー（茶）を真ん中で曲げ、折《お》り目から2/3の範囲《はんい》に接着剤《せっちゃくざい》を塗《ぬ》る。❷の糸を並《なら》べていく。

1月

門松《かどまつ》のつづき

松《まつ》のつづき

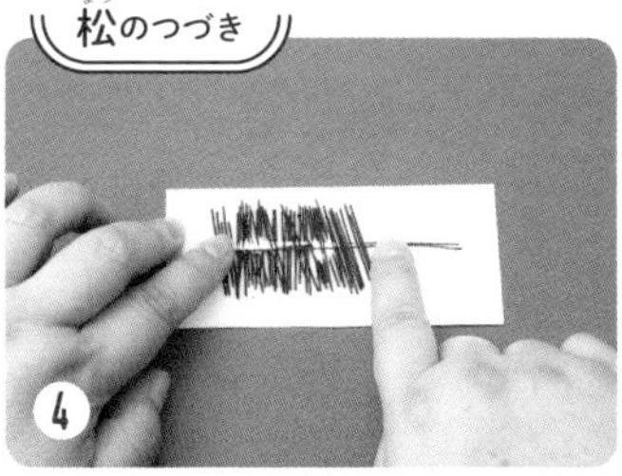

❷の糸をぎっしり並《なら》べ、曲げたアレンジワイヤーを倒《たお》して糸をはさむ。

アレンジワイヤーの折《お》り返し部分をペンチでしっかりはさみ、糸がずれないようにもう1本のペンチでひねっていく。

乾《かわ》いたら、はさみで糸の長さを切りそろえる。

松《まつ》の葉のように、糸を上向きに整える。

松《まつ》のできあがり。同じものをもう1つ作る。

土台

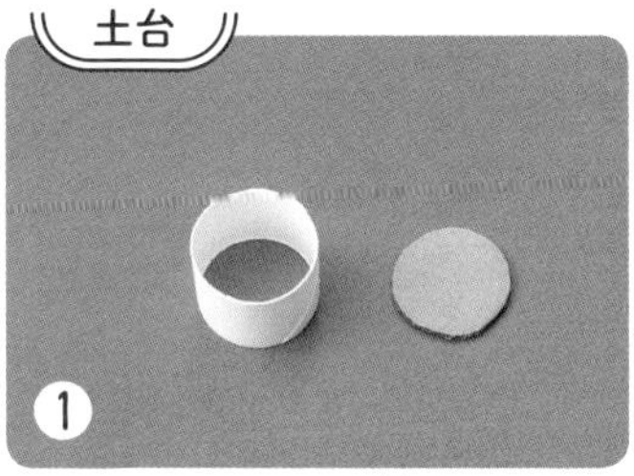

トイレットペーパーの芯《しん》を3cmの長さに切る。段《だん》ボールを芯《しん》の太さに合わせて、円形に切る。

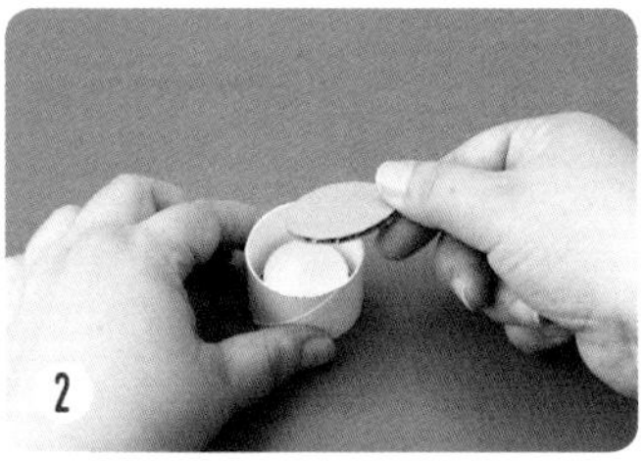

芯《しん》の中にペットボトルのキャップを入れ、その高さまで❶の段《だん》ボールを押《お》し込《こ》む。

大人と一緒《いっしょ》に

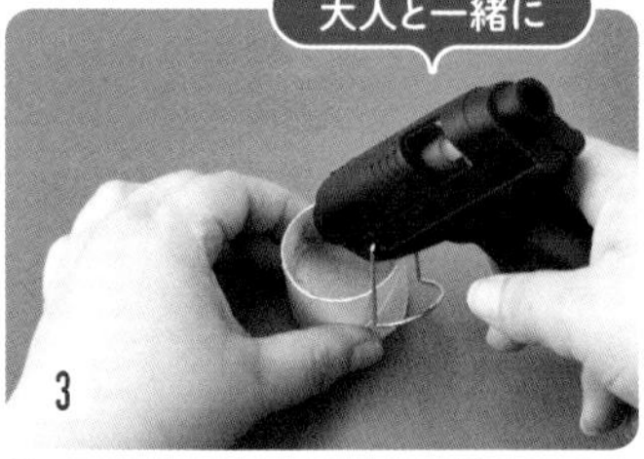

段《だん》ボールをグルーガンで固定《こてい》する。

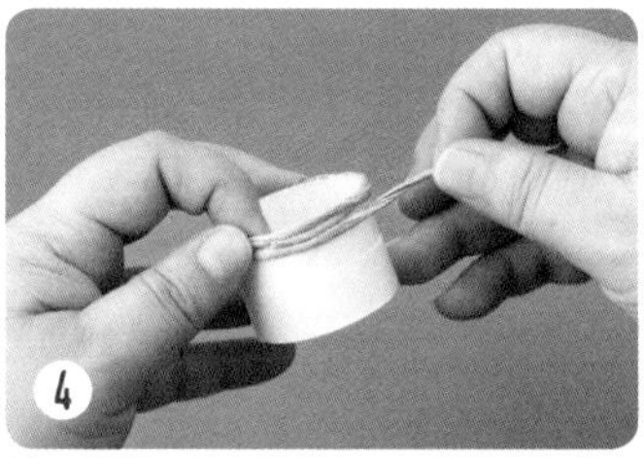

芯《しん》の外側《そとがわ》にぐるりと両面テープを貼《は》り、紙ひも（またはあさひも）を巻《ま》きつけていく。

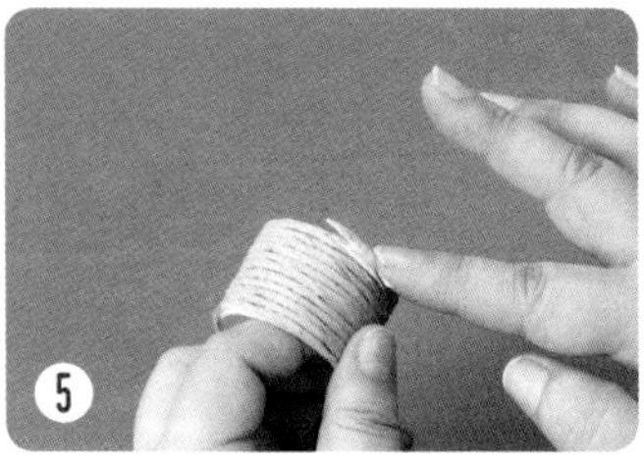

巻《ま》き始めと巻《ま》き終わりは、紙ひもを斜《なな》めに切り、接着剤《せっちゃくざい》で貼《は》りつける（芯《しん》の切り口にも接着剤《せっちゃくざい》を塗《ぬ》るとよい）。

＼できあがり／

POINT

土台に竹、葉牡丹《はぼたん》、松《まつ》をグルーガンで接着《せっちゃく》すればできあがり。2つ作って、対《つい》にして飾《かざ》るのがおすすめ！

作品→ P.4

ボールの正月《しょうがつ》飾《かざ》り

材料《ざいりょう》

- 発泡《はっぽう》スチロールのボール（直径《ちょっけい》5㎝）…1個《こ》
- ちりめん生地（好《す》きな柄《がら》・17×9㎝）…1枚《まい》

道具

- 千枚通《せんまいどお》し
- 糸
- ペン
- カッター
- カッティングマット
- 接着剤《せっちゃくざい》
- ものさし
- はさみ
- ピンセット

動画《どうが》はこちら

作り方

大人と一緒《いっしょ》に

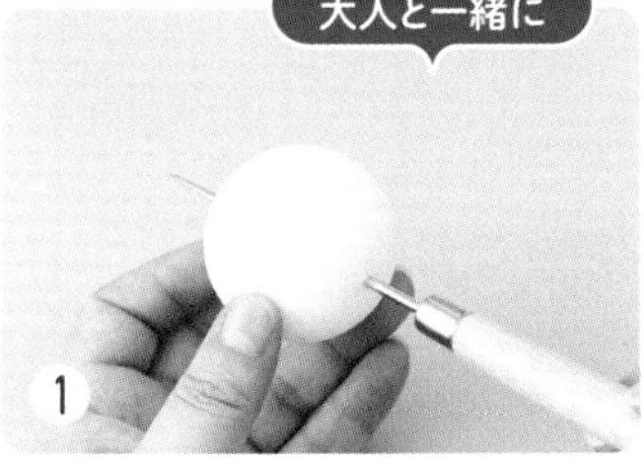

発泡《はっぽう》スチロールのボールの中心に千枚《せんまい》通《どお》しを刺《さ》し、貫通《かんつう》させる。

ボールに千枚通《せんまいどお》しを刺《さ》したまま、十字に線を書く。糸を巻《ま》いて十字のガイドにすると書きやすい。

大人と一緒《いっしょ》に

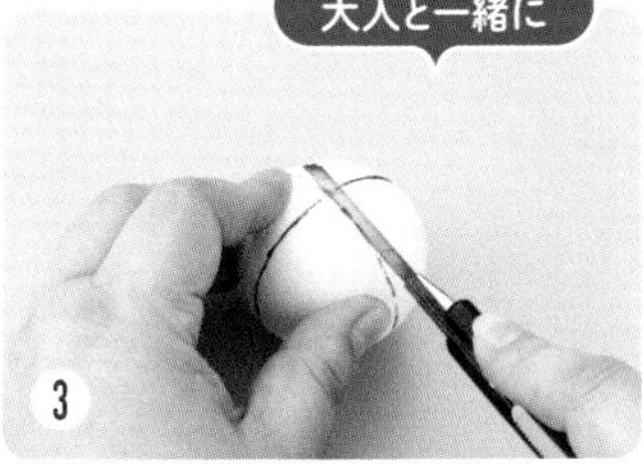

十字に書いた線に沿《そ》って、カッターで深さ1㎝程《ほど》の切り込《こ》みを入れる。

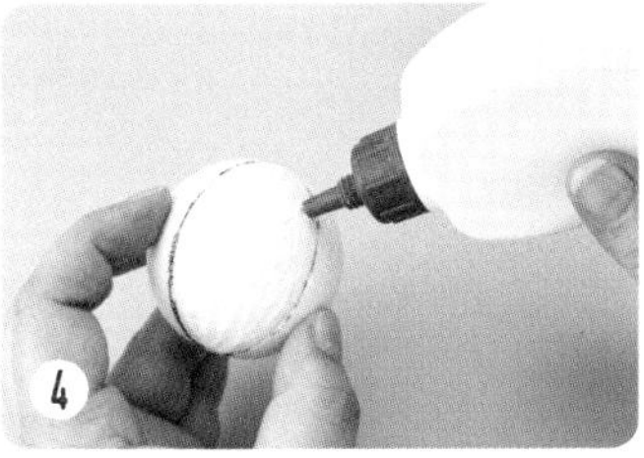

ボールの4分の1の面に接着剤《せっちゃくざい》を塗《ぬ》る（切り込《こ》みに接着剤《せっちゃくざい》が入らないよう注意）。

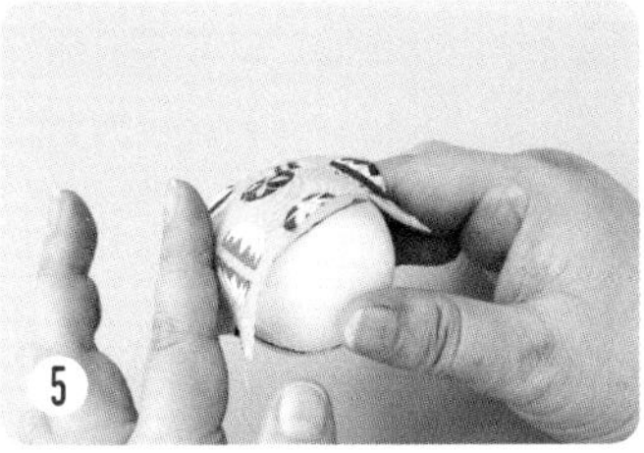

4等分（8.5×4.5㎝）に切ったちりめん生地を、接着剤《せっちゃくざい》を塗《ぬ》った面にしっかり貼《は》りつける。

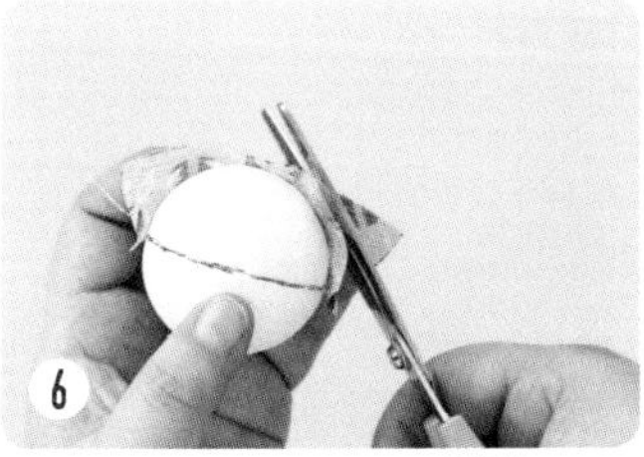

生地がはみ出た部分を5㎜程残《ほどのこ》して、はさみで切り落とす。

ピンセットの先を使って、生地の端《はし》をボールの切り込《こ》みに押《お》し込《こ》んでいく。

生地の端《はし》をすべて押《お》し込《こ》んだところ。❹～❼の手順《てじゅん》をあと3回くり返し、よく乾《かわ》かす。

＼できあがり／

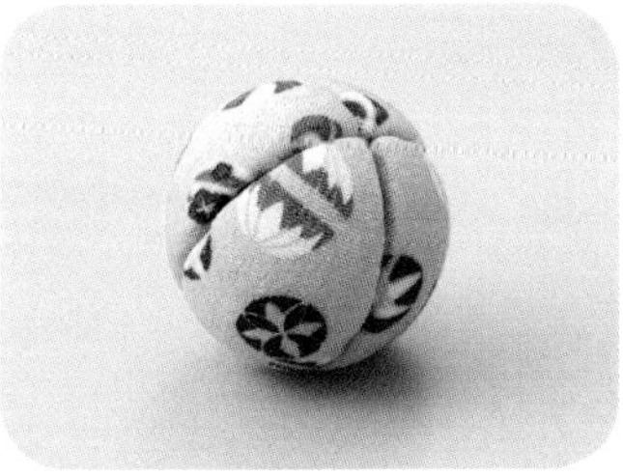

1月

作品→ P.5　型紙《かたがみ》→ P.112

雪だるま

材料《ざいりょう》

- 画用紙（白・約《やく》32 × 20㎝）…1枚《まい》
  （青・約《やく》10 × 5㎝）…1枚《まい》
  （オレンジ・4 × 2㎝）…1枚《まい》
  （黒）…適量《てきりょう》（目用）
- 毛糸（青）…約《やく》30㎝
- つまようじ…2本

道具

- えんぴつ
- はさみ
- のり
- ピンチ
- 丸箸《ばし》
- 接着剤《せっちゃくざい》
- ものさし
- コンパス
- ピンセット

動画《どうが》はこちら

作り方

画用紙（白）を型紙《かたがみ》に合わせて切る。同じものを16枚《まい》用意する。

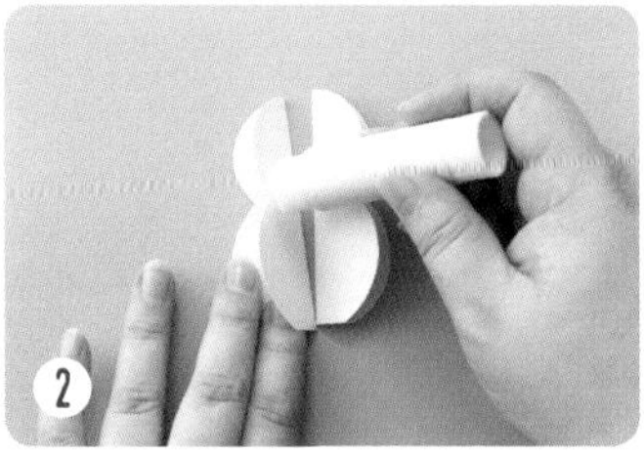

❶を縦《たて》半分に折《お》り、半分の面にのりを塗《ぬ》る。

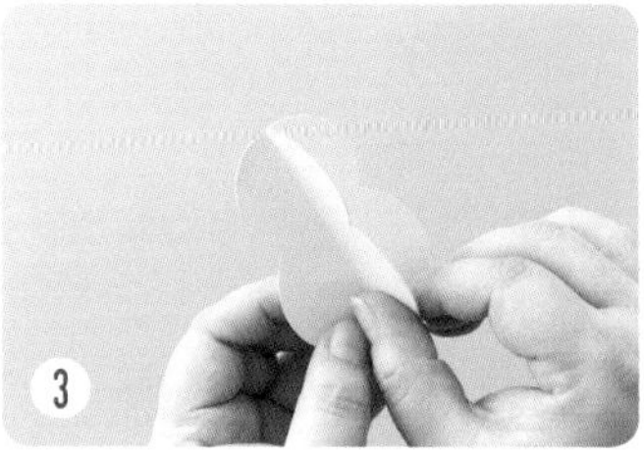

2枚《まい》を貼《は》り合わせる。

これをくり返して16枚《まい》貼《は》り重ね、ピンチではさんで乾《かわ》かす。このとき、最《さい》初《しょ》と最後《さいご》の面にはのりを塗《ぬ》らない。

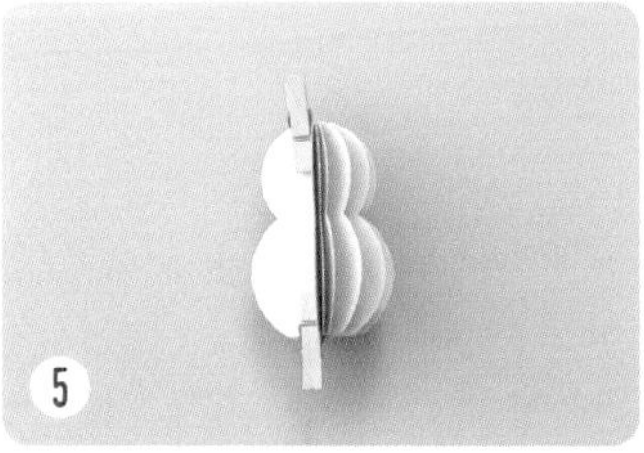

乾《かわ》いたら最初《さいしょ》と最後《さいご》の面を貼《は》り合わせ、ピンチではさんでしっかり乾《かわ》かす。

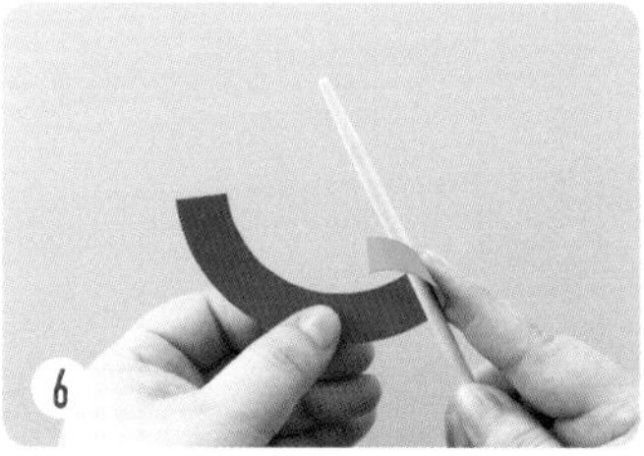

バケツの帽子《ぼうし》を作る。型紙《かたがみ》に合わせて画用紙（青）を切り、丸箸《ばし》で丸みをつける。

丸みをつけた画用紙をバケツの形に巻《ま》いて、のりで貼《は》りつける。

バケツの底《そこ》を作る。バケツの底《そこ》になるほうのふちに接着剤《せっちゃくざい》を塗《ぬ》り、画用紙に貼《は》る。

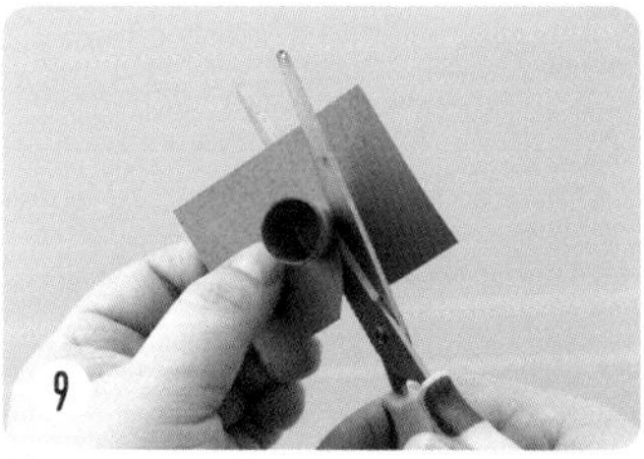

乾《かわ》いたら、不要《ふよう》な部分をはさみで切り落とす。

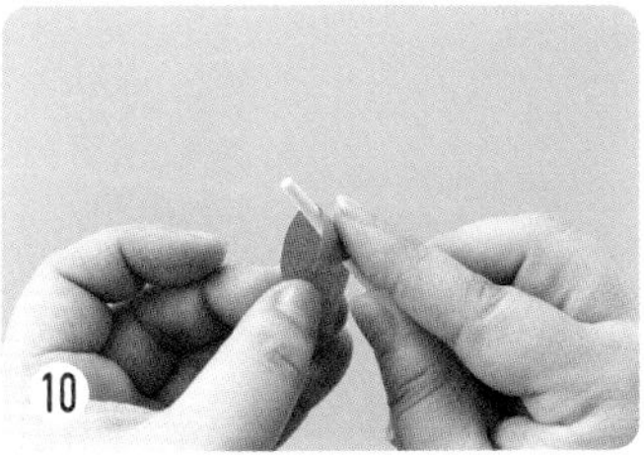

鼻を作る。画用紙（オレンジ）を直径《ちょっけい》4cmの半円に切る。丸箸《ばし》で丸みをつける。

円すい状《じょう》に整えて、のりで貼《は》る。

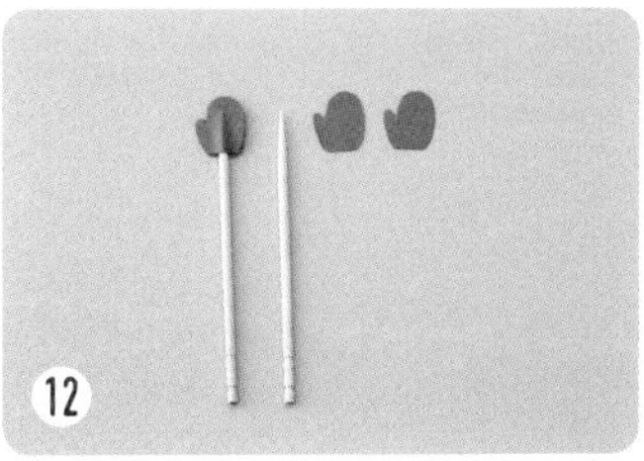

手を作る。手袋型《てぶくろがた》に切った画用紙（青）2枚《まい》でつまようじをはさみ、のりで接《せっ》着《ちゃく》する。これを2本作る。

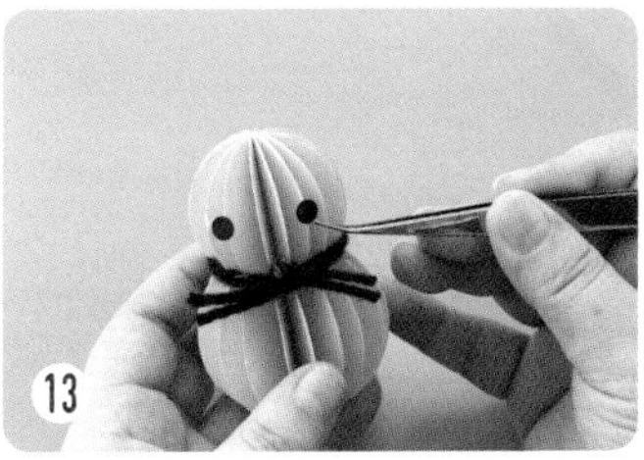

画用紙（黒）で目を、（青）でボタンを作り、接着剤《せっちゃくざい》でパーツを貼《は》っていく。毛糸は2つ折《お》りにして、首の部分に結《むす》び、長さを整える。

⓬は体の真横に接着剤《せっちゃくざい》で貼《は》りつける。

できあがり

POINT

鼻はにんじんモチーフです。帽子《ぼうし》や手袋《てぶくろ》、マフラーは、赤、黄色、紫《むらさき》、緑などいろんな色でカラフルにアレンジしてみて。

2月

作品→ P.6

おに

材料《ざいりょう》

- 発泡《はっぽう》スチロールのボール
  (直径《ちょっけい》7.5cm) …1個《こ》
- ちりめん生地(赤・13×13cm) …2枚《まい》
- フェルト(赤・4×4cm) …1枚《まい》
  (黄・5×2.5cm) …1枚《まい》　(黒) …適量《てきりょう》(目用)
- 毛糸(黒)

道具

- トイレットペーパーの芯《しん》
- カッター
- カッティングマット
- 接着剤《せっちゃくざい》
- はさみ
- ものさし
- わりばし(丸箸《ばし》)
- コンパス
- ピンセット

動画《どうが》はこちら

作り方

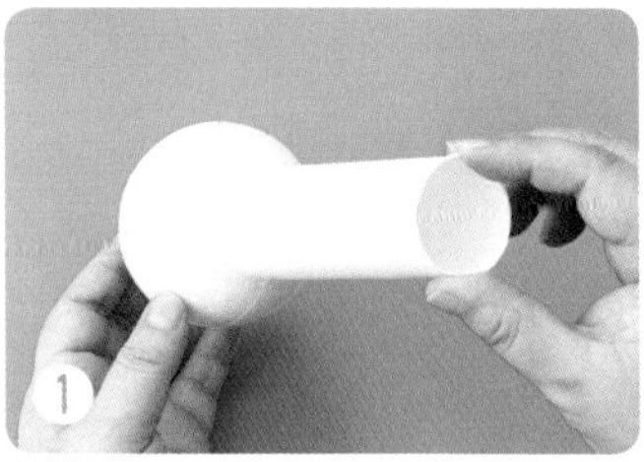

発泡《はっぽう》スチロールのボールにトイレットペーパーの芯《しん》を押《お》しつけて、円形の跡《あと》をつける。

大人と一緒《いっしょ》に

カッターで❶でつけた跡《あと》から先を切り落とす。この平らな面が底《そこ》になる。

ボールの半分に接着剤《せっちゃくざい》を塗《ぬ》り、ちりめん生地を貼《は》る。もう半分にも生地を貼《は》り、2枚《まい》でボールを包《つつ》むようにする。

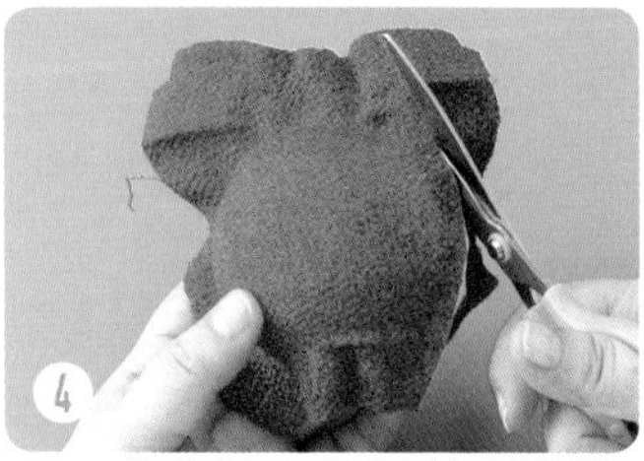

しわにならないように整え、生地の余《あま》った部分を切る。この段階《だんかい》で切りすぎないように注意する。

生地のつなぎ目を軽くなじませたあと、ギリギリまで切る。もう一度生地のつなぎ目を指で押《お》さえて、きれいになじませる。

底《そこ》になる面は、はみ出した生地を1cm程《ほど》に切りそろえて接着剤《せっちゃくざい》で貼《は》る。

フェルト(赤)を直径《ちょっけい》4cmの円に切り、接着剤《せっちゃくざい》で底《そこ》の面に貼《は》る。

フェルト(黄)を直径《ちょっけい》5cmの半円に切り、その半分の面に接着剤《せっちゃくざい》を塗《ぬ》る。

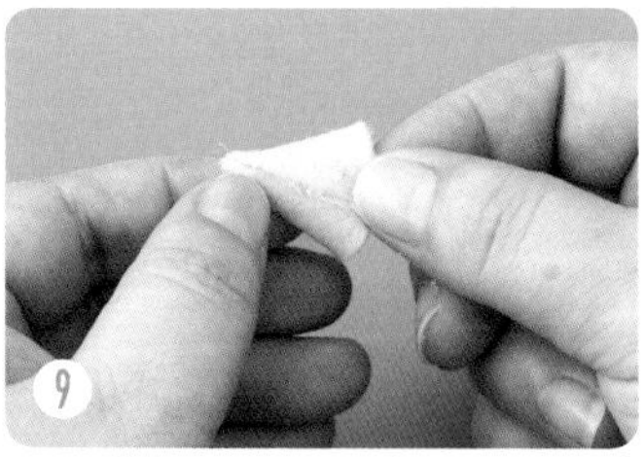

円すい状《じょう》になるように貼《は》り合わせ、角《つの》を作る。

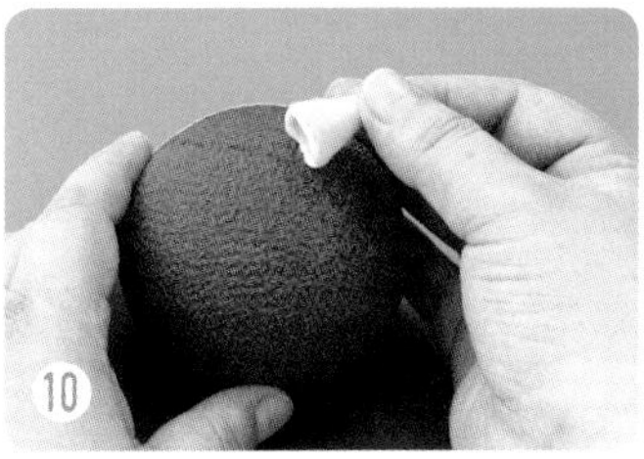

角《つの》に接着剤《せっちゃくざい》を塗《ぬ》り、❼でできた本体の上部に貼《は》る。

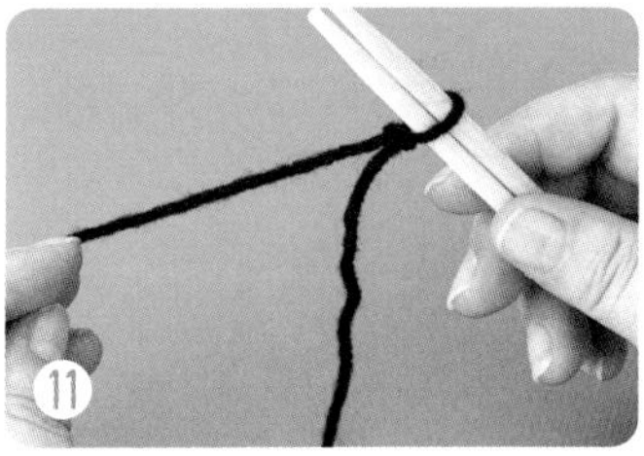

毛糸で髪《かみ》の毛を作る（「棒針《ぼうばり》の作り目」の作り方）。まず、わりばし2本に毛糸を固結《かたむす》びする。

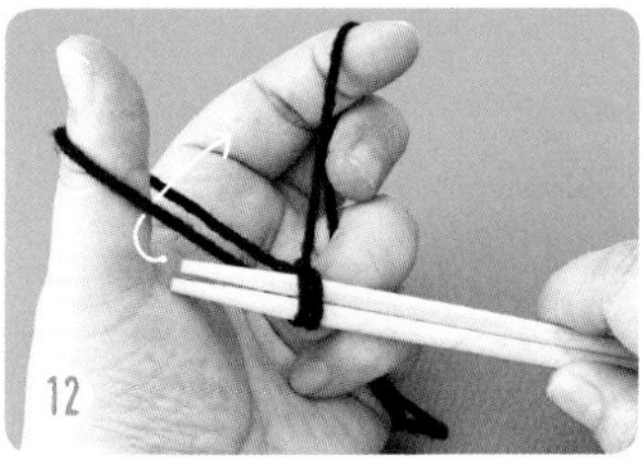

右手にわりばしを持ち、左手の親指と人差《ひとさ》し指に毛糸をひっかける。親指にかけた毛糸の外側《そとがわ》を、手前下から上にすくう。

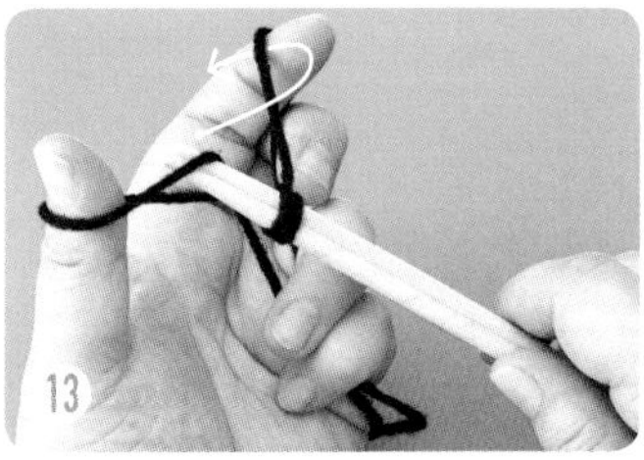

すくっているところ。次に人差《ひとさ》し指側《がわ》の毛糸を、上から下へひっかける。

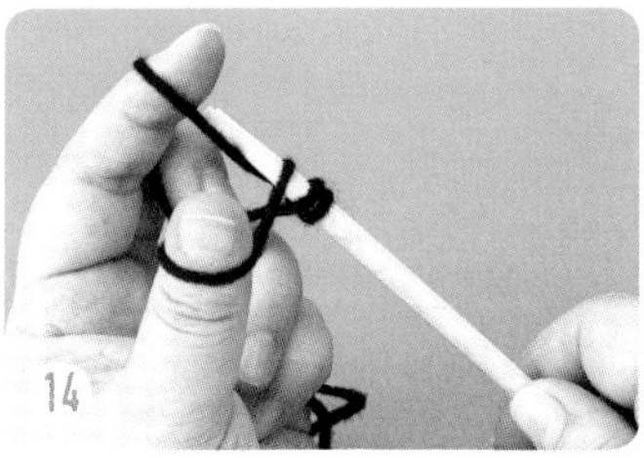

ひっかけているところ。

親指にかかった輪《わ》に上からくぐらせる。

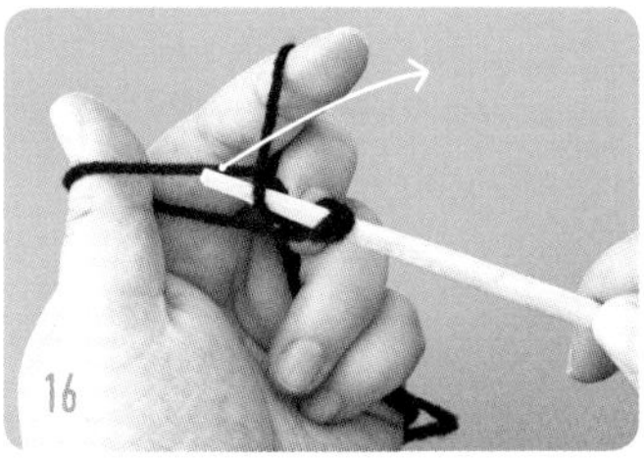

くぐらせたところ。そのままわりばしを右上に引く。

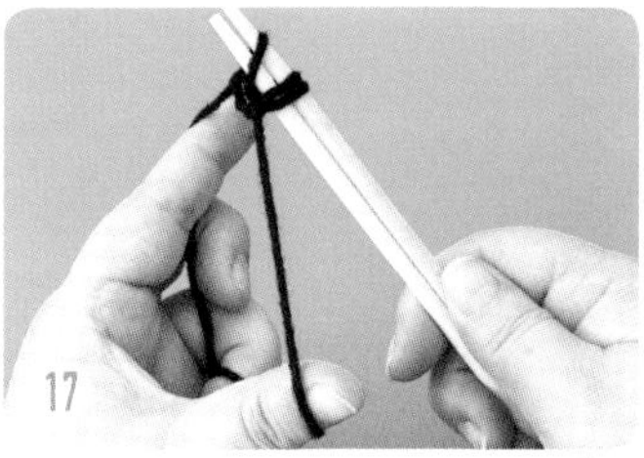

親指にかかった毛糸を外して引っ張《ば》ると、編《あ》み目がひとつできる。これをわりばしの⅔くらいまでくり返す。

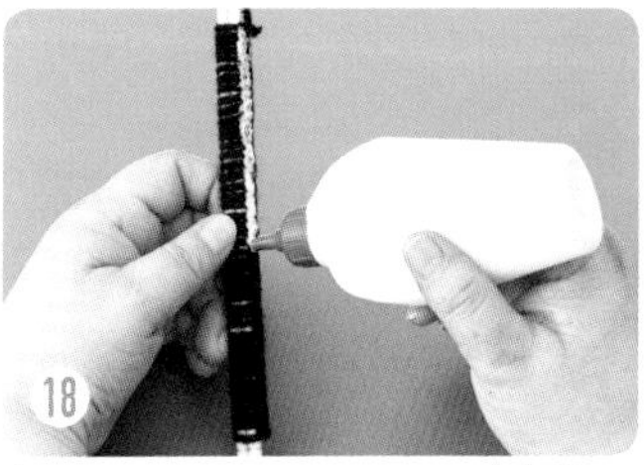

編《あ》み目をできるだけ広げて、接着剤《せっちゃくざい》を薄《うす》く塗《ぬ》る。乾《かわ》いたらわりばしを抜《ぬ》き、軽く整える。これを4～5本作る。

前髪《まえがみ》の高さから、少しずつずらしながらうずまき状《じょう》に本体に貼《は》っていく。最後にフェルト（黒）で目を作り、接着《せっちゃく》剤《ざい》で貼《は》る。

＼できあがり／

POINT

赤おに、青おに、黄色や緑など好《す》きな色で作ってみてください。角《つの》は左右2本でもOK。

2月

作品→ P.7　型紙《かたがみ》→ P.112

立体のハート

材料《ざいりょう》

- 画用紙（赤・4×15cm）…1枚《まい》
- ストロー…1本

道具

- えんぴつ
- はさみ
- 空《から》のボールペン
- 接着剤《せっちゃくざい》
- ピンセット
- ピンチ
- ものさし
- グルーガン

動画《どうが》はこちら

作り方

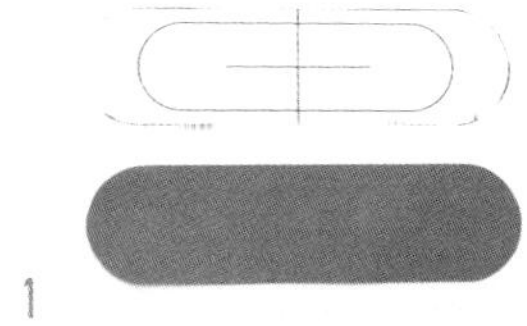

型紙《かたがみ》に合わせて画用紙を切る。

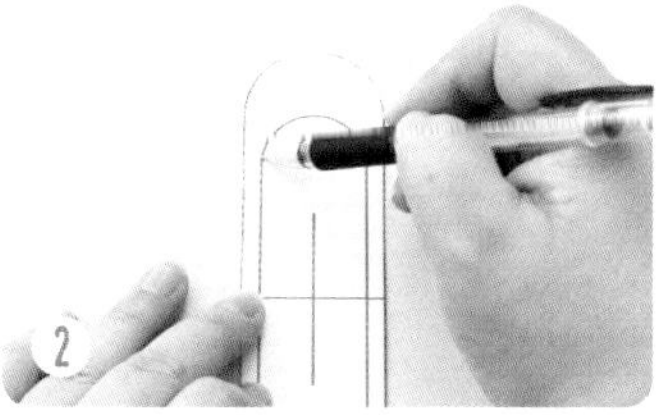

画用紙に型紙《かたがみ》を重ね、空《から》のボールペンで線をなぞる。型紙《かたがみ》を外し、さらに何度かなぞってしっかり跡《あと》をつける。

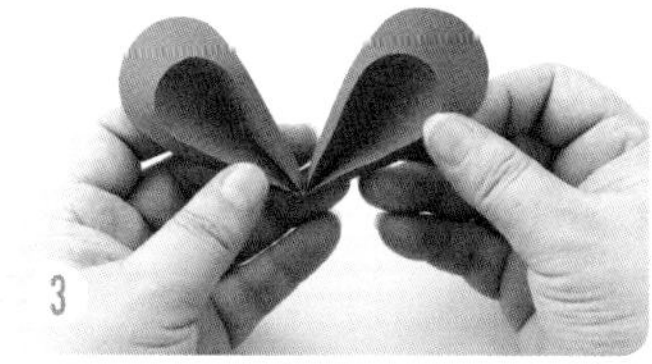

中央を上下から寄《よ》せ、❷でつけた跡《あと》を折《お》りながらハートを立体的《てき》に整える。

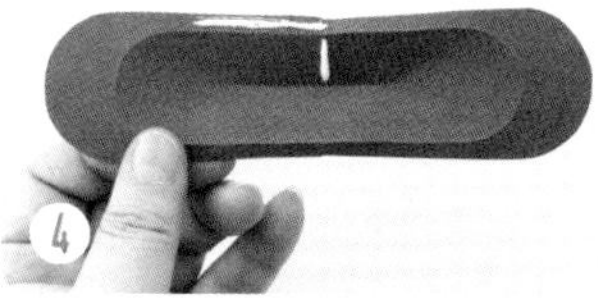

接着剤《せっちゃくざい》を表側《おもてがわ》と裏側《うらがわ》につける。表側《おもてがわ》は写真のように2か所に線状《せんじょう》に塗《ぬ》る。

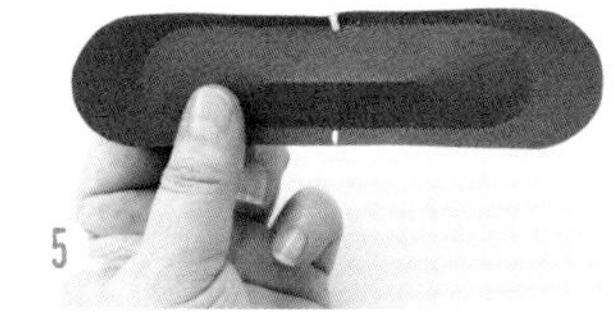

裏側《うらがわ》も写真のように2か所に接着剤《せっちゃくざい》を塗《ぬ》る。

再《ふた》び中央を寄《よ》せてハートの形にする。ピンセットでつまんで整え、ピンチではさんで乾《かわ》かす。

4cmの長さに切ったストローを、ハートの裏側《うらがわ》にグルーガンでつける。

できあがり

作品→ P.7

3重《じゅう》のハート

材料《ざいりょう》

- 画用紙
  (薄《うす》いピンク・1.5×19cm)…2枚《まい》
  (濃《こ》いピンク・1.5×14cm)…2枚《まい》
  (赤・1.5×9cm)…2枚《まい》

道具

- ものさし
- えんぴつ
- クラフトパンチ(直径《ちょっけい》5mm)
- のり
- ピンセット
- ピンチ

動画《どうが》はこちら

作り方

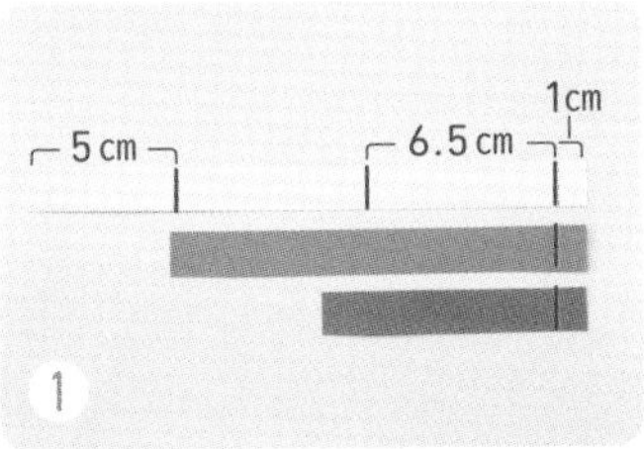

3色の画用紙の写真の位置《いち》に目印《めじるし》をつける(これが表側《おもてがわ》)。右端《みぎはし》1cmは、のりしろ。

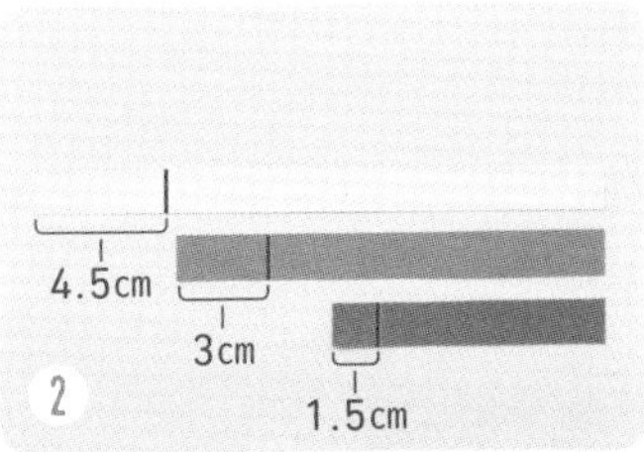

それぞれ裏返《うらがえ》し、写真の位置《いち》に目印《めじるし》をつける。

薄《うす》いピンクの画用紙は、❶でつけた目《め》印《じるし》2か所(のりしろの目印《めじるし》以外《いがい》)にクラフトパンチで穴《あな》をあける。

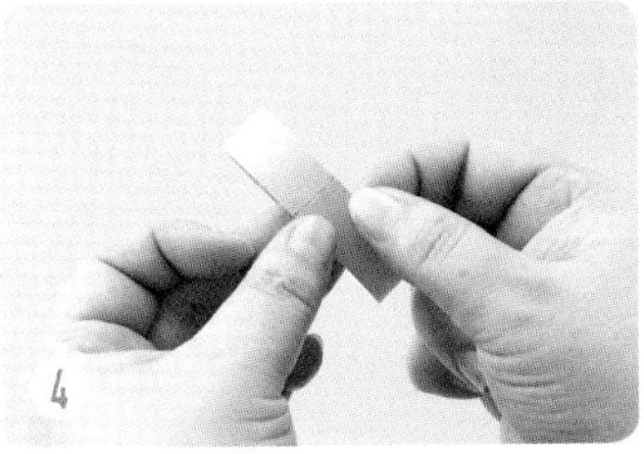

3色の画用紙ののりしろにのりを塗《ぬ》り、反対の端《はし》と貼《は》り合わせて輪《わ》にする。

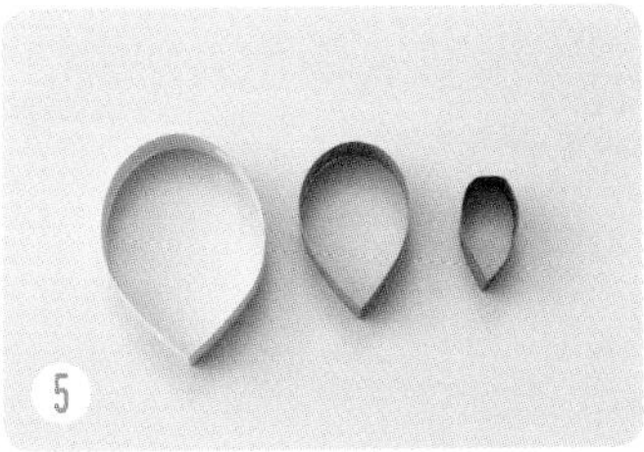

輪《わ》にした画用紙のつなぎ目を折《お》って頂《ちょう》点《てん》とし、(大)(中)(小)のしずく型《かた》にする。

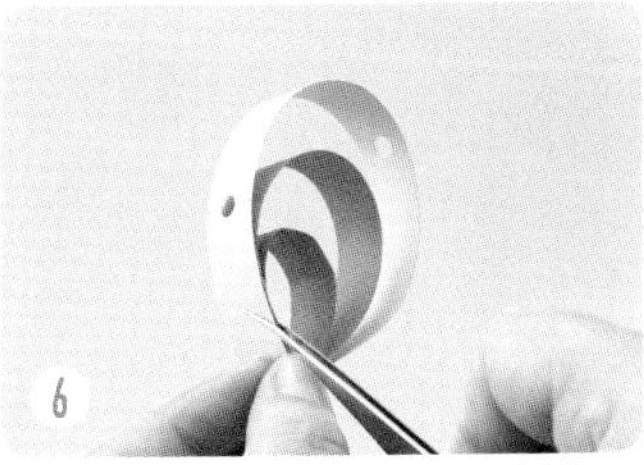

(小)の頂点《ちょうてん》から1.5cm(❷の目印《めじるし》)にのりを塗《ぬ》り、(中)の中に貼《は》る。同様に(中)の頂点《ちょうてん》から3cmにのりを塗《ぬ》り、(大)の中に貼《は》る。

同じものをもうひとつ作り、(大)の頂《ちょう》点《てん》から4.5cmにのりを塗《ぬ》って貼《は》り合わせる。ピンチではさんで乾《かわ》かす。

\ できあがり /

POINT

2種類《しゅるい》のハートをいくつか作り、リボンや毛糸に通して飾《かざ》るとかわいい!

2月

作品→ P.7 ｜ 型紙《かたがみ》→ P.113

梅《うめ》の花

材料《ざいりょう》

- 画用紙
  (濃《こ》いピンク・7×9cm)…1枚《まい》
  (黒)…適量《てきりょう》(おしべを画用紙で作る場合)

道具

- えんぴつ
- はさみ
- 空《から》のボールペン
- ペン
- クラフトパンチ
  (直径《ちょっけい》3mm・あれば)
- 接着剤《せっちゃくざい》
- ピンセット
- ピンチ

動画《どうが》はこちら

作り方

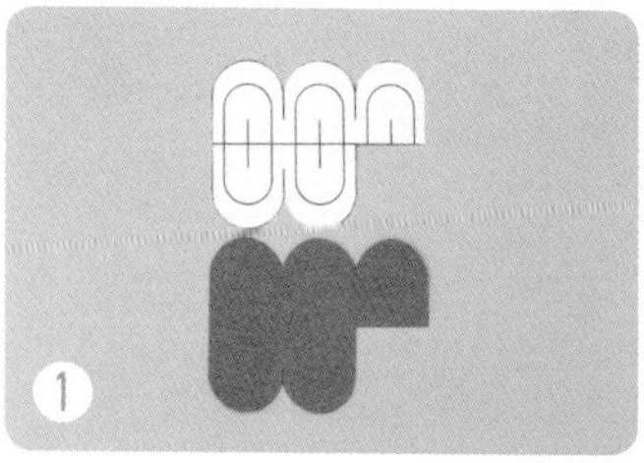

型紙《かたがみ》に合わせて画用紙を切る。花びらと花びらの間には、型紙《かたがみ》通りに切り込《こ》みを入れる。

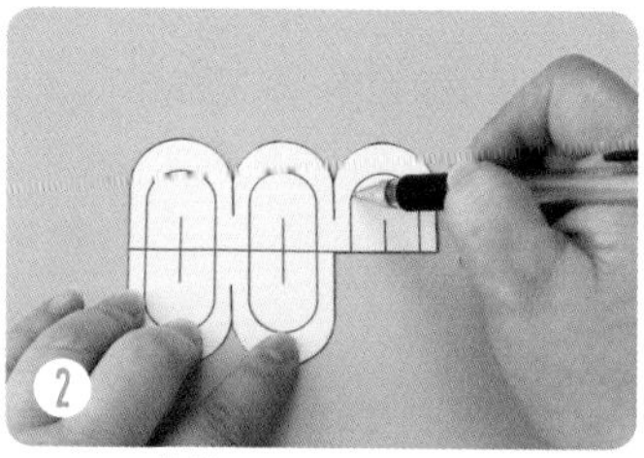

画用紙に型紙《かたがみ》を重ね、空《から》のボールペンで線をなぞる。型紙《かたがみ》を外し、さらに何度かなぞってしっかり跡《あと》をつける。

※クラフトパンチで抜《ぬ》いた黒の丸を両端《りょうたん》に貼《は》ってもよい。

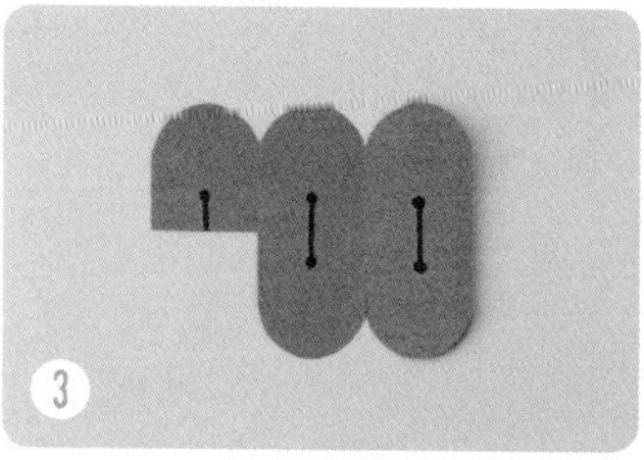

画用紙をひっくり返す。ペンで中央の線をなぞり、両端《りょうたん》に小さな丸を描《えが》いておしべとする。

画用紙を縦長《たてなが》になるように持ち、❷でつけた跡《あと》で折《お》るようにしながら中央に寄《よ》せて立体的《てき》に形を整える。

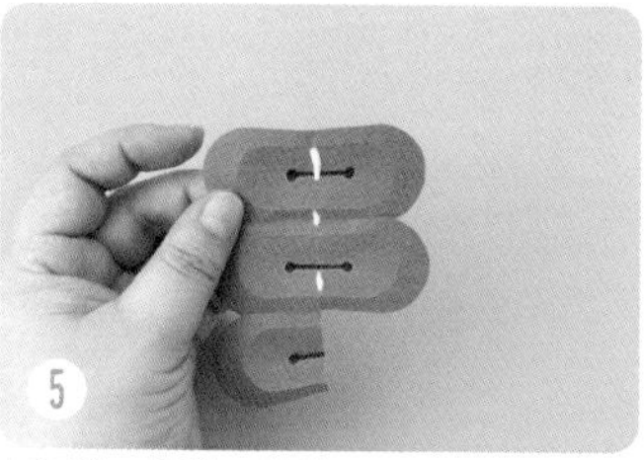

接着剤《せっちゃくざい》を表側《おもてがわ》と裏側《うらがわ》につける。表側《おもてがわ》は写真のように中心に線状《せんじょう》に塗《ぬ》る。

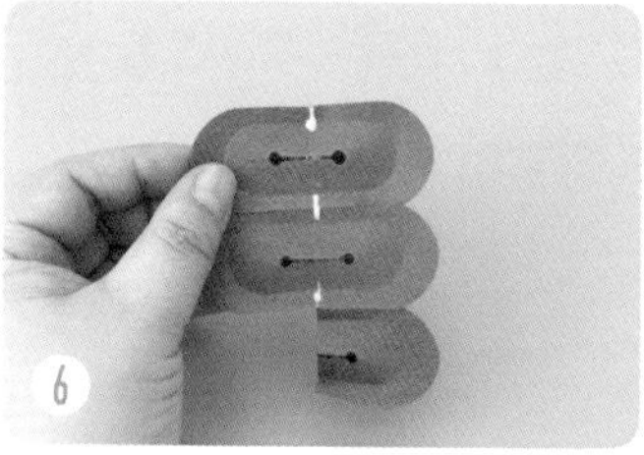

裏側《うらがわ》も写真のように3か所接着剤《せっちゃくざい》を塗《ぬ》る。

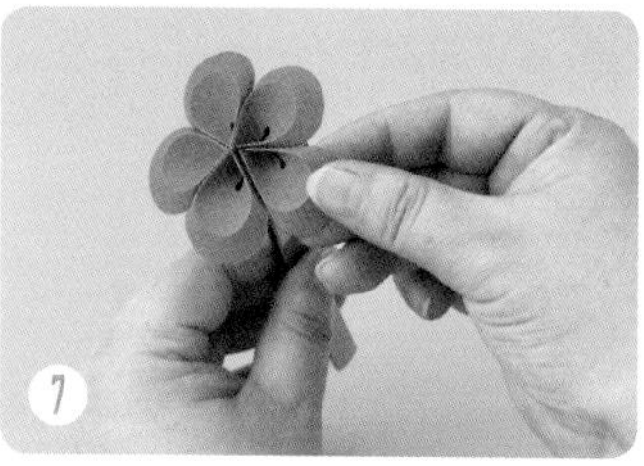

花びらを中央に寄《よ》せて立体的《てき》に整える。中心を裏側《うらがわ》からピンセットでつまんでその上からピンチではさみ、乾《かわ》かす。

乾《かわ》いたらピンチとピンセットをはずす。花びらの残《のこ》り1枚《まい》を接着剤《せっちゃくざい》で貼《は》り、再《ふたた》びピンセットでつまんで乾《かわ》かす。

＼できあがり／

作品→P.8 ｜ 型紙《かたがみ》→P.113

うさぎのひな人形

材料《ざいりょう》

〈頭〉
- 発泡《はっぽう》スチロールのボール（直径《ちょっけい》5cm）…1個《こ》
- タオル生地（白・10×10cm）…2枚《まい》
- フェルト（白・5×4cm）…1枚《まい》
  （ピンク・3×2cm）…1枚《まい》
  （黒）…適量《てきりょう》（顔のパーツ用）

〈体〉
- 画用紙（白・約《やく》15×7.5cm）…1枚《まい》
- フェルト（赤・約《やく》15×7.5cm）…1枚《まい》
  （黄・約《やく》15×7.5cm）…1枚《まい》
- ちりめん生地（赤系《けい》の柄《がら》・約《やく》15×7.5cm）…1枚《まい》

〈着物の袖《そで》〉
- フェルト（赤・12×12cm）…1枚《まい》
- ちりめん生地（赤系《けい》・11×11cm）…1枚《まい》

〈小道具〉
- 画用紙（黄）…適量《てきりょう》
- アイスの棒《ぼう》
  …1本（お内裏《だいり》様のしゃく用）

動画《どうが》はこちら

道具

- えんぴつ
- はさみ
- 接着剤《せっちゃくざい》
- メジャー
- ペン
- デザインナイフ
- ピンセット
- 丸箸《ばし》
- のり
- ものさし
- ピンチ
- コンパス

作り方

頭

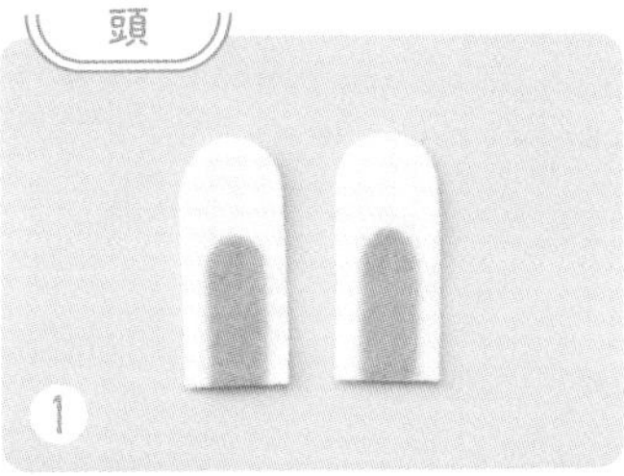

耳を作る。フェルト（白）（ピンク）を型紙《かたがみ》に合わせて切る。切ったフェルトを写真のように重ねて接着剤《せっちゃくざい》で貼《は》り、2組作る。

発泡《はっぽう》スチロールのボールに、メジャーで測《はか》って5～6㎜の四角形の目印《めじるし》を1～1.5cm離《はな》して2つ書く。これが耳を差《さ》し込《こ》む穴《あな》になる。

大人と一緒《いっしょ》に

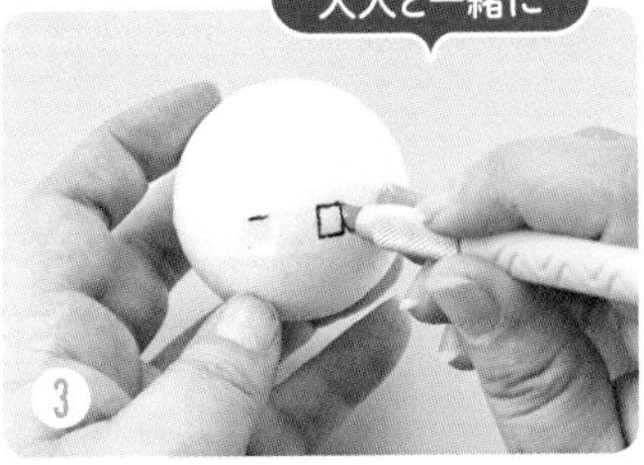

❷でつけた目印《めじるし》にデザインナイフで切り込《こ》みを入れ、深さ1cm程《ほど》の穴《あな》にくりぬく。

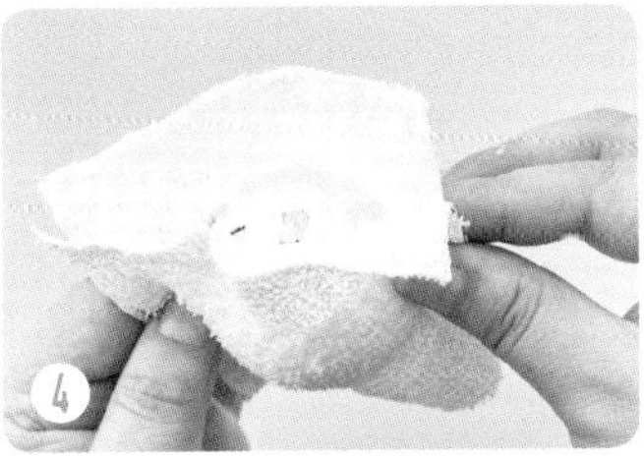

ボールの半分に接着剤《せっちゃくざい》を塗《ぬ》り、タオル生地を貼《は》る。もう半分にも生地を貼《は》り、2枚《まい》でボールを包《つつ》むようにする。❸の穴《あな》2つが生地のつなぎ目にくるように。

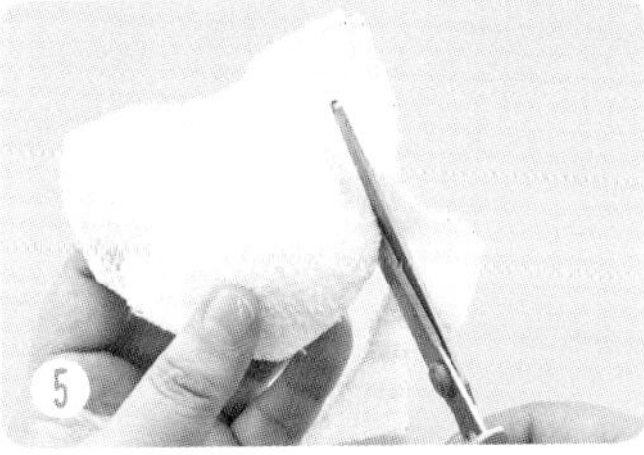

しわにならないように整え、生地の余《あま》った部分を切る。この段階《だんかい》で切りすぎないように注意する。

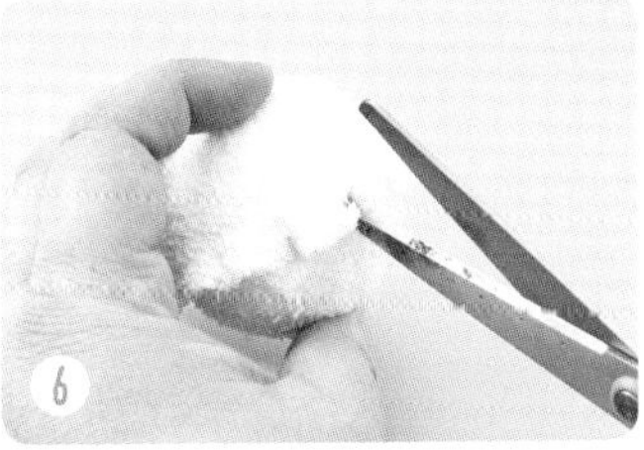

穴《あな》の部分は、はさみで生地を切ってふさがないようにする。

3月

うさぎのひな人形のつづき

生地のつなぎ目を軽くなじませたあと、ギリギリまで切る。もう一度生地のつなぎ目を指で押《お》さえて、きれいになじませる。

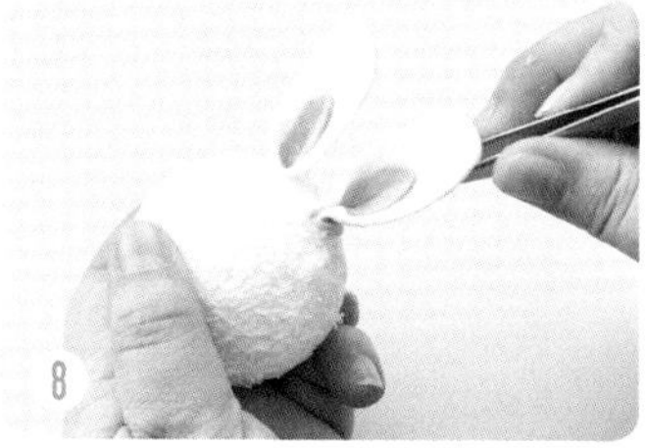

穴《あな》に接着剤《せっちゃくざい》を入れ、❶の耳の根元を2つ折《お》りにしてピンセットで差《さ》し込《こ》む。入れづらい場合は、根元を少し斜《なな》めに切る。

フェルト（黒）で目を作り、接着剤《せっちゃくざい》で貼《は》る。頭のできあがり。ひげや口はお好《この》みで。

体

画用紙を型紙《かたがみ》に合わせて切る。丸箸《ばし》でしごいて画用紙に丸みをつける。

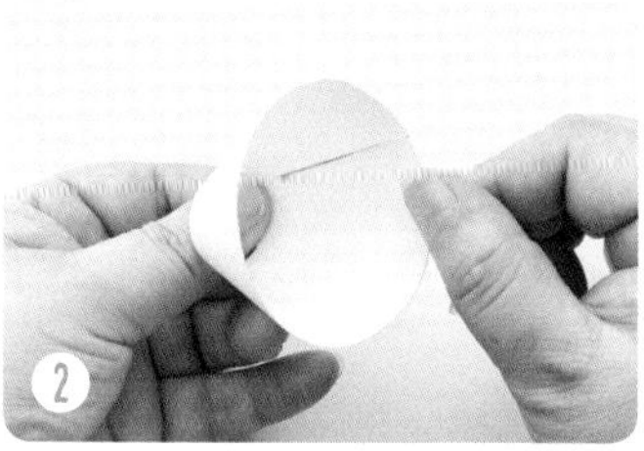

画用紙の裏《うら》¼の範囲《はんい》にのりを塗《ぬ》り、円すい状《じょう》になるよう貼《は》り合わせる。これが体の土台になる。

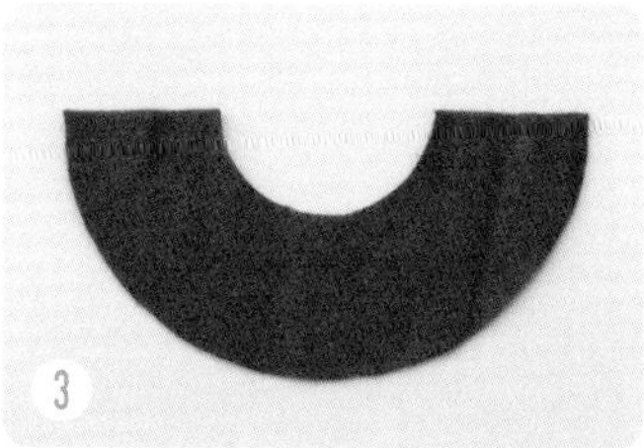

フェルト（赤）を型紙《かたがみ》に合わせて切る。

土台にフェルト（赤）を巻《ま》きつけてみて、重なった部分を切る。境目《さかいめ》は隠《かく》れるので、少し切りすぎて隙間《すきま》が開いてもOK。

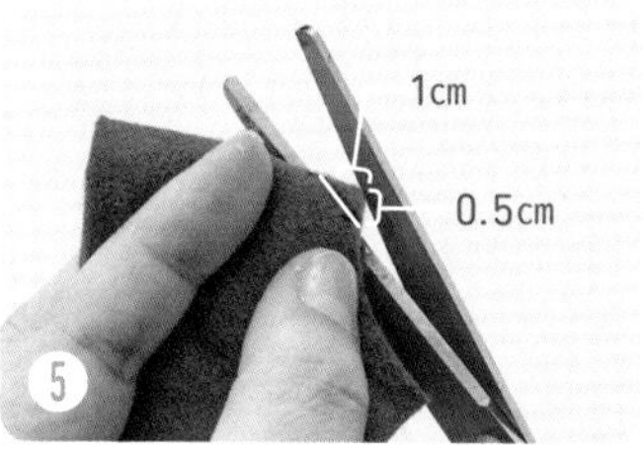

フェルトを半分に折《お》る。折《お》り目の輪《わ》になった辺《へん》に縦《たて》1㎝、横0.5㎝の印《しるし》をつけ、斜《なな》めに切る。

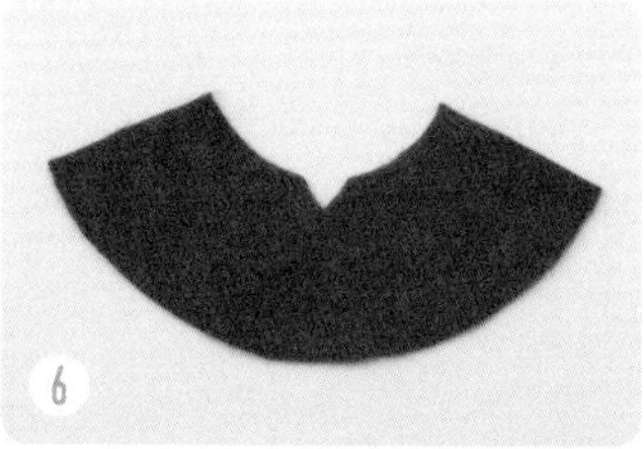

フェルトを広げると、首の中心がV《ブイ》字になる。

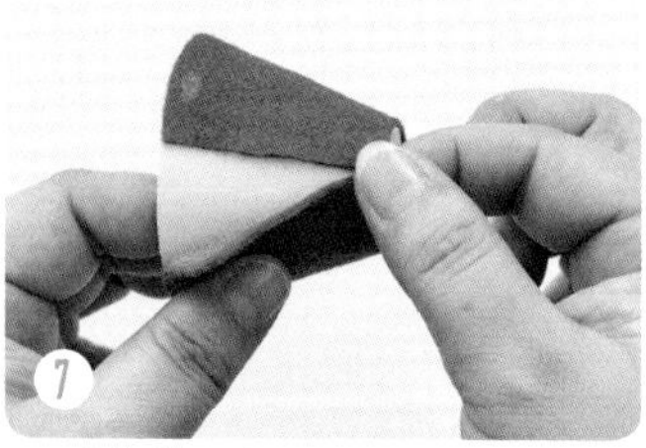

❻に接着剤《せっちゃくざい》を塗《ぬ》り、体の土台に巻《ま》きつけて貼《は》る。

しっかり乾《かわ》かす。

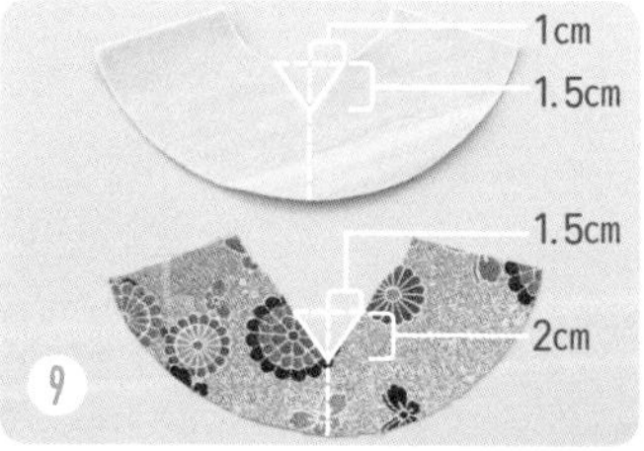

同様にフェルト（黄）とちりめん生地を用意する。V《ブイ》字は、フェルト（黄）が縦《たて》1.5㎝、横1㎝、ちりめんが縦《たて》2㎝、横1.5㎝。

お手数ですが
切手を
お貼りください

郵便はがき

1 5 0 - 8 4 8 2

東京都渋谷区恵比寿4-4-9
えびす大黑ビル
ワニブックス書籍編集部

お買い求めいただいた本のタイトル

本書をお買い上げいただきまして、誠にありがとうございます。
本アンケートにお答えいただけたら幸いです。
ご返信いただいた方の中から、
抽選で毎月５名様に図書カード（500円分）をプレゼントします。

ご住所　〒

TEL（　　　-　　　-　　　）

（ふりがな）
お名前

年齢
歳

ご職業

性別
男・女・無回答

いただいたご感想を、新聞広告などに匿名で
使用してもよろしいですか？　（はい・いいえ）

ご記入いただいた「個人情報」は、許可なく他の目的で使用することはありません。
いただいたご感想は、一部内容を改変させていただく可能性があります。

●この本をどこでお知りになりましたか?(複数回答可)

1.書店で実物を見て　　2.知人にすすめられて
3.SNSで(Twitter:　　Instagram:　　その他　　)
4.テレビで観た(番組名:　　)
5.新聞広告(　　新聞)　　6.その他(　　)

●購入された動機は何ですか?(複数回答可)

1.著者にひかれた　　2.タイトルにひかれた
3.テーマに興味をもった　　4.装丁・デザインにひかれた
5.その他(　　)

●この本で特に良かったページはありますか?

●最近気になる人や話題はありますか?

●この本についてのご意見・ご感想をお書きください。

以上となります。ご協力ありがとうございました。

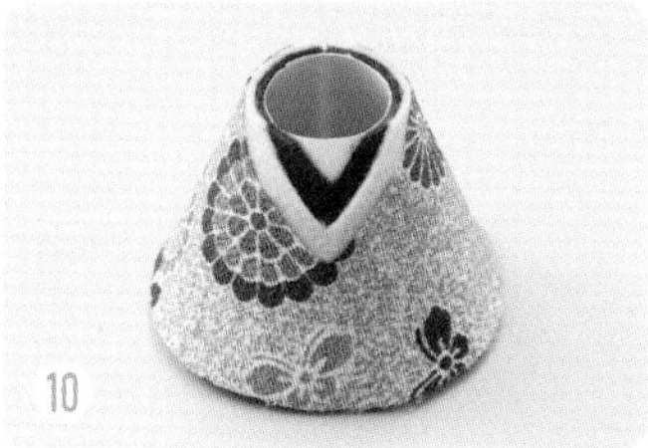

フェルト（黄）、ちりめん生地の順《じゅん》で❽に接着剤《せっちゃくざい》で貼《は》り重ね、しっかり乾《かわ》かす。

着物の袖《そで》

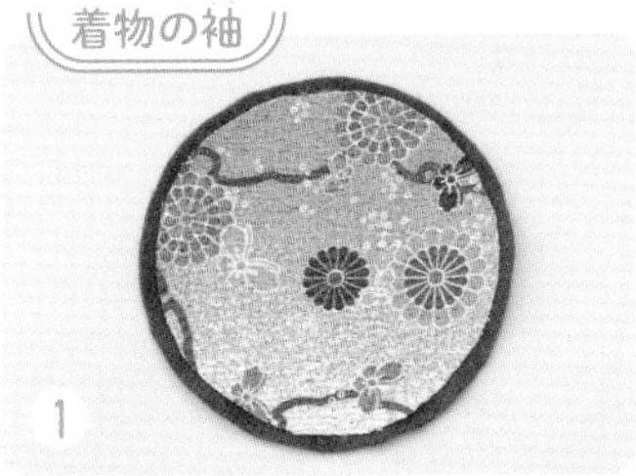

フェルト（赤）を12㎝の円形、ちりめん生地を11㎝の円形に切る。ちりめん生地に接着剤《せっちゃくざい》を塗《ぬ》って、フェルトに貼《は》る。

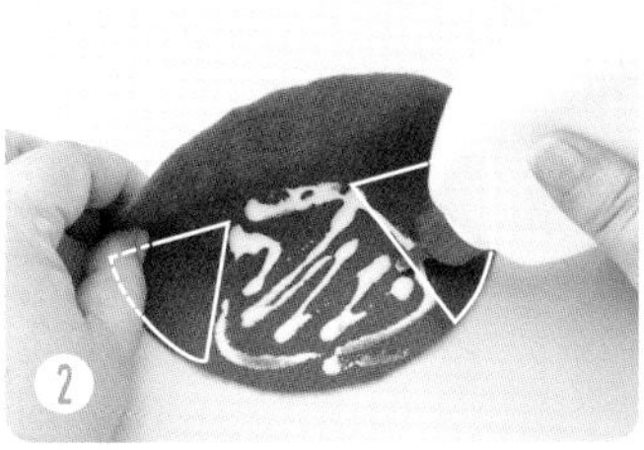

フェルト面を内側《うちがわ》にして半分に折《お》り、半面の中央⅓の範囲《はんい》に接着剤《せっちゃくざい》を塗《ぬ》る（印《しるし》の部分には塗《ぬ》らない）。

フェルト面を貼《は》り合わせると、袖《そで》のできあがり。袖《そで》は半乾《がわ》きの状態《じょうたい》で着物本体につけるので、乾《かわ》かしすぎない。

仕上げ

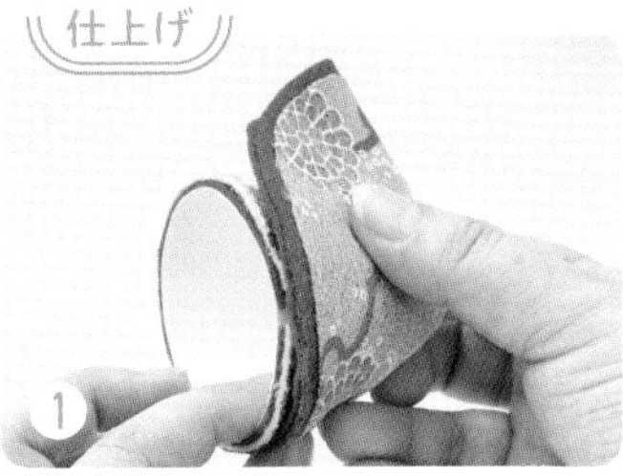

袖《そで》の中心部分に接着剤《せっちゃくざい》を塗《ぬ》る。乾《かわ》かした⑩に、裾《すそ》の高さを合わせるようにして、袖《そで》を巻《ま》きつける。

袖《そで》をさらに体に巻《ま》きつけ、左右の袖《そで》を前方に持ってくる。袖《そで》の左右が同じくらいになるように、接着剤《せっちゃくざい》で本体に貼《は》る。

袖《そで》の中にも接着剤《せっちゃくざい》を塗《ぬ》って、形を調整する。袖《そで》の中に指が1本入るくらいを目安に。ピンチでとめ、しっかり乾《かわ》かす。

大人と一緒《いっしょ》に

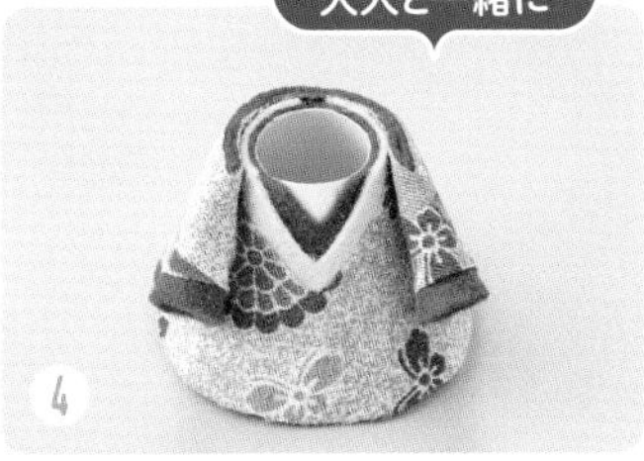

乾《かわ》いたら本体上部の衿《えり》部分のはみ出しをはさみで切り落とす。接着剤《せっちゃくざい》で固《かた》くなっているので気をつける。

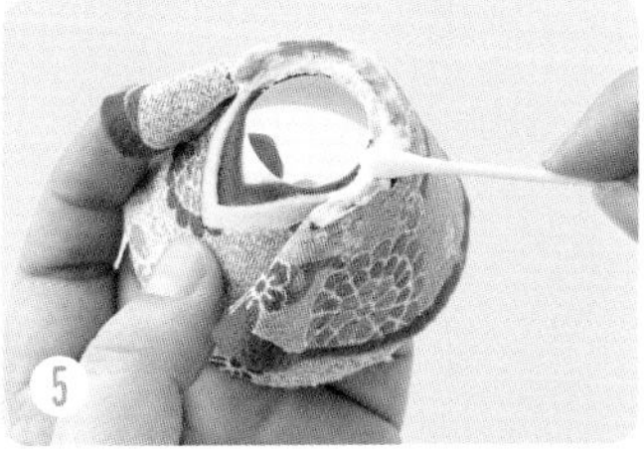

本体の上部（衿《えり》）と下部（裾《すそ》）のほつれどめとして、接着剤《せっちゃくざい》を薄《うす》く塗《ぬ》って乾《かわ》かす。

最後《さいご》に、本体に接着剤《せっちゃくざい》を塗《ぬ》り、頭をつける。扇《おうぎ》は、画用紙（黄）をじゃばら折《お》りにして作り、接着剤《せっちゃくざい》で貼《は》る。

＼できあがり／

POINT

お内裏様《だいり》とセットで飾《かざ》るといいですね。お内裏様《だいり》には、アイスの棒《ぼう》を黒く塗《ぬ》ったしゃくを持たせましょう。

3月

作品→ P.8 | 型紙《かたがみ》→ P.113

桃《もも》の花

材料《ざいりょう》

- 画用紙
  (薄《うす》いピンク・7×9㎝)…1枚《まい》
  (黄)…適量《てきりょう》(おしべを画用紙で作る場合)

道具

- えんぴつ
- はさみ
- 空《から》のボールペン
- ボールペン(オレンジまたは黄)
- クラフトパンチ(直径《ちょっけい》3㎜・あれば)
- 接着剤《せっちゃくざい》
- ピンセット
- ピンチ

動画《どうが》はこちら

作り方

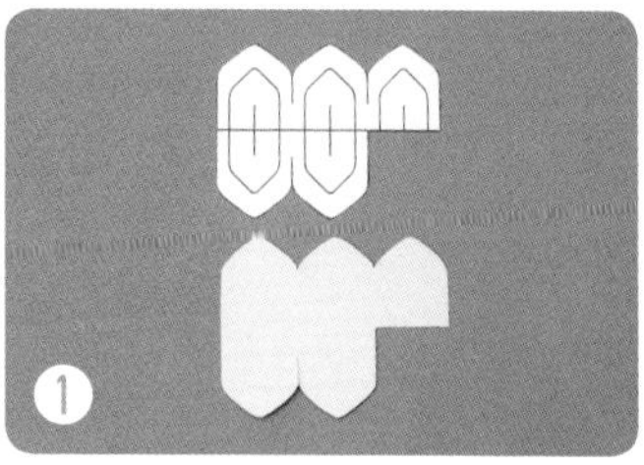

型紙《かたがみ》に合わせて画用紙を切る。花びらと花びらの間には、型紙《かたがみ》通りに切り込《こ》みを入れる。

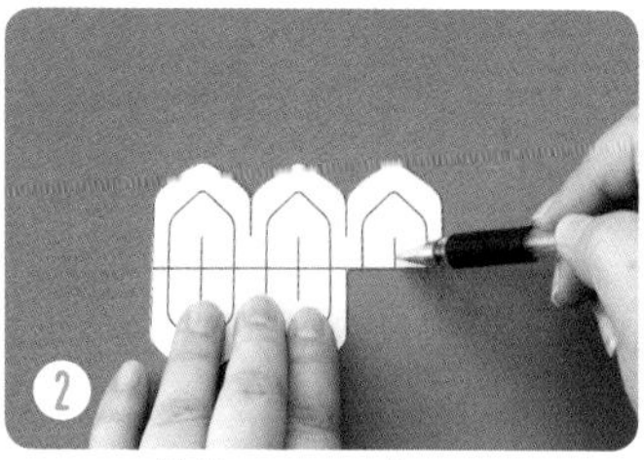

画用紙に型紙《かたがみ》を重ね、空《から》のボールペンで線をなぞる。型紙《かたがみ》を外し、さらに何度かなぞってしっかり跡《あと》をつける。

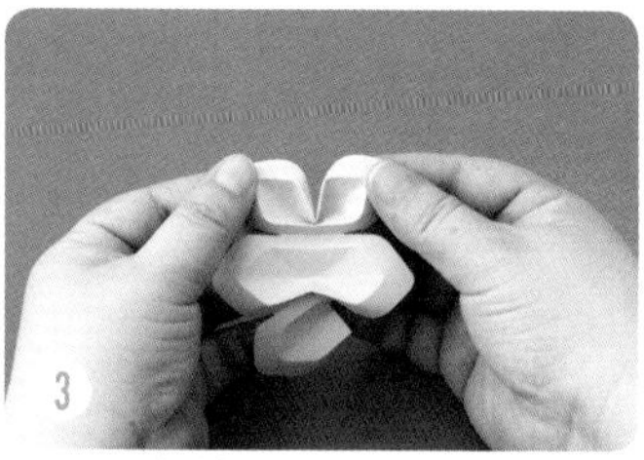

画用紙を縦長《たてなが》になるように持ち、❷でつけた跡《あと》で折るようにしながら中央に寄《よ》せて立体的《てき》に整える。

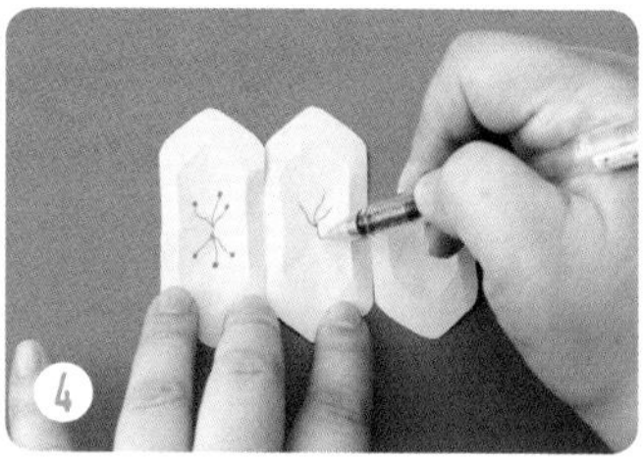

オレンジか黄色のボールペンで写真のようにおしべを描《えが》く。

※クラフトパンチで抜《ぬ》いた黄色の丸を貼《は》ってもよい。

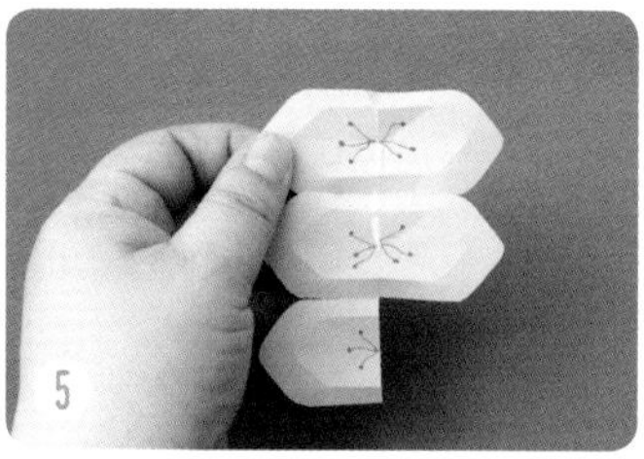

接着剤《せっちゃくざい》を表側《おもてがわ》と裏側《うらがわ》につける。表側《おもてがわ》は写真のように中心に線状《せんじょう》に塗《ぬ》る。

裏側《うらがわ》も写真のように3か所接着剤《せっちゃくざい》を塗《ぬ》る。

花びらを中央に寄《よ》せて立体的《てき》に整える。中心を裏側《うらがわ》からピンセットでつまんでその上からピンチではさみ、乾《かわ》かす。

乾《かわ》いたらピンチとピンセットをはずす。花びらの残《のこ》り1枚《まい》を接着剤《せっちゃくざい》で貼《は》り、再《ふたた》びピンセットでつまんで乾《かわ》かす。

＼できあがり／

作品→ P.9

ガーベラ

動画《どうが》はこちら

材料《ざいりょう》

- コピー用紙（緑・A4）…1枚《まい》
- 針金《はりがね》（1.6〜2㎜太さ）…20cm
- クレープ紙（黒・10×10cm）…1枚《まい》
  （薄《うす》いピンク・10×10cm）…1枚《まい》
  （濃《こ》いピンク・10×10cm）…2枚《まい》
  （緑・8×4cm）…1枚《まい》
- フローラルテープ
- 段《だん》ボール（約《やく》7×7cm）…1枚《まい》
- 折《お》り紙（黄緑）…1枚《まい》
- 紙コップ…1個《こ》
- 折《お》り紙や画用紙…適量《てきりょう》（飾《かざ》り用）

道具

- はさみ
- ものさし
- えんぴつ
- 両面テープ
- 接着剤《せっちゃくざい》
- ペンチ
- 厚紙《あつがみ》（あれば）
- ピンチ
- コンパス
- 丸箸《ばし》
- 千枚通《せんまいどお》し
- ピンセット

作り方

15×18cmに切ったコピー用紙の長辺《ちょうへん》に両面テープを貼《は》り、20cmの針金《はりがね》に巻《ま》きつけていく。針金《はりがね》は右端《みぎはし》を紙の端《はし》にそろえる。

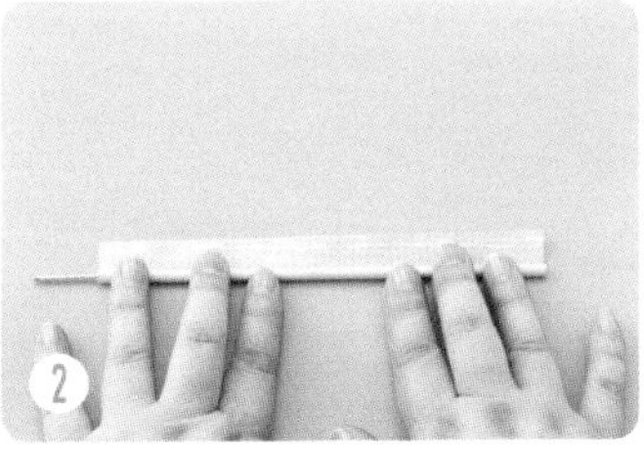

巻《ま》き終わりは接着剤《せっちゃくざい》を塗《ぬ》る。

巻《ま》いたコピー用紙からはみ出している針金《はりがね》をペンチで半分に折《お》り曲げる。花のくきになる部分のできあがり。

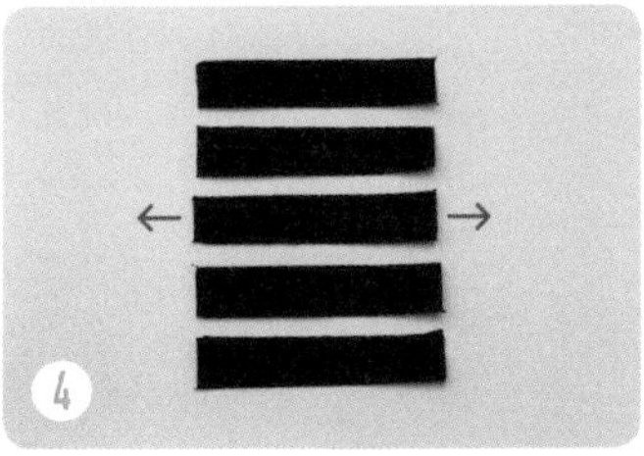

クレープ紙（黒）を5等分（2cm幅《はば》）に切る。このとき、紙の向きに注意する（矢印《やじるし》の方向に紙が伸《の》びる）。

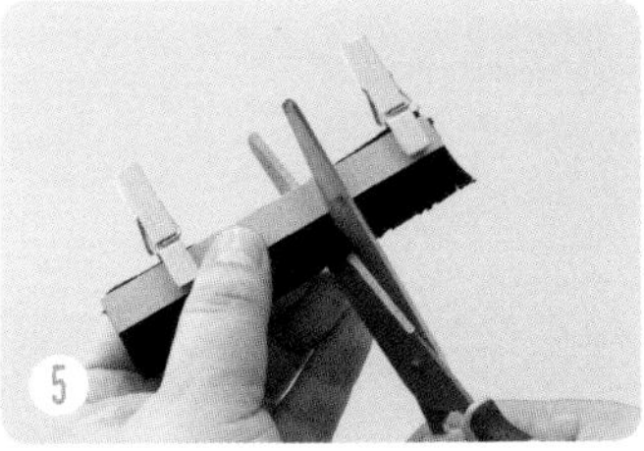

5枚《まい》を重ね、1cmの切り込《こ》みを1〜2㎜幅《はば》で入れる。1cm幅《はば》のボール紙をピンチで固定《こてい》すると作業しやすい。

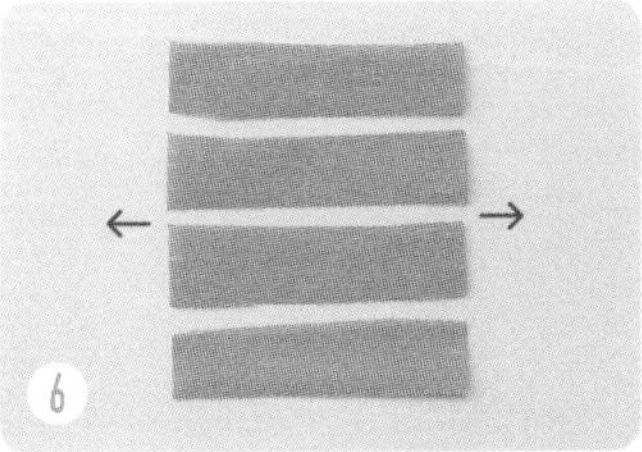

クレープ紙（薄《うす》いピンク）を4等分（2.5cm幅《はば》）に切る。このとき、紙の向きに注意する（矢印《やじるし》の方向に紙が伸《の》びる）。

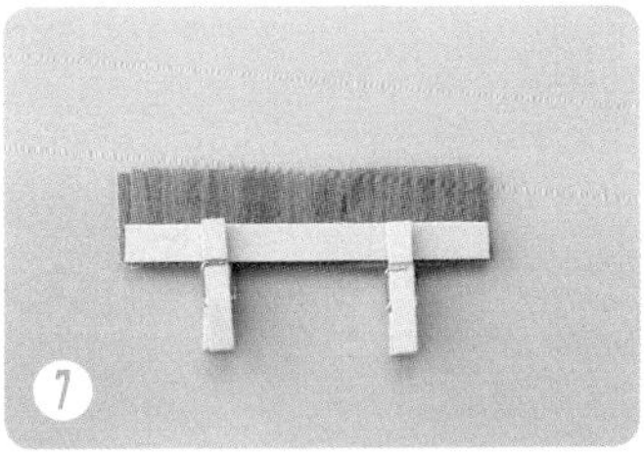

4枚《まい》を重ね、1.5cmの切り込《こ》みを3〜4㎜幅《はば》で入れる。これも1cm幅《はば》のボール紙をピンチで固定《こてい》して切るとよい。

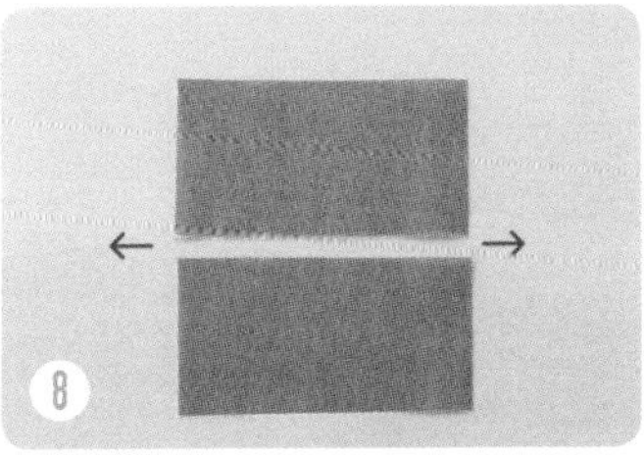

濃《こ》いピンクのクレープ紙2枚《まい》をそれぞれ2等分する。このとき、紙の向きに注意する（矢印《やじるし》の方向に紙が伸《の》びる）。

❽の4枚《まい》を重ねて左右半分に折《お》り、さらに上部1cmを折《お》る。折《お》り目を残《のこ》し、4cmの切り込《こ》みを1cm幅《はば》で入れる（1cm幅《はば》で10等分にする）。

ガーベラのつづき

角を落として花びらの形にする。

❸の針金《はりがね》部分に接着剤《せっちゃくざい》を塗《ぬ》り、❺の黒いクレープ紙を巻《ま》きつけていく。

接着剤《せっちゃくざい》を塗《ぬ》り足しながら、順番《じゅんばん》に5枚《まい》を巻《ま》きつけていく。

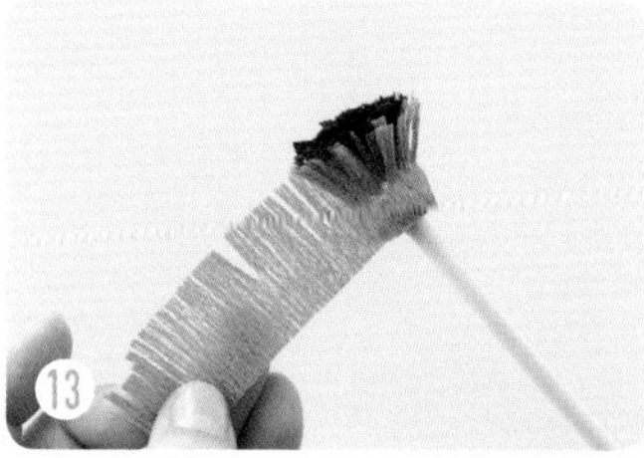

次に❼の薄《うす》いピンクのクレープ紙を巻《ま》いていく。順《じゅん》に4枚《まい》すべて巻《ま》く。

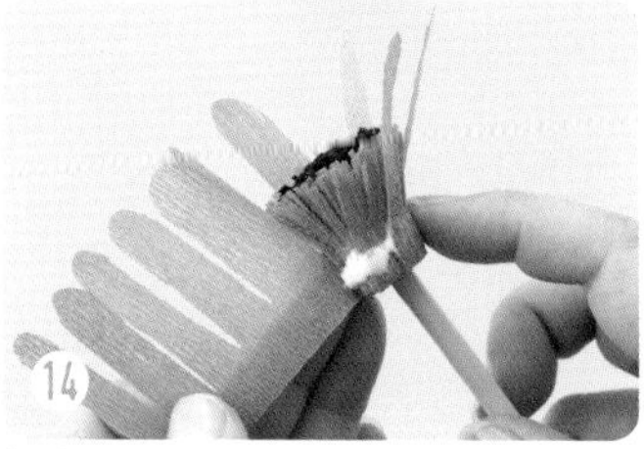

最後《さいご》に❿の濃《こ》いピンクのクレープ紙4枚《まい》を巻《ま》いていく。

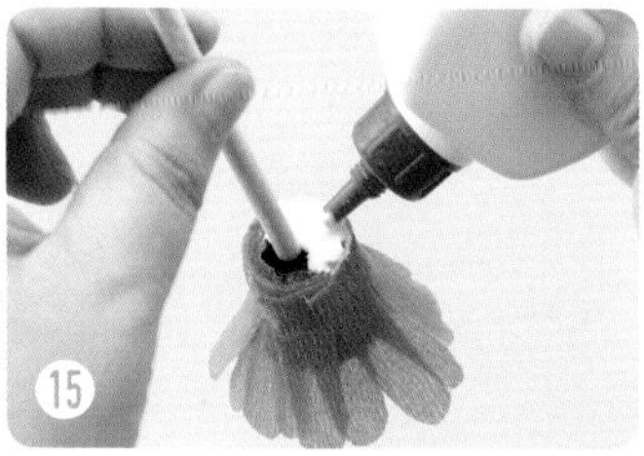

すべて巻《ま》き終わったら、花の裏側《うらがわ》に接《せっ》着剤《ちゃくざい》を塗《ぬ》り、クレープ紙がずれないように乾《かわ》かして固《かた》める。

クレープ紙（緑）を直径《ちょっけい》8cmの半円に切る。

扇型《おうぎがた》に2回たたみ、円周《えんしゅう》部分を写真のようにギザギザに切る。

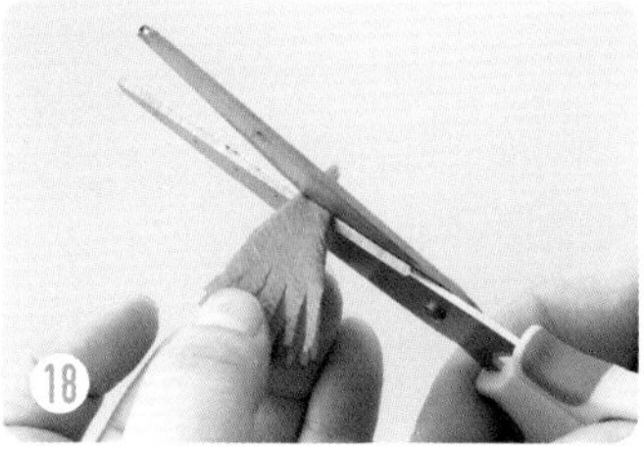

角の部分を1cm程《ほど》切り落とす。

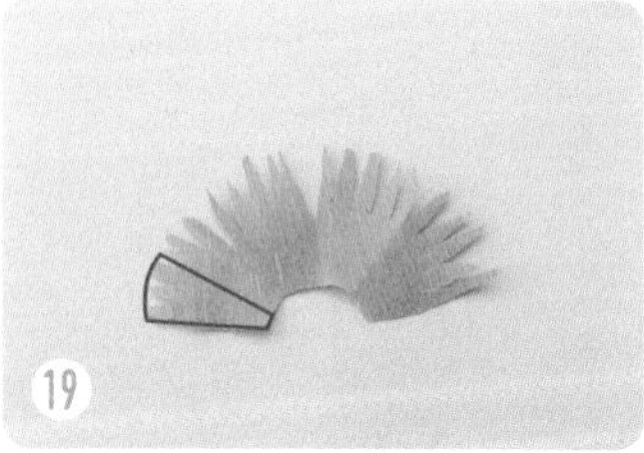

クレープ紙を広げ、端《はし》からギザギザ2～3個《こ》分（印《しるし》の部分）に接着剤《せっちゃくざい》を塗《ぬ》る。

反対側《はんたいがわ》の端《はし》と貼《は》り合わせて輪《わ》にし、ガクの形にする。

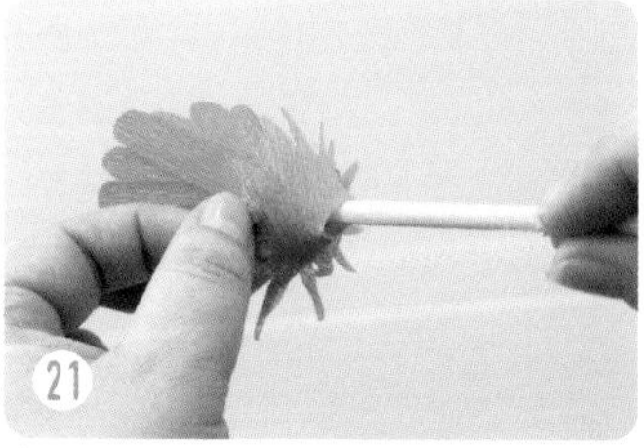

輪《わ》になったガクをくきに通し、花の裏《うら》側《がわ》に接着剤《せっちゃくざい》で貼《は》りつける。

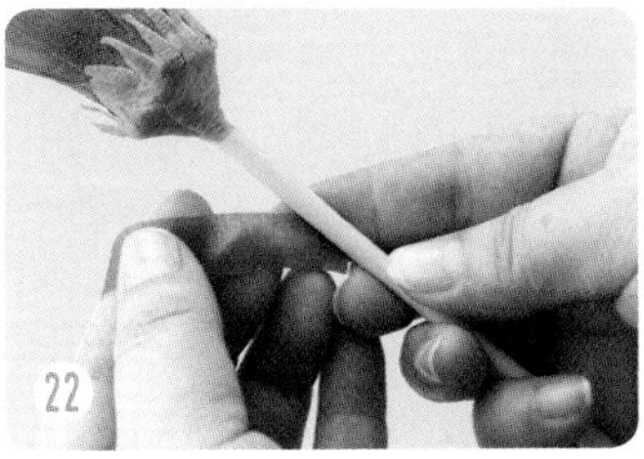

花のつけ根の少し下から、ガクに向かって、フローラルテープを巻《ま》く。

ガクまでいったら折《お》り返してくきの下のほうまで巻《ま》く。

花びらを丸箸《ばし》で丸みをつけながら広げたらガーベラのできあがり。

鉢

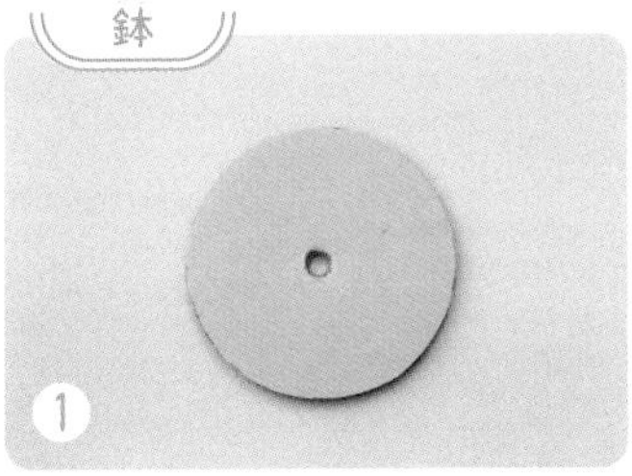

段《だん》ボールに折《お》り紙を貼《は》り、円形（紙コップの飲み口より1cm小さい円）に切る。千枚通《せんまいどお》しで真ん中に穴《あな》をあけ、えんぴつを差《さ》して穴《あな》を広げる。

❶を紙コップの中にはめ込《こ》む。ピンセットで段《だん》ボールをつまむと扱《あつか》いやすい。

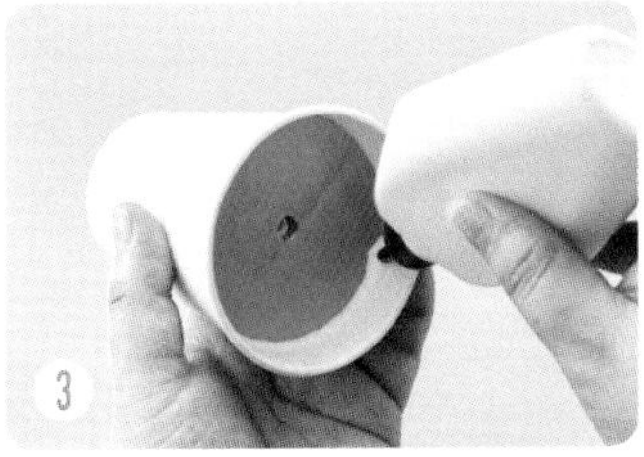

紙コップと段《だん》ボールの間に接着剤《せっちゃくざい》を塗《ぬ》る。

紙コップに折《お》り紙や画用紙、包装紙《ほうそうし》を貼《は》りつける場合は、別《べつ》の紙コップを切り開き、型紙《かたがみ》として使うとよい。

仕上げ

紙コップの穴《あな》から接着剤《せっちゃくざい》を垂《た》らし（1円玉大くらいの量《りょう》）、ガーベラを差《さ》す。さらに隙間《すきま》を接着剤《せっちゃくざい》で固定《こてい》する。

POINT

緑のコピー用紙のかわりに、折《お》り紙でもOK。黒・薄《うす》いピンク・濃《こ》いピンクをそれぞれ、黄緑・黄色・白に変《か》えて作ると、さわやかな白いガーベラになります。

できあがり

3月

作品→ P.9

小鳥

材料《ざいりょう》

- 画用紙
  (青系《けい》の好《す》きな色・2×10㎝)…6枚《まい》
  (黒・2×10㎝)…1枚《まい》
  (青系《けい》の好《す》きな色・2×20㎝)…6枚《まい》
  (黄・2.5×2.5㎝)…1枚《まい》

道具

- ものさし
- えんぴつ
- はさみ
- のり
- 丸箸《ばし》
- つまようじ
- 接着剤《せっちゃくざい》
- ピンセット
- ピンチ
- コンパス

動画《どうが》はこちら

作り方

2×10㎝の画用紙を好《この》みの色で7枚《まい》用意する(青系《けい》の色6枚《まい》と黒1枚《まい》)。

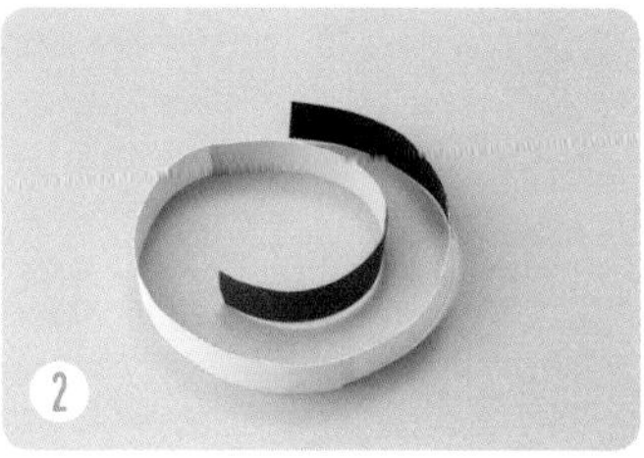

端《はし》から5㎜にのりを塗《ぬ》って貼《は》り合わせ、黒から始めて全部つなげる。

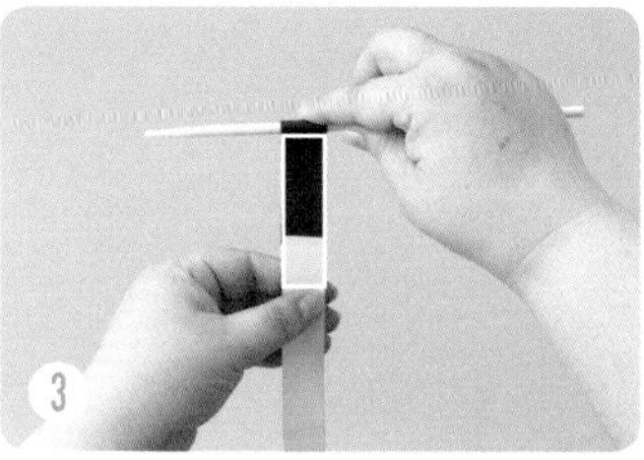

黒の端《はし》から2㎝あけたところから次の紙2.5㎝くらいの範囲《はんい》(印《しるし》の部分)にのりを塗《ぬ》り、接着《せっちゃく》しながら丸箸《ばし》に巻《ま》きつける。

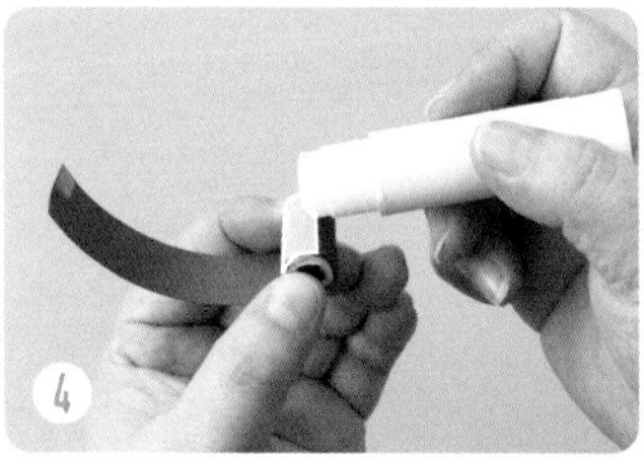

巻《ま》きやすくなったら箸《はし》を抜《ぬ》き、すべて巻《ま》く。最後《さいご》から2番目の画用紙の端《はし》から5㎜くらいの範囲《はんい》にのりを塗《ぬ》る。

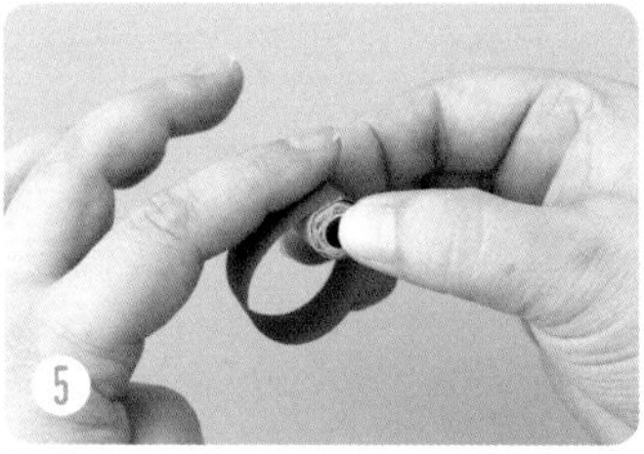

最後《さいご》の画用紙の端《はし》を、のりを塗《ぬ》った位《い》置《ち》に貼《は》りつける。

きっちり巻《ま》いた画用紙を少しずつゆるめ、目となる黒が片側《かたがわ》に寄《よ》るようにして画用紙の隙間《すきま》をバランスよく整える。

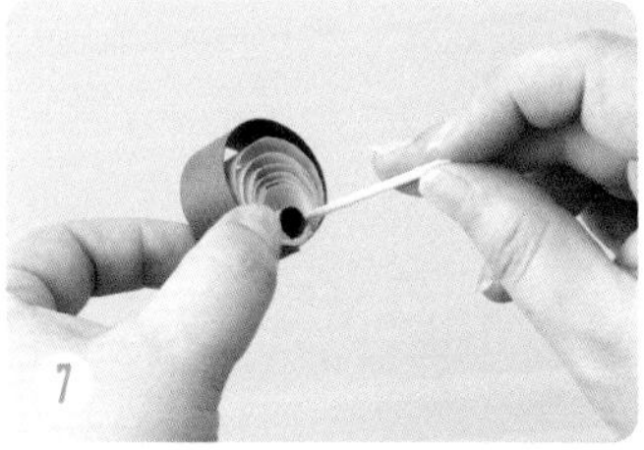

画用紙の隙間《すきま》につまようじで接着剤《せっちゃくざい》を入れ込《こ》む。ピンセットでつまんでその上からピンチではさみ、乾《かわ》かす。

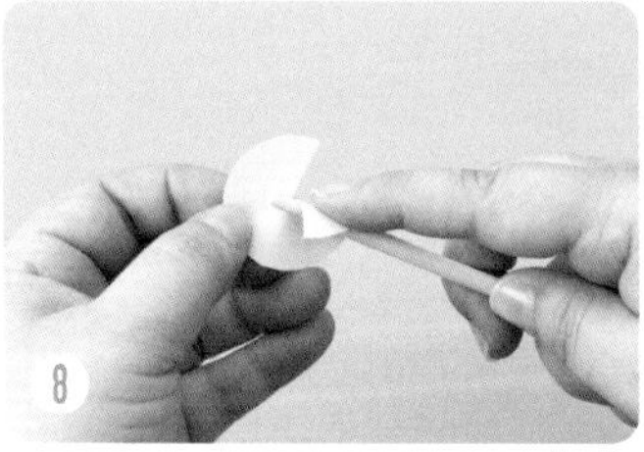

くちばしを作る。画用紙(黄)を直径《ちょっけい》2.5㎝の円形に切り、真ん中まで切り込《こ》みを入れ、丸箸《ばし》で丸みをつける。

円すい状《じょう》に整えて、端《はし》をのりで貼《は》りつけて写真のようなくちばしの形にする。

くちばしの根元に接着剤《せっちゃくざい》を塗《ぬ》り、7の顔に貼《は》りつける。

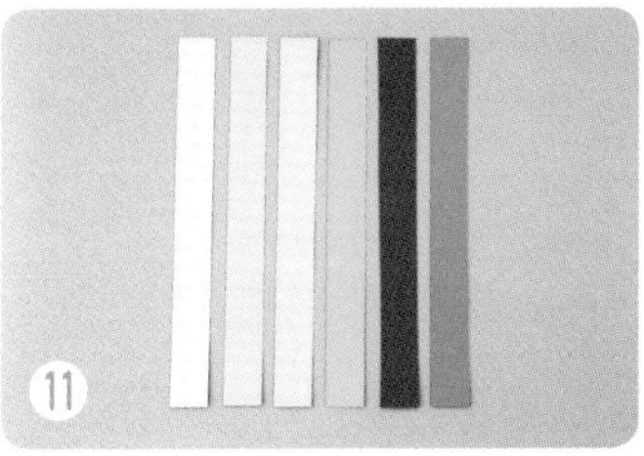

2×20cmの色画用紙（青系《けい》の好《す》きな色）を6枚《まい》用意する。

端《はし》から1cmにのりを塗《ぬ》って貼《は》り重ね、ピンチではさんで乾《かわ》かす。

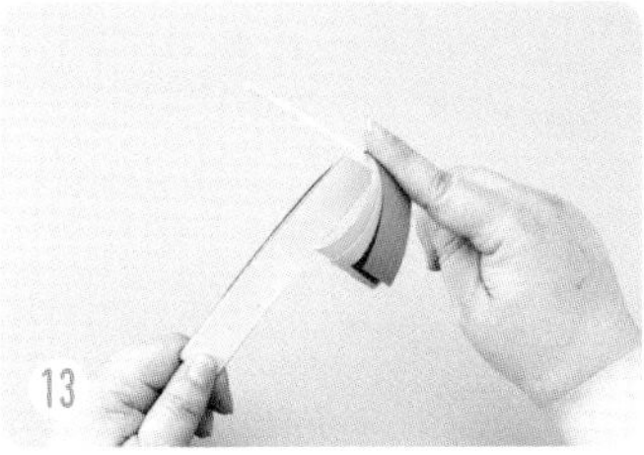

乾《かわ》いたら、貼《は》りつけたほうと反対の端《はし》を丸箸《ばし》でしごき、画用紙に丸みをつける。

貼《は》りつけていない側《がわ》の端《はし》を、写真のように1～1.5cmずつずらして持つ。これがしっぽになる。

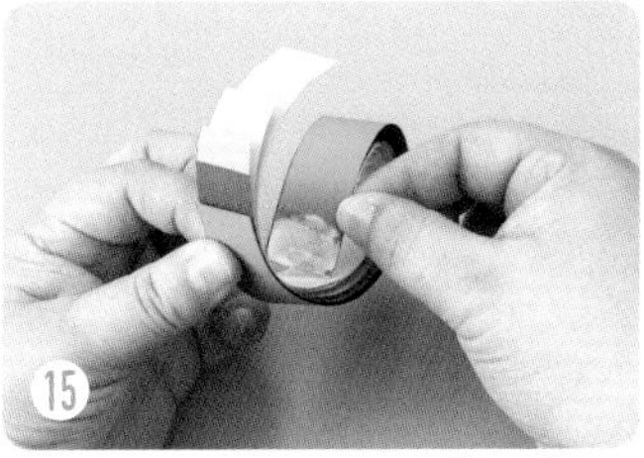

のりづけしてある根元2cm程《ほど》の範囲《はんい》に接着剤《せっちゃくざい》を塗《ぬ》る。

円を作るように貼《は》りつける。しっぽ側《がわ》も指で押《お》さえながら1枚《まい》ずつ間に接着《せっちゃく》剤《ざい》を塗《ぬ》って貼《は》り合わせる。

頭を貼《は》りつける部分も、つまようじで画用紙の隙間《すきま》に接着剤《せっちゃくざい》を入れ込《こ》んで貼《は》り合わせる。ピンチではさみ乾《かわ》かす。

頭と体を並《なら》べ、バランスよく接着剤《せっちゃくざい》で貼《は》り、寝《ね》かせた状態《じょうたい》で乾《かわ》かす。お好《この》みでしっぽを巻《ま》きなおす。

できあがり

POINT

6色の画用紙を用意するのが難《むずか》しい場合は、3色程度《ていど》でも大丈夫《だいじょうぶ》。カラフルな黄色や赤系《けい》で作るのもおすすめ！

4月

作品→ P.11 ｜ 型紙《かたがみ》→ P.114

桜《さくら》の花 ❶

材料《ざいりょう》

- 画用紙(薄《うす》いピンク・6×18㎝)…1枚《まい》
- 折《お》り紙(濃《こ》いピンク)…1枚《まい》

道具

- えんぴつ
- はさみ
- ステープラー
- 接着剤《せっちゃくざい》
- ピンチ

動画《どうが》はこちら

作り方

画用紙を型紙《かたがみ》(大)、折《お》り紙を型紙《かたがみ》(小)に合わせて切る。

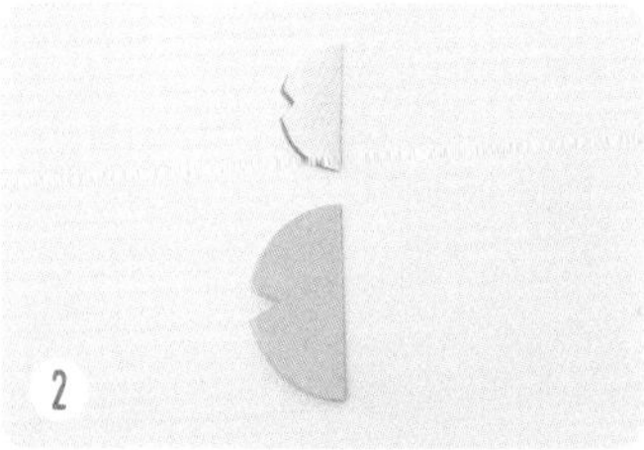

それぞれ写真の方向で半分に折《お》る。

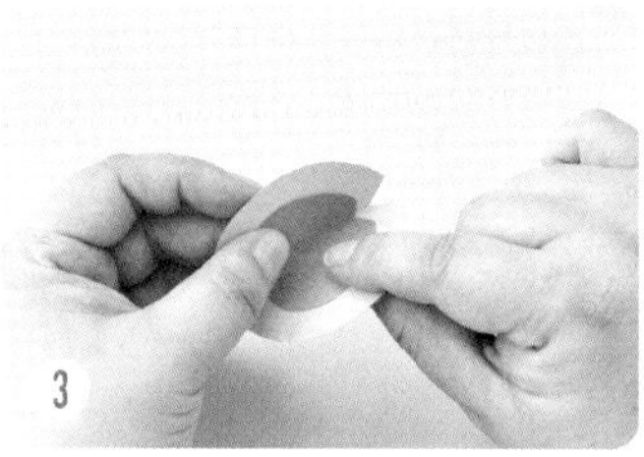

❷を開き、折《お》り紙が真ん中に来るように画用紙と重ね、❷でつけた折《お》り線の位置《いち》を合わせて半分に折《お》る。

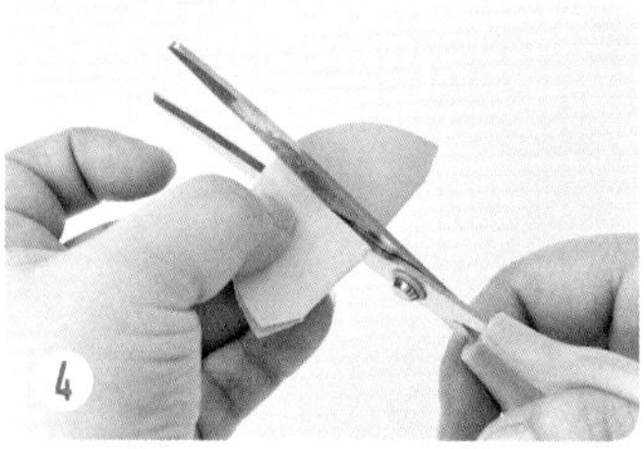

中心の折《お》り目から右に3㎜程《ほど》ずらして切る。

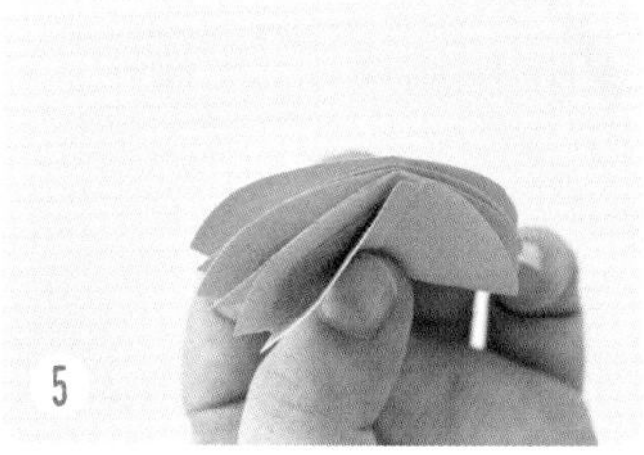

❸をあと2組作り、❹とそろえて重ねる。

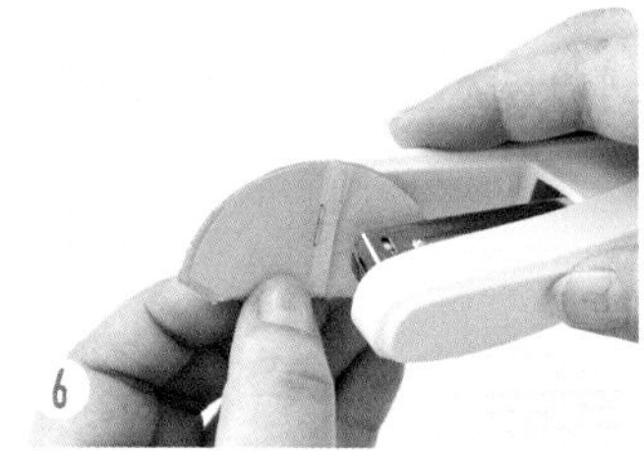

中央の折《お》り目の位置《いち》で、3組の❸をステープラーでとめる。

花びらを開き整えながら、となりあう花びら同士《どうし》の根元5か所を接着剤《せっちゃくざい》で接《せっ》着《ちゃく》する。

接着《せっちゃく》した部分をピンチではさみ、乾《かわ》かす。乾《かわ》いたら花びらを整える。

＼できあがり／

作品→ P.11 ｜ 型紙《かたがみ》→ P.114

桜《さくら》の花 ②

材料《ざいりょう》

- 画用紙（白・7×9㎝）…1枚《まい》

道具

- えんぴつ
- はさみ
- 空《から》のボールペン
- 接着剤《せっちゃくざい》
- ピンセット
- ピンチ

動画《どうが》はこちら

作り方

型紙《かたがみ》に合わせて画用紙を切る。花びらと花びらの間には、型紙《かたがみ》通りに切り込《こ》みを入れる。

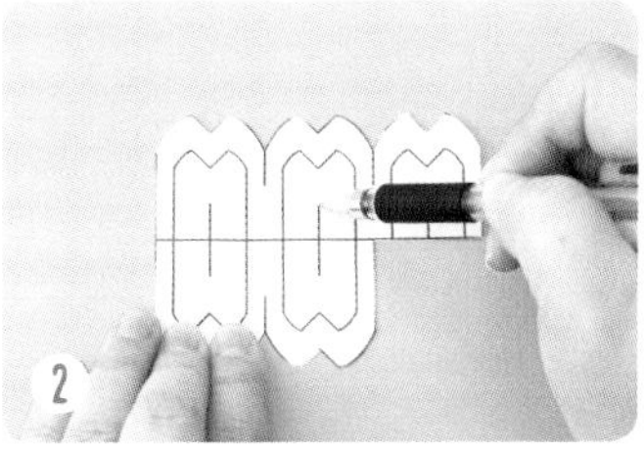

画用紙に型紙《かたがみ》を重ね、空《から》のボールペンで線をなぞる。型紙《かたがみ》を外し、さらに何度かなぞってしっかり跡《あと》をつける。

画用紙を縦長《たてなが》になるように持ち、❷でつけた跡《あと》で折《お》るようにしながら中央に寄《よ》せて立体的《てき》に形を整える。

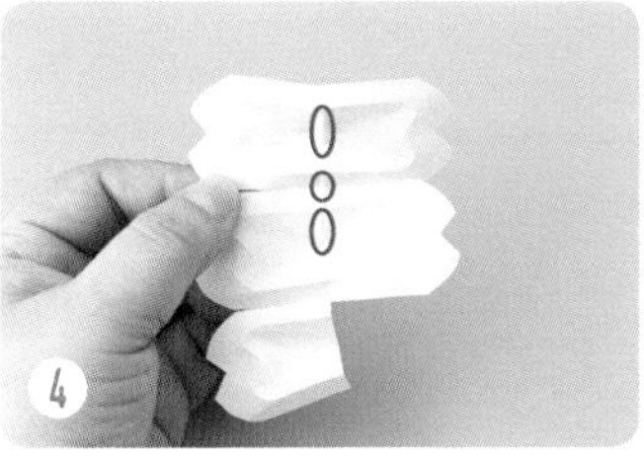

接着剤《せっちゃくざい》を表側《おもてがわ》と裏側《うらがわ》につける。表側《おもてがわ》は写真のように中心に線状《せんじょう》に塗《ぬ》る。

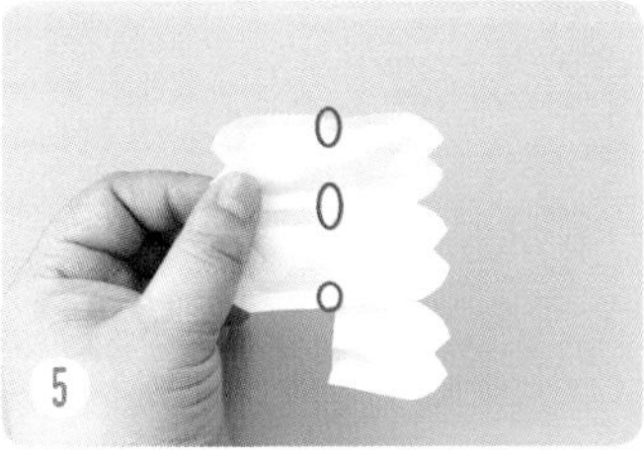

裏側《うらがわ》も写真のように3か所接着剤《せっちゃくざい》を塗《ぬ》る。

花びらを中央に寄《よ》せて立体的《てき》に整える。中心を裏側《うらがわ》からピンセットでつまんでその上からピンチではさみ、乾《かわ》かす。

乾《かわ》いたらピンチとピンセットをはずす。花びらの残《のこ》り1枚《まい》を接着剤《せっちゃくざい》で貼《は》り、再《ふたた》びピンセットでつまんで乾《かわ》かす。

できあがり

4月

作品→ P.11 | 型紙《かたがみ》→ P.114

ちょうちょ❶

材料《ざいりょう》

- 画用紙（黄・6×10㎝）…1枚《まい》
  （黄・1〜1.5×10㎝）…1枚《まい》
  ※手持ちの両面テープの幅《はば》に合わせる。
- ワイヤーペップ（または細めの針金《はりがね》）
  …1本

道具

- えんぴつ
- はさみ
- 空《から》のボールペン
- 接着剤《せっちゃくざい》
- ピンセット
- ピンチ（極小《ごくしょう》）
- 両面テープ
- ものさし

動画《どうが》はこちら

作り方

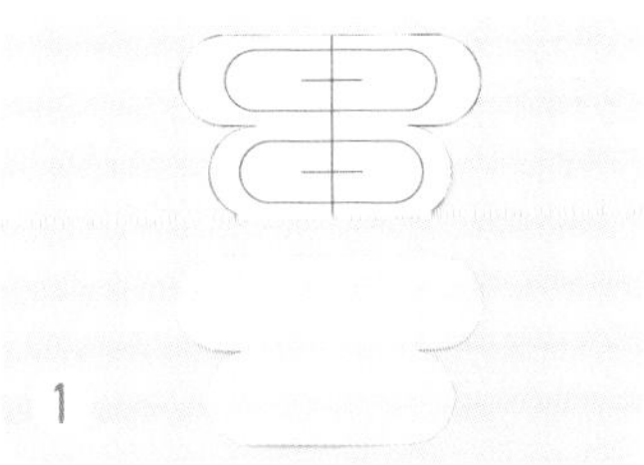

型紙《かたがみ》に合わせて画用紙を切る。

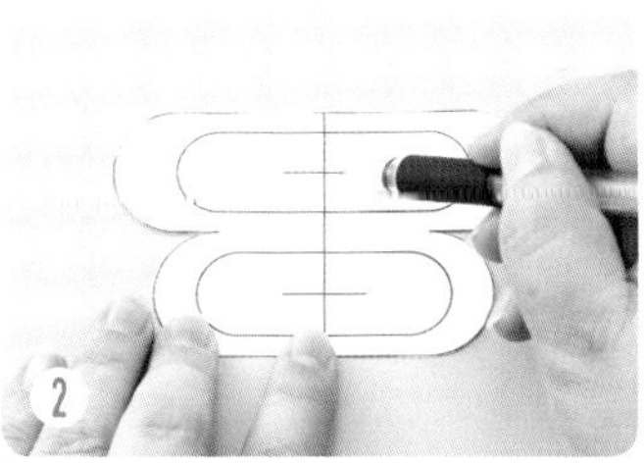

画用紙に型紙《かたがみ》を重ね、空《から》のボールペンで線をなぞる。型紙《かたがみ》を外し、さらに何度かなぞってしっかり跡《あと》をつける。

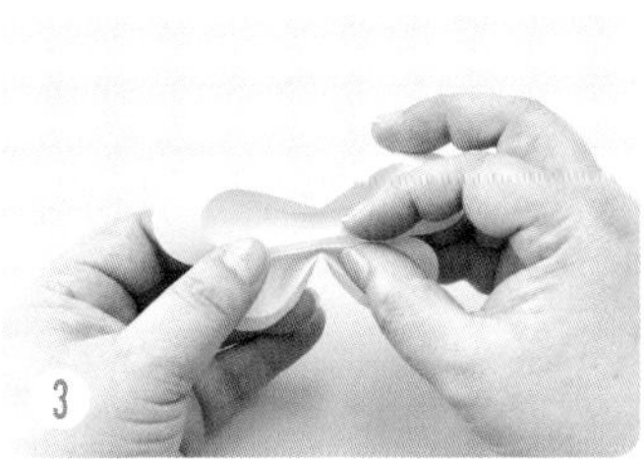

中央を上下から寄《よ》せ、❷でつけた跡《あと》を折《お》りながら羽を立体的《てき》に整える。

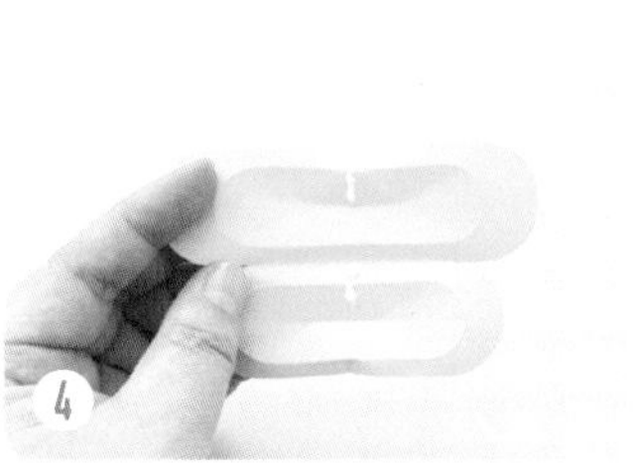

接着剤《せっちゃくざい》を表側《おもてがわ》と裏側《うらがわ》につける。表側《おもてがわ》は写真のように2か所に線状《せんじょう》に塗《ぬ》る。

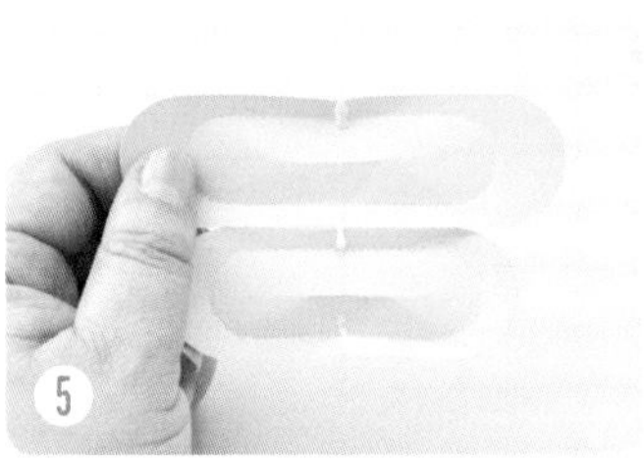

裏側《うらがわ》も写真のように3か所に接着剤《せっちゃくざい》を塗《ぬ》る。

❸と同様に中央に寄《よ》せて中心をピンセットでつまみ、形を整える。ピンチではさんで乾《かわ》かす。

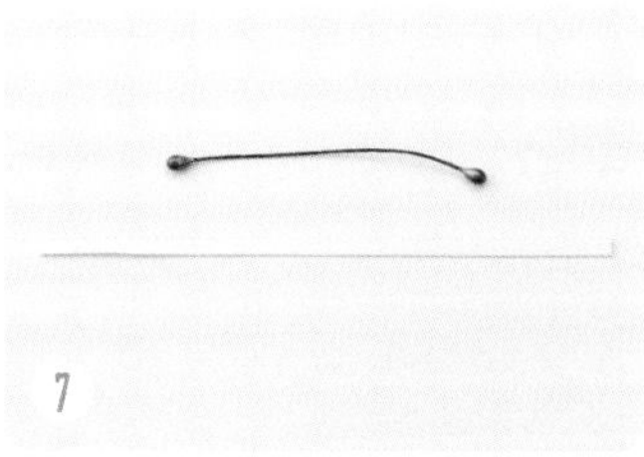

ペップ（または針金《はりがね》）を用意する。1〜1.5×10㎝の画用紙に両面テープを貼《は》ってから、3㎜幅《はば》に細長く切る。

半分に曲げたペップをちょうちょ本体にはさみ、両面テープのはくり紙をはがしながら、中心に画用紙を巻《ま》く。

作品→ P.11 | 型紙《かたがみ》→ P.114

ちょうちょ ②

材料《ざいりょう》

- お花紙（クリーム色）…1枚《まい》
  （オレンジ）…1枚《まい》
- アレンジワイヤー…5㎝
- ビニール被膜針金《ひまくはりがね》（1.6〜2㎜太さ）
  …15㎝

道具

- はさみ
- えんぴつ
- ピンチ
- ペンチ
- ニッパー

動画《どうが》はこちら

作り方

クリーム色とオレンジのお花紙をそれぞれ4等分に切り、12.5×10㎝のサイズにする。

切ったお花紙をクリーム色4枚《まい》、オレンジ4枚《まい》の順《じゅん》に重ね、縦《たて》半分に折《お》る。

型紙《かたがみ》に合わせてお花紙を切る。

③を広げて端《はし》からじゃばら折《お》りにしていく。ずれないように、反対の端《はし》をピンチでとめておくとよい。

最後《さいご》までじゃばら折《お》りにしたら、真ん中をアレンジワイヤーでとめる。余《あま》ったワイヤーはニッパーで切る。

ビニール被膜針金《ひまくはりがね》を半分に曲げてU《ユー》の字にし、2本の端《はし》を輪《わ》になっているところに通す。

針金《はりがね》の輪《わ》の中に⑤を通し、真ん中で針《はり》金《がね》を引き締《し》める。針金《はりがね》が体と触角《しょっかく》になるよう形を整える。

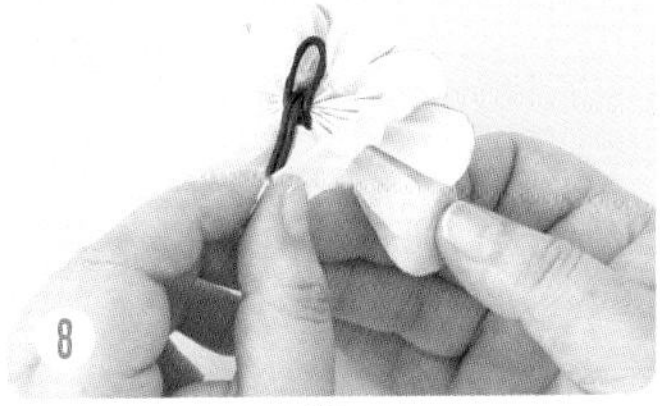

お花紙を広げて1枚《まい》ずつ立ち上げる。羽がふんわり見えるように開き、最後《さいご》に触角《しょっかく》の形を整える。

＼できあがり／

4月

作品→ P.10 | 型紙《かたがみ》→ P.115

クローバー

材料《ざいりょう》

- 画用紙（緑・6×6㎝）…1枚《まい》

道具

- えんぴつ
- はさみ
- 空《から》のボールペン
- 接着剤《せっちゃくざい》
- ピンセット
- ピンチ

動画《どうが》はこちら

作り方

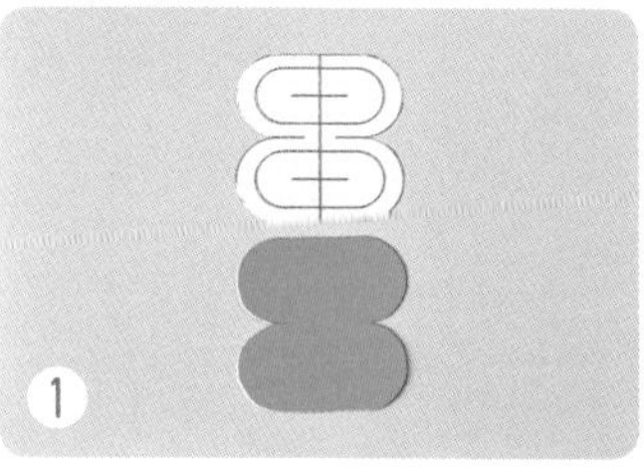

型紙《かたがみ》に合わせて画用紙を切る。

画用紙に型紙《かたがみ》を重ね、空《から》のボールペンで線をなぞる。型紙《かたがみ》を外し、さらに何度かなぞってしっかり跡《あと》をつける。

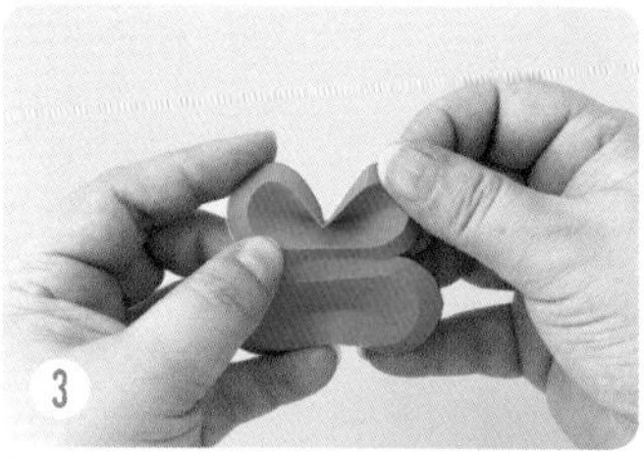

縦《たて》横半分に折《お》って折《お》り目をつけたあと、❷の跡《あと》で折《お》るようにしながら中央に寄《よ》せて立体的《てき》に形を整える。

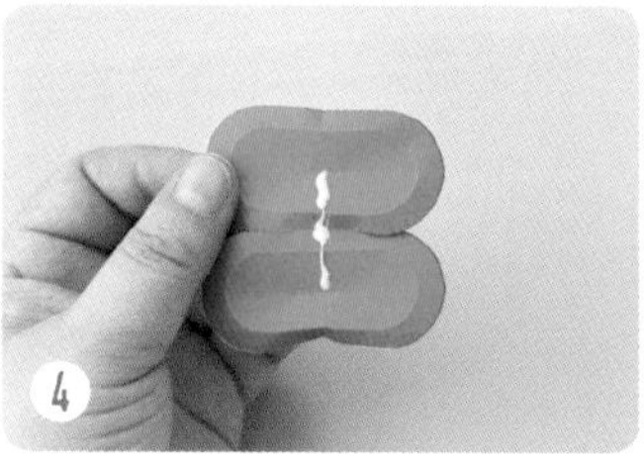

接着剤《せっちゃくざい》を表側《おもてがわ》と裏側《うらがわ》につける。表側《おもてがわ》は写真のように中心に線状《せんじょう》に塗《ぬ》る。

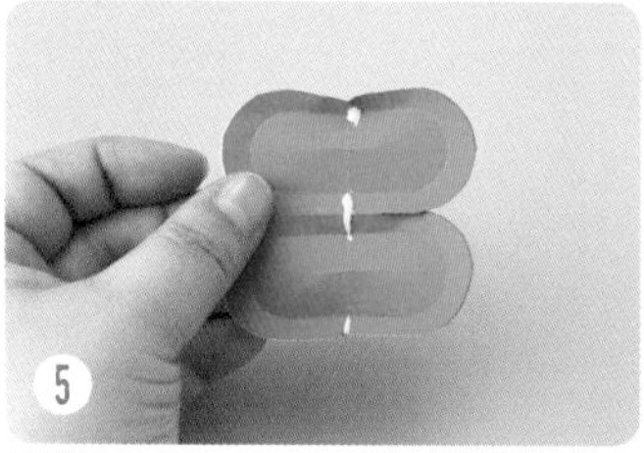

裏側《うらがわ》も写真のように3か所に接着剤《せっちゃくざい》を塗《ぬ》る。

❸と同様に中央に寄《よ》せ、ピンセットでつまみながら形を整える。ピンセットの上からピンチではさんで乾《かわ》かす。

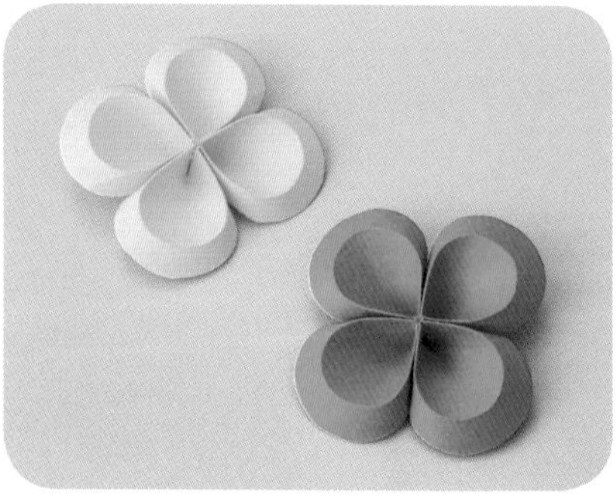

できあがり

POINT

たくさん作ってリースにしたり、デコレーションのパーツとして自由に楽しんで。

作品→ P.10

てんとう虫

材料《ざいりょう》

- 発泡《はっぽう》スチロールのボール（直径《ちょっけい》5cm）…1個《こ》
- ちりめん生地（赤・5×6cm）…2枚《まい》（黒・3.5×6cm）…1枚《まい》
- フェルト（黒・5×5cm）…1枚《まい》（黒）…適量《てきりょう》（模様《もよう》のはんてん用）

道具

- 千枚通《せんまいどお》し
- トイレットペーパーの芯《しん》
- 糸
- ペン
- カッター
- カッティングマット
- 接着剤《せっちゃくざい》
- はさみ
- ピンセット
- ものさし
- コンパス

動画《どうが》はこちら

作り方

大人と一緒《いっしょ》に

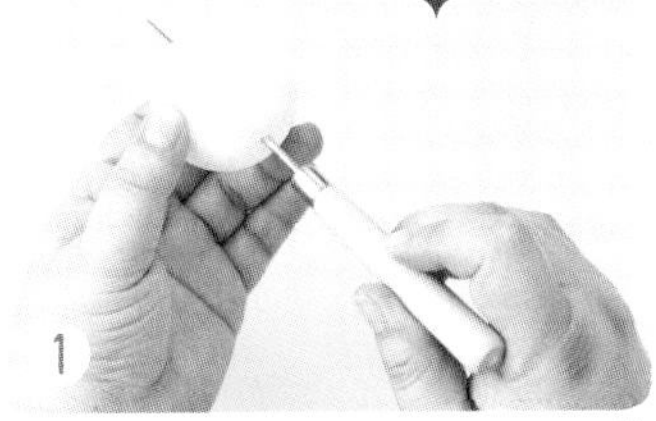

発泡《はっぽう》スチロールのボールの中心に、千《せん》枚通《まいどお》しを刺《さ》し、貫通《かんつう》させる。ボールの周《まわ》りに線があるので目印《めじるし》にするといい。

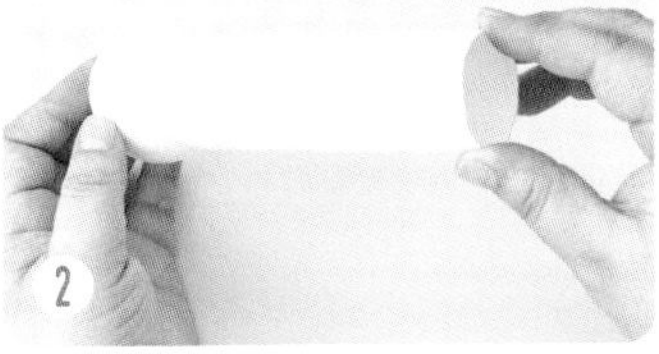

ボールにトイレットペーパーの芯《しん》を押《お》しつけて、円形の跡《あと》をつける。この時、千枚通《せんまいどお》しの穴《あな》が中央にくるようにする。

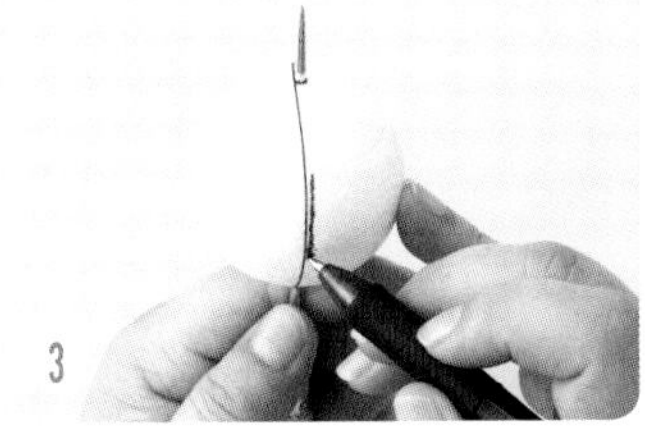

千枚通《せんまいどお》しを再《ふたた》び刺《さ》す。ボールについている線と90度ずらして糸を巻《ま》き、ガイドにして❷でつけた円の外側《そとがわ》に線を書く。

大人と一緒《いっしょ》に

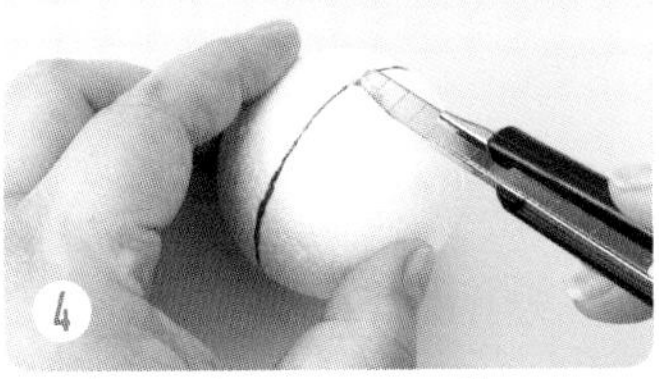

千枚通《せんまいどお》しを抜《ぬ》き、ボールの周《まわ》りの線に沿《そ》ってボールを半分に切る。見えづらい場合はペンでなぞっておいてもよい。

大人と一緒《いっしょ》に

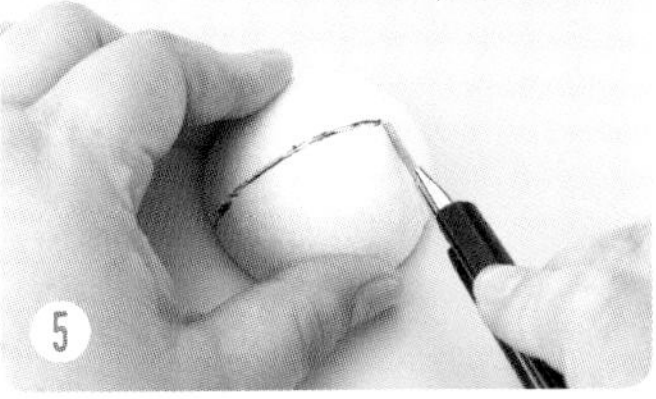

❷でつけた跡《あと》と❸で書いた線に、カッターで深さ1cm程《ほど》の切り込《こ》みを入れる。

てんとう虫の片方《かたほう》の羽になる部分に接《せっ》着剤《ちゃくざい》を塗《ぬ》り、ちりめん生地（赤）を貼《は》る。

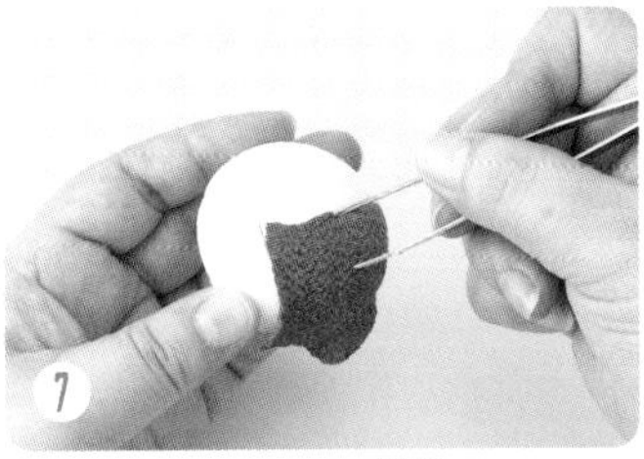

はみ出した生地を5mm程残《ほどのこ》して切り落とし、❺でつけた切り込《こ》みに、ピンセットで生地の端《はし》を押《お》し込《こ》んでいく。

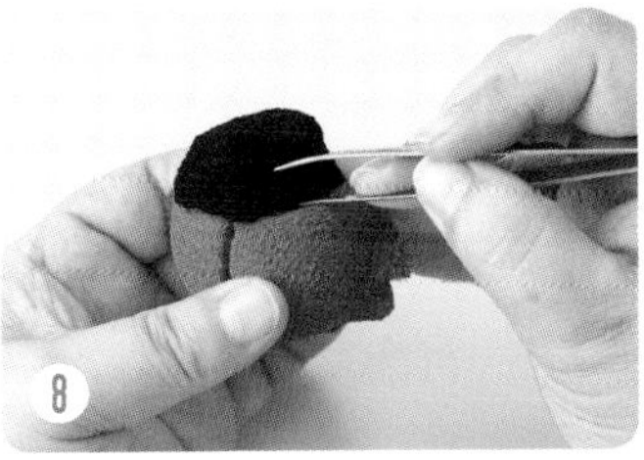

もう片方《かたほう》の羽も同様にし、頭部はちりめん生地（黒）で同様に仕上げる。

はみ出した生地は接着剤《せっちゃくざい》で裏側《うらがわ》に貼《は》っておく。

てんとう虫のつづき

黒のフェルトを5cmの円形に切り、裏《うら》側《がわ》に接着剤《せっちゃくざい》で貼《は》る。

黒のフェルトではんてんを作り、接着《せっちゃく》剤《ざい》で貼《は》る。

POINT

発泡《はっぽう》スチロールのボールは、1個《こ》で2匹《ひき》分です。黄色のてんとう虫もかわいい！ 実際《じっさい》のホシ（はんてん）の位置《いち》を調べて作ってみて。

できあがり

リースの作り方

材料《ざいりょう》

- 段《だん》ボール…20×20cm
- ひも（毛糸、リボンなど）
- てんとう虫…2個《こ》
- クローバー（P.56）…20〜25個《こ》

道具

- コンパス
- カッター
- カッティグマット
- グルーガン

作り方

段《だん》ボールでリースの土台を作る。20cmの円形に切り、内側《うちがわ》を15cmの円にくり抜《ぬ》く。

土台にひもを結《むす》び、グルーガンで固定《こてい》する。バランスを見ながら、クローバーをグルーガンで貼《は》っていく。

最後《さいご》にてんとう虫をグルーガンでつけるとできあがり。

5月

作品→ P.12 | 型紙《かたがみ》→ P.115

こいのぼりのガーランド

材料《ざいりょう》

- 画用紙（青・12×15㎝）…1枚《まい》
  （黒、黄）…適量《てきりょう》（目用）
- 折《お》り紙（好《す》きな柄《がら》）…1枚《まい》
- リボン…30㎝

道具

- ものさし
- えんぴつ
- のり
- はさみ
- クラフトパンチ

動画《どうが》はこちら

作り方

画用紙（青）の短辺側《たんべんがわ》の下に、のりしろとなる1㎝の目印《めじるし》をつける。

のりしろ部分を折《お》り返してのりを塗《ぬ》る。画用紙を2つ折《お》りにし、貼《は》り合わせて筒状《つつじょう》にする。

型紙《かたがみ》に合わせて切る。

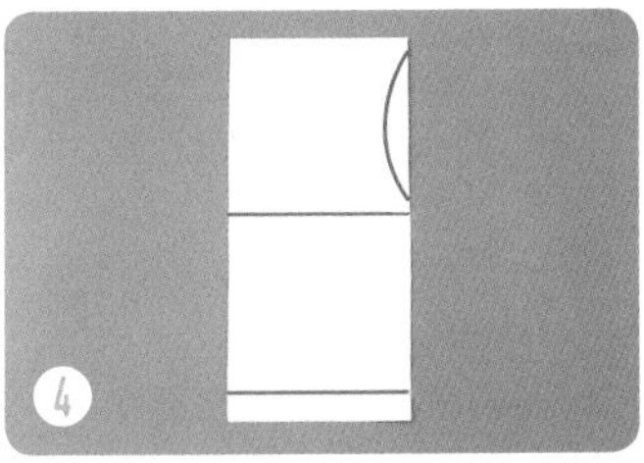

折《お》り紙を7×15㎝に切り、短辺側《たんべんがわ》の下に、のりしろとなる1㎝の目印《めじるし》をつける。上の辺《へん》に合わせて型紙《かたがみ》を重ね、印《しるし》を書く。

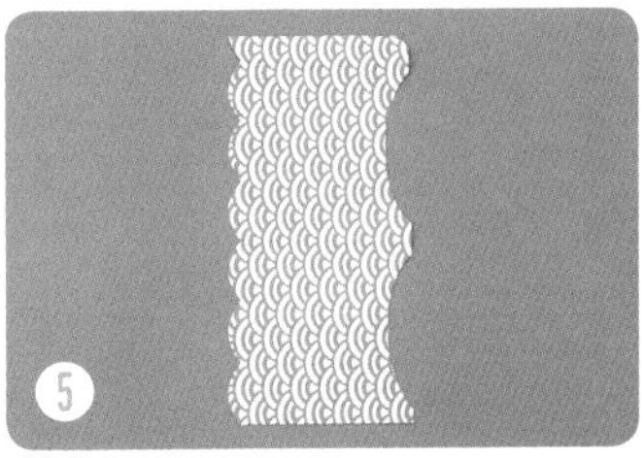

折《お》り紙を2つ折《お》りにし、型紙《かたがみ》の線に沿《そ》って切る。裏返《うらがえ》すと写真のような形になる（上側《うわがわ》にのりしろがくる）。

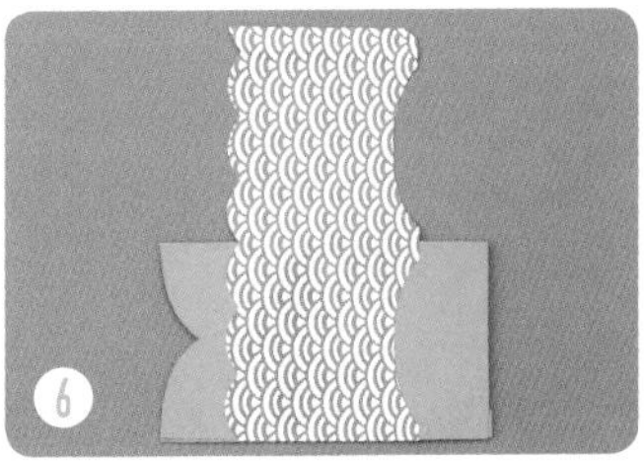

折《お》り紙の下半分にのりを塗《ぬ》り、画用紙に貼《は》る。折《お》り紙の残《のこ》り半分にものりを塗《ぬ》り、巻《ま》きつけるように貼《は》る。

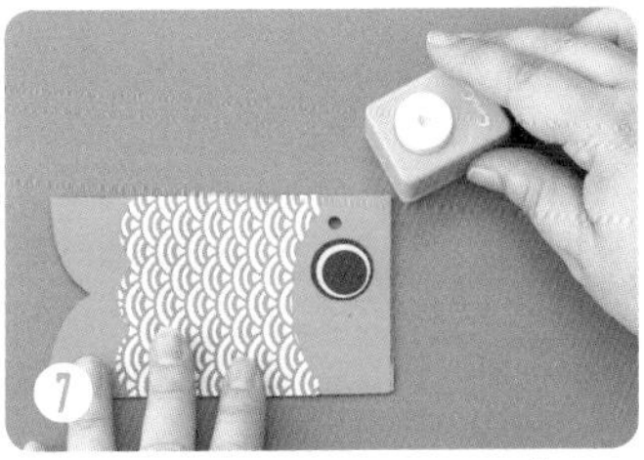

画用紙（黒）（黄）で目を作って貼《は》る。目の上にクラフトパンチで穴《あな》をあける。

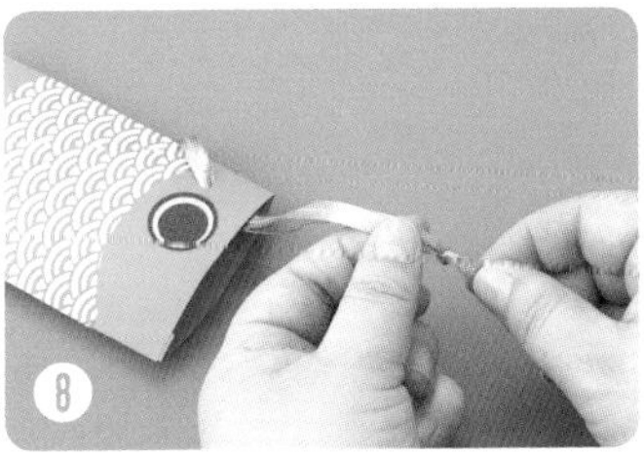

❼であけた穴《あな》に、リボンを通す。

＼できあがり／

5月

作品→ P.12

かぶとのリース

材料《ざいりょう》

- 折《お》り紙(好《す》きな柄《がら》)…4枚《まい》
  (紫《むらさき》)…1枚《まい》またはミニ折《お》り紙(7.5×7.5㎝)2枚《まい》
  (緑)…1枚《まい》

道具

- はさみ
- のり
- ピンチ
- 接着剤《せっちゃくざい》

動画《どうが》はこちら

作り方

かぶと

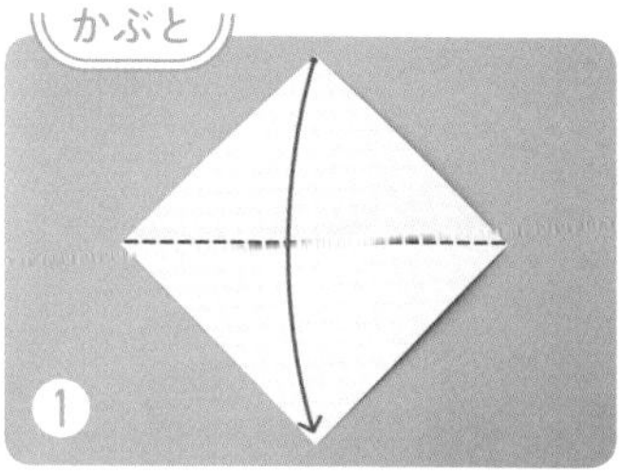

折《お》り紙(柄《がら》)の上下の角を合わせて三角形に折《お》る。

左右の角を、下の角に重ね合わせて折《お》る。

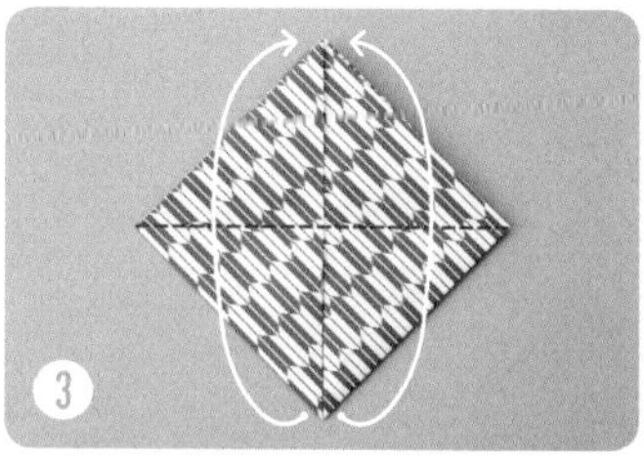

❷で下に折《お》った角を左右ともに、上の角に合わせて折《お》り返す。

折《お》り返した角を、左右に開くように折《お》る。

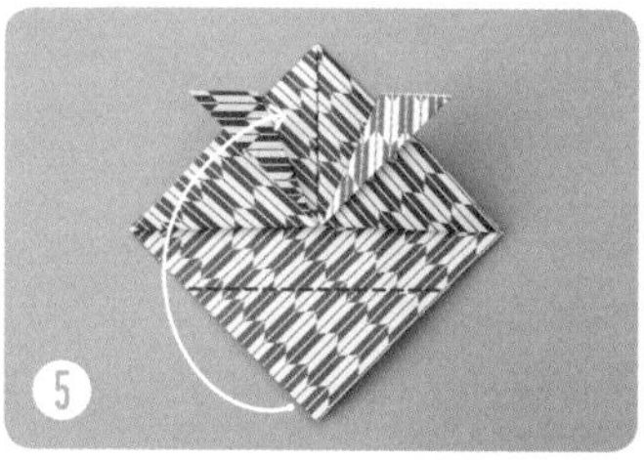

下側《したがわ》の頂点《ちょうてん》を1枚《まい》だけ上に折《お》る。真ん中より少し下で折《お》るようにする。

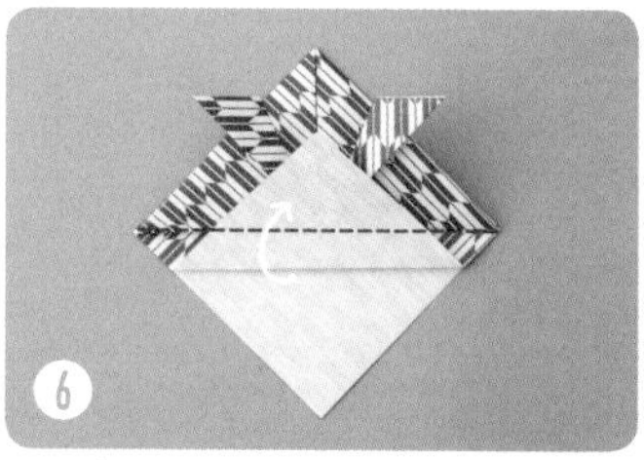

❺で折《お》った部分のフチを上に折《お》る。

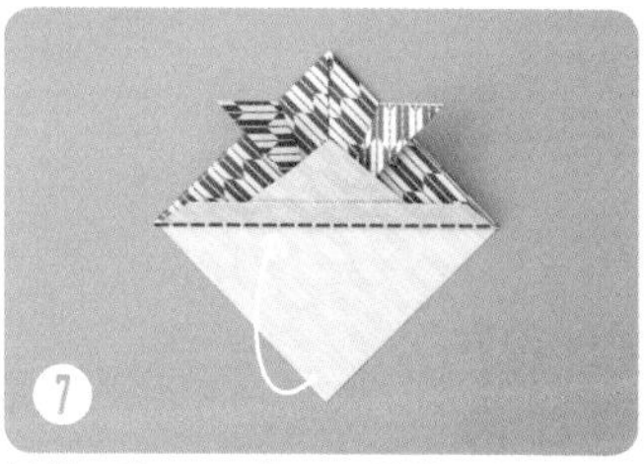

下側《したがわ》に残《のこ》った1枚《まい》を、内側《うちがわ》に折《お》り込《こ》む。

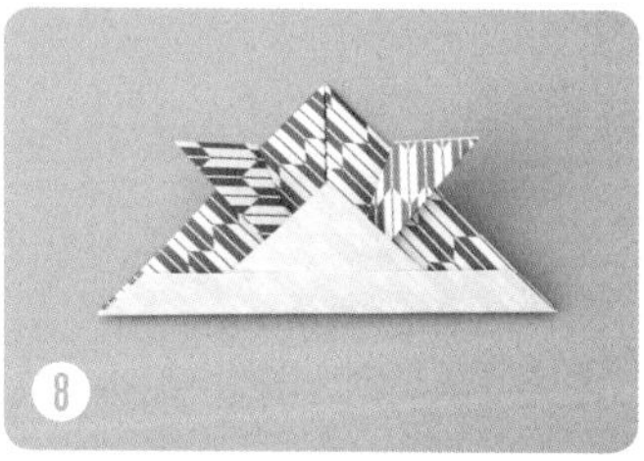

かぶとの完成《かんせい》。これを4つ作る。

しょうぶの花

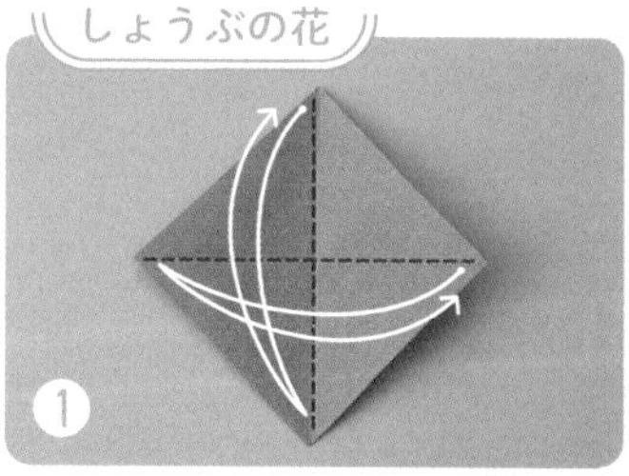

しょうぶの花を作る。折《お》り紙(紫《むらさき》)を4等分に切り(またはミニ折《お》り紙を使う)、対角線で折《お》って折《お》り目をつける。

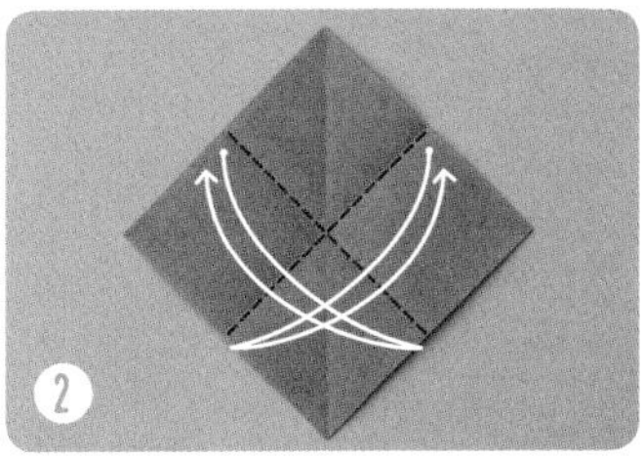

折《お》り目が「米」の字形になるように、各辺《かくへん》の半分で折《お》って折《お》り目をつける。

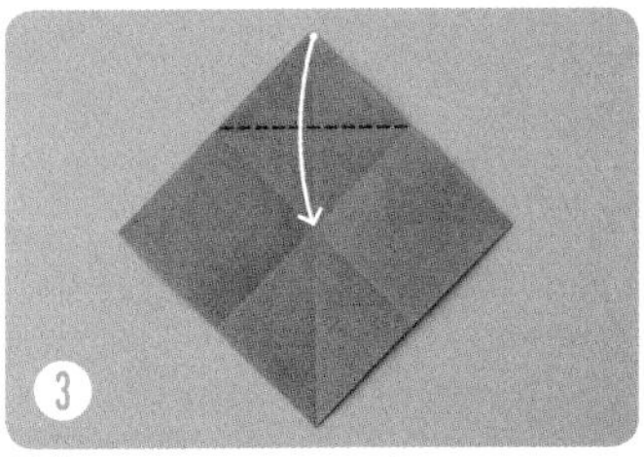

上側《うわがわ》の角を真ん中まで折《お》る。

折《お》ったところ。

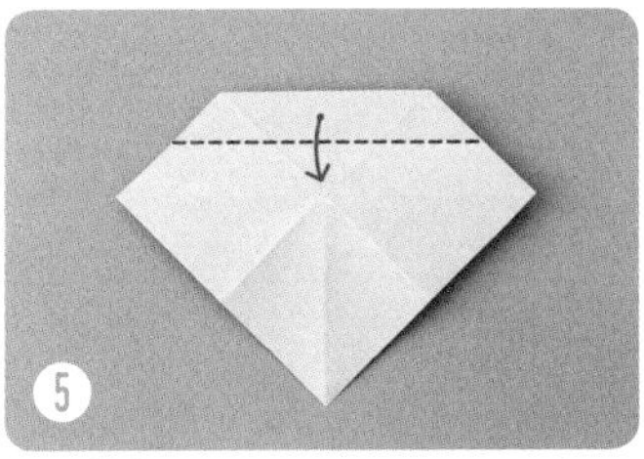

❹を裏返《うらがえ》し、上部を真ん中まで折《お》る。このとき、後ろ側《がわ》の三角形は一緒《いっしょ》に折《お》らず、伸《の》ばしたままにする。

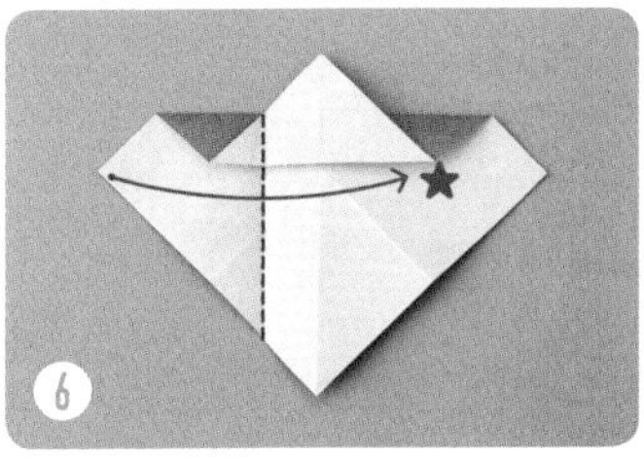

左 端《ひだりはし》の角を★印《じるし》に合わせてたたみ、折《お》り目をつける。

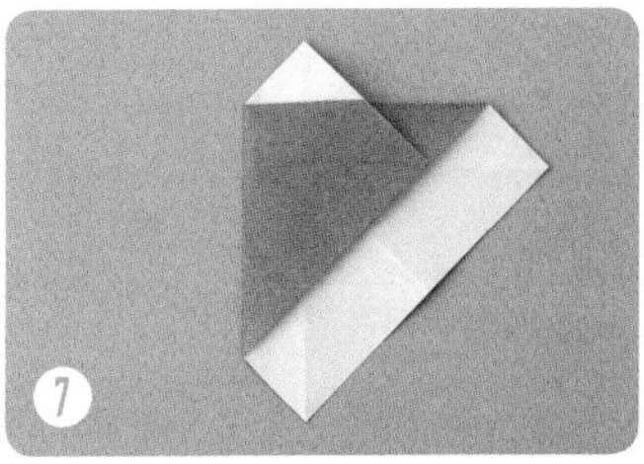

折《お》ったところ。

❼で折《お》った部分をいったん開き、反《はん》対側《たいがわ》の角も同じように折《お》り目をつける。写真は左右とも折《お》り目をつけて開いたところ。

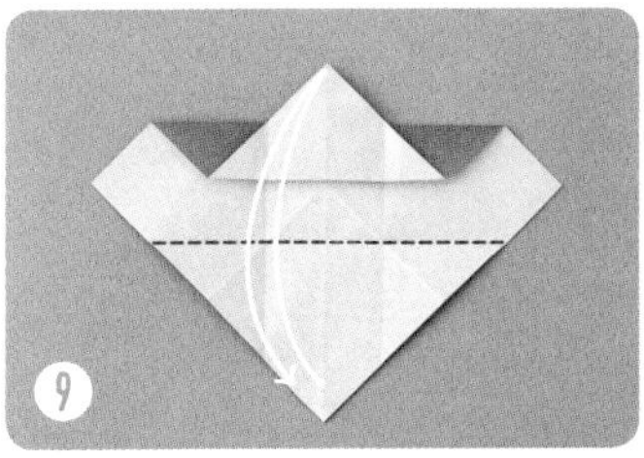

下の角を手前に持ち上げて上の角に合わせて折《お》る。折《お》り目をつけたら、いったん開く。

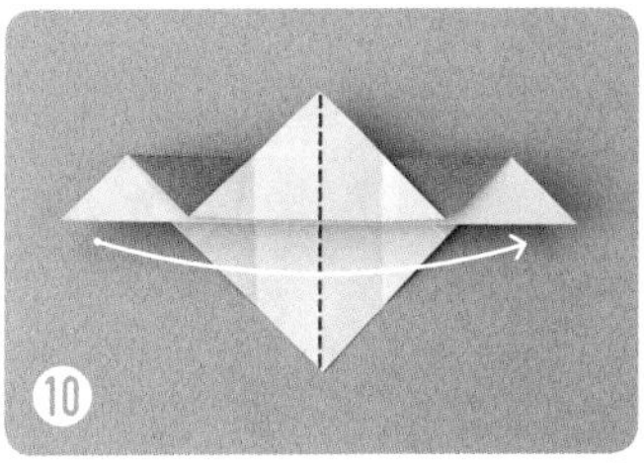

❾でつけた折《お》り目で写真のように段《だん》折《お》りする。さらに横半分に折《お》る。

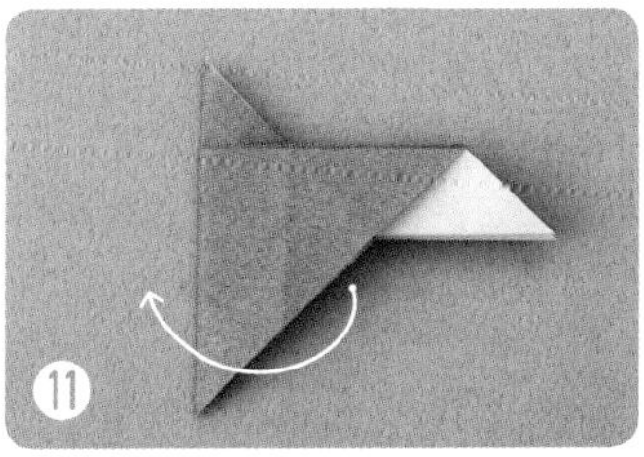

折《お》ったところ。左手の親指を上の隙間《すきま》に差《さ》し入れ、写真の三角形の部分を開いていく。

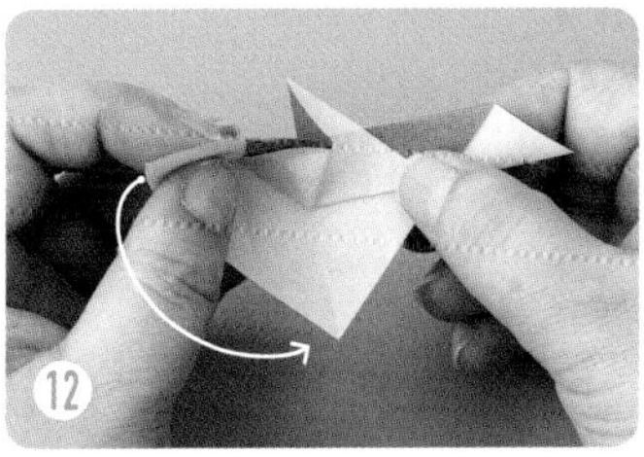

開いている途中《とちゅう》。開きながら親指を入れた部分の角を平らに折《お》りたたむ。

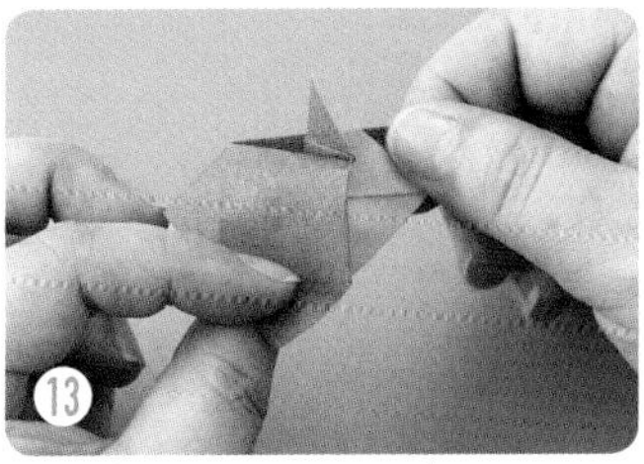

⓬の続《つづ》き。上の角を下に折《お》る。

かぶとのリースのつづき

しょうぶの花のつづき

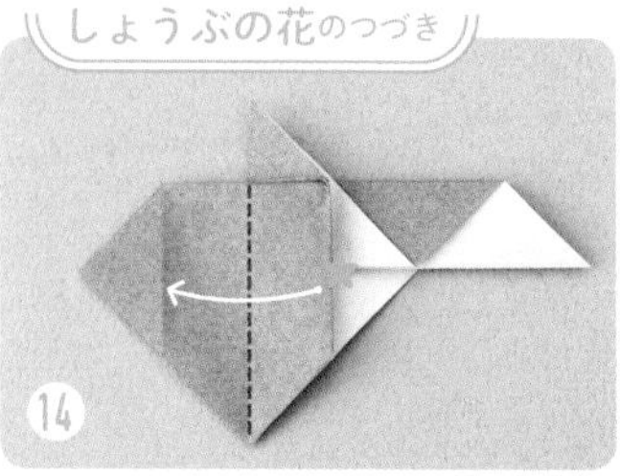

折《お》りたたんだところ。さらに★印《じるし》の辺《へん》を左に折《お》りたたむ。

反対側《はんたいがわ》も同様に⑪～⑭をくり返して折《お》りたたむ。

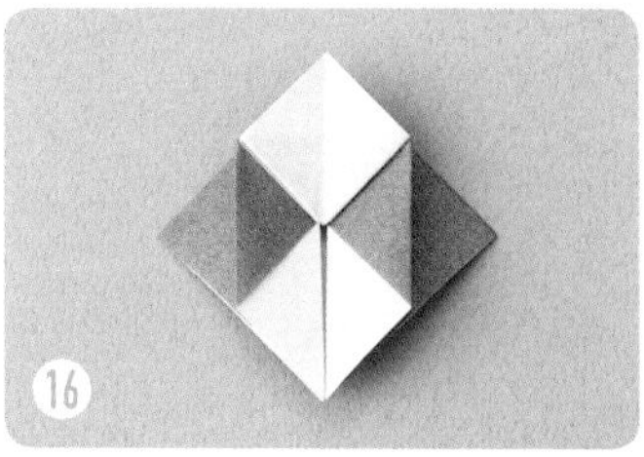

両側《りょうがわ》を折《お》りたたんだところ。

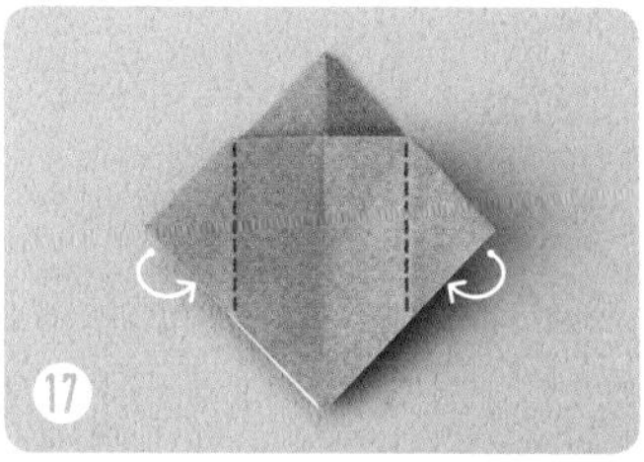

⑯を裏返《うらがえ》す。左右の角を中に折《お》り込《こ》む。

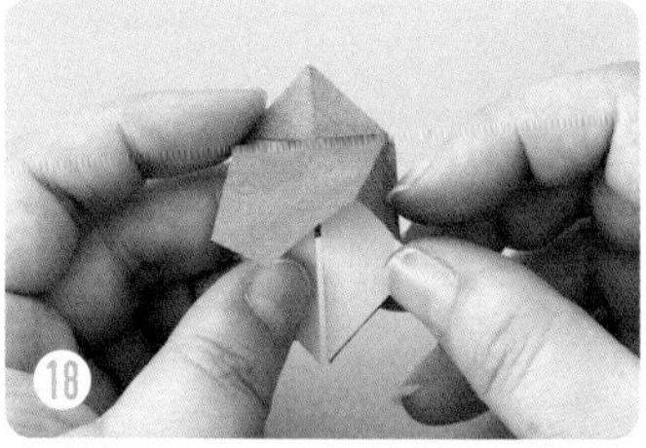

右の角を折《お》り込《こ》んでいるところ。

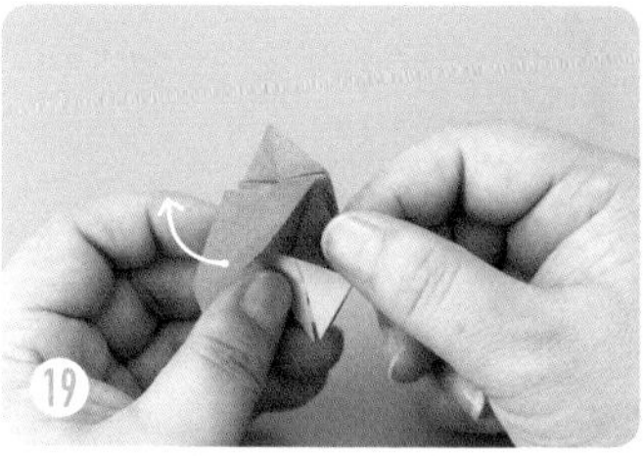

下部の角に隠《かく》れた部分の左側《ひだりがわ》を、左上にずらすように引き出す。

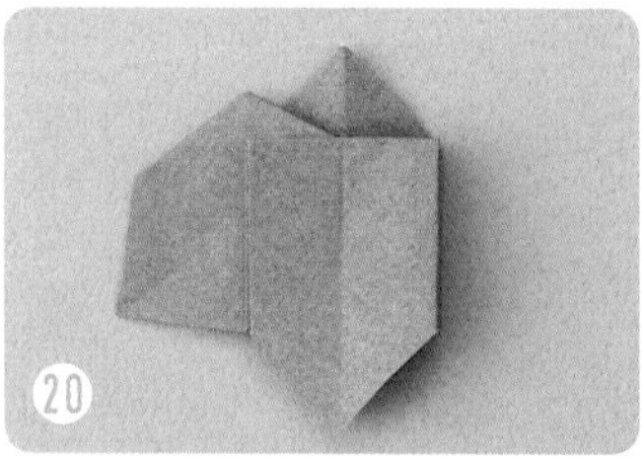

引き出して、写真のように折《お》りたたむ。

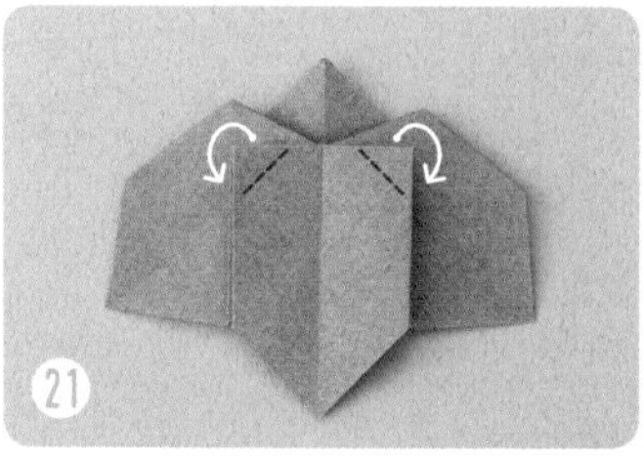

左右同じように引き出して折《お》りたたむ。写真のように中央の花びらの角を裏《うら》に折《お》り込《こ》む。

しょうぶの花のできあがり。これを2つ作る。

葉っぱとくき

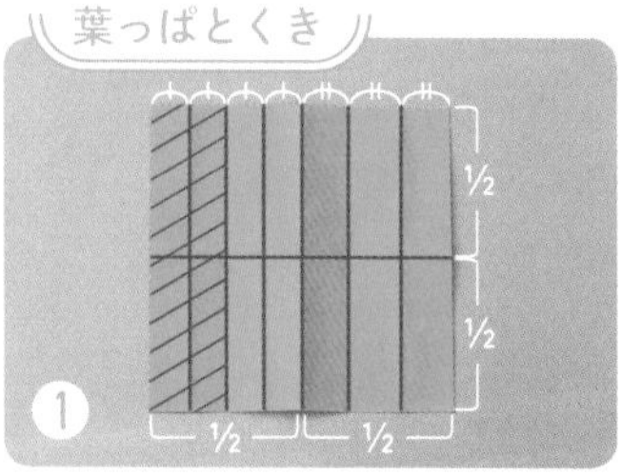

折《お》り紙（緑）に写真のように折《お》り目をつける。右側《みぎがわ》は縦《たて》に3等分、左側《ひだりがわ》は4等分（斜線《しゃせん》のパーツは使わない）。

くきを作る。❶の折《お》り紙の右端《みぎはし》の1列を切り、さらに長さを半分に切る。その折《お》り紙を写真のように3つ折《お》りにする。

のりを塗《ぬ》って折《お》りたたむように貼《は》りつけると、くきの完成《かんせい》。これを2本作る。

残《のこ》りのパーツで葉を作る。太いパーツと細いパーツの裏《うら》にそれぞれのりを塗《ぬ》り、半分に折《お》りたたんで貼《は》る。

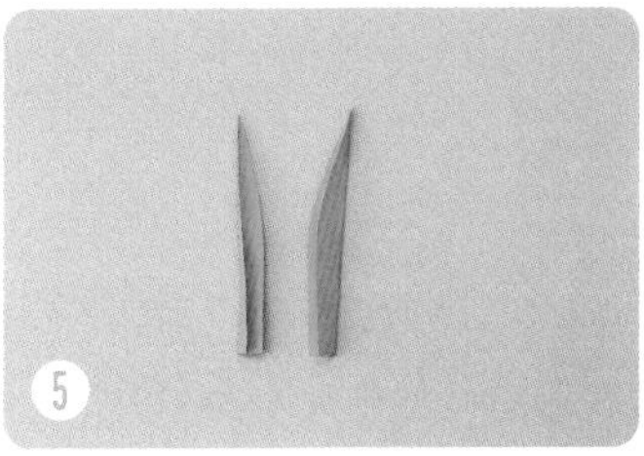

さらに縦《たて》半分に折《お》り、はさみで葉の形に切ると完成《かんせい》。太い葉と細い葉で1組になる。

仕上げ

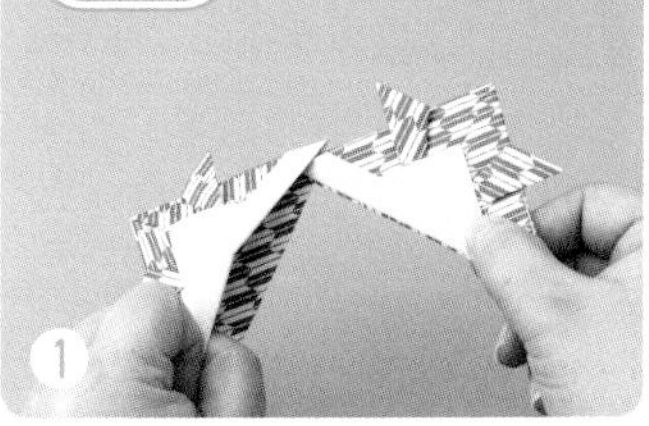

かぶとの端《はし》にのりを塗《ぬ》り、もう1つのかぶとの端《はし》に差《さ》し込《こ》む。4つを組み合わせてピンチではさんで乾《かわ》かす。

バランスを見ながら、花にくきと葉っぱ2枚《まい》をのりで貼《は》る。ピンチでとめて乾《かわ》かす。

リースの下側《したがわ》になるかぶとに、くきを差《さ》し込《こ》んで接着剤《せっちゃくざい》で貼《は》る。花とリースの重なる部分をのりで貼《は》る。

＼できあがり／

ARRANGE

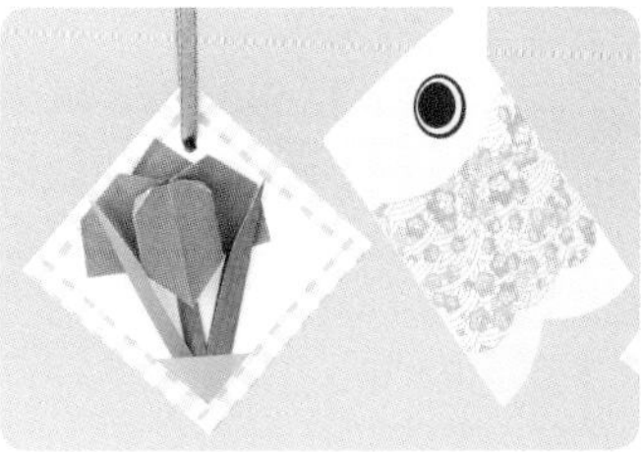

厚紙《あつがみ》を折《お》り紙などで飾《かざ》ってしょうぶの花を貼《は》り、こいのぼりと一緒《いっしょ》にガーランドにしてもかわいい！

POINT

リースの中身を他の折《お》り紙作品にしてもいいですよ。アイディア次第で飾《かざ》り方が広がります！

5月

作品→ P.13

カーネーション

材料《ざいりょう》

- お花紙（赤）…3枚《まい》
- 針金《はりがね》（2mm太さ）…約《やく》20cm
- ミニヘアゴム（または小さめの輪《わ》ゴム）…1個《こ》
- フローラルテープ

道具

- はさみ
- ものさし
- ピンチ
- ペンチ（2本）

動画《どうが》はこちら

作り方

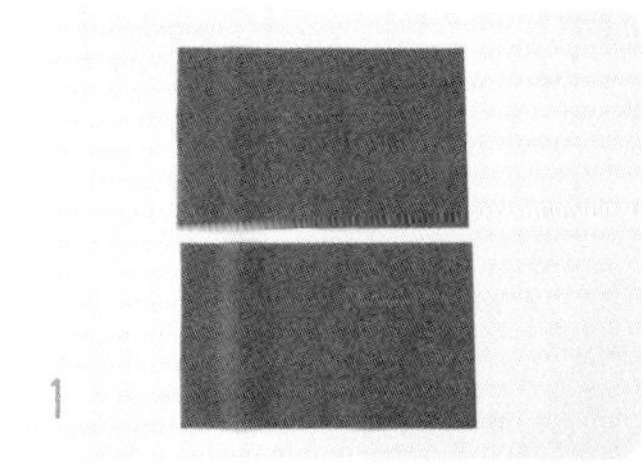

お花紙（赤）1枚《まい》を15.5×10cmのサイズに切る。これを2枚《まい》用意する。

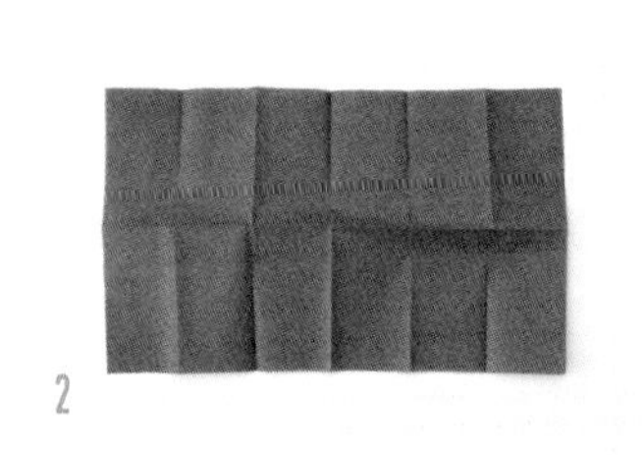

2枚《まい》を重ねて横長に置《お》き、縦《たて》半分、横6等分の折《お》り目をつける。

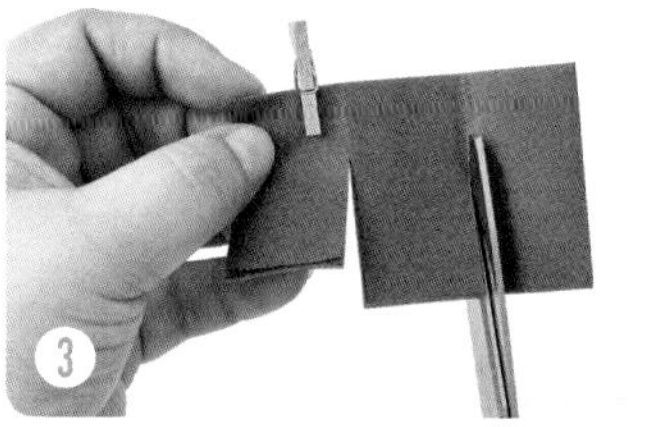

縦《たて》半分、横半分にたたみ、折《お》り目の輪《わ》になった側《がわ》から1cm程残《ほどのこ》して折《お》り目に切り込《こ》みを入れる。

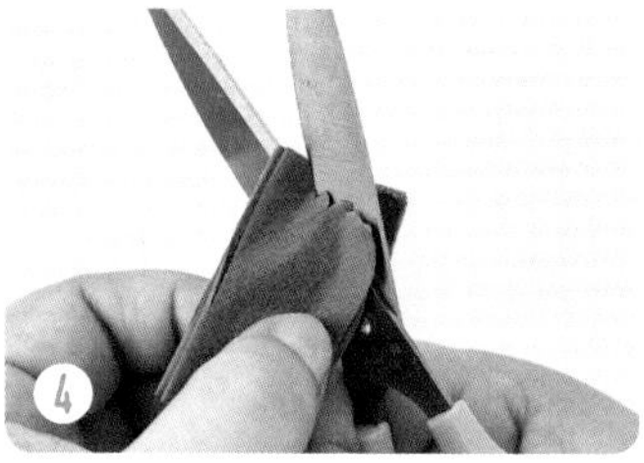

花びらの形になるように、端《はし》をギザギザに切る（両角は落として丸みをもたせる）。すべてたたんで一度に切るとよい。

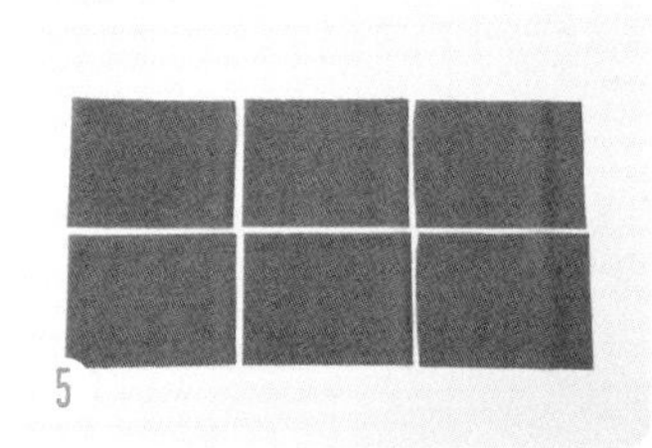

残《のこ》りのお花紙（赤）2枚《まい》を4等分に切り、12.5×10cmのサイズにする。このうち6枚《まい》を使用する。

3枚《まい》ずつに分け、それぞれを❷と同様に、縦《たて》半分、横6等分の折《お》り目をつける（厚《あつ》いと作業しにくいので2組に分ける）。

❸～❹と同様に切れ目を入れ、花びらの形に切る。

❹のお花紙を広げて、端《はし》からじゃばら折《お》りにする。

2回ほど折《お》ったら途中《とちゅう》で小さいサイズのお花紙❼を広げて重ね、ずれないように一緒《いっしょ》にじゃばら折《お》りにしていく。

最後《さいご》までじゃばら折《お》りしたところ。

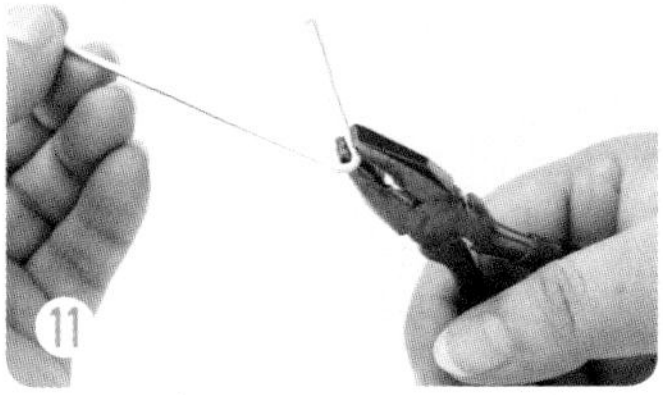

針金《はりがね》の先端《せんたん》3~4cmをペンチで折《お》り曲げる。

じゃばら折《お》りにしたお花紙の中心を針《はり》金《がね》で巻《ま》き、ねじってとめる。このとき、小さいお花紙の側《がわ》を上(針金《はりがね》の輪《わ》のほう)にする。

じゃばらを広げて、お花紙を1枚《まい》ずつ立ち上げる。

花びらをすべて立ち上げていく。

花びらの根元から1.5cmぐらいのところまで指でつぶし、ミニヘアゴムでしっかりまとめる。先端《せんたん》を仮《かり》どめするとやりやすい。

花のつけ根の少し下から、ガクに向かって、フローラルテープを巻《ま》く。ガクと花の境目《さかいめ》は、特《とく》にしっかり5周程巻《しゅうほどま》く。

ガクからくきに巻《ま》き戻《もど》ってきたら、好《す》きな場所でフローラルテープを3~4cm折《お》り返し、葉っぱを作る。

折《お》り返したフローラルテープを貼《は》り合わせ、同様の折《お》り返しを反対側《はんたいがわ》にも作る。

葉っぱの根元を2~3回巻《ま》き安定させたら、少し離《はな》してもう1組作る。くきの下のほうまで巻《ま》いたあと、折《お》り返し部分を葉の形に切る。

\ できあがり /

POINT

花びらを広げてきれいに整えたら、できあがり。何本か作って花束《はなたば》にしても◎

6月

作品→ P.15 ｜ 型紙《かたがみ》→ P.115

カエル

材料《ざいりょう》

- 画用紙
  (黄緑・約《やく》15×30cm) …1枚《まい》
  (黄緑・約《やく》6×10cm) …1枚《まい》
  (緑) …適量《てきりょう》(葉っぱ用)
  (白、黒、濃《こ》い黄緑、赤)
  …各適量《かくてきりょう》(顔のパーツ用)

道具

- えんぴつ
- はさみ
- のり
- ピンチ
- 接着剤《せっちゃくざい》
- ピンセット

動画《どうが》はこちら

作り方

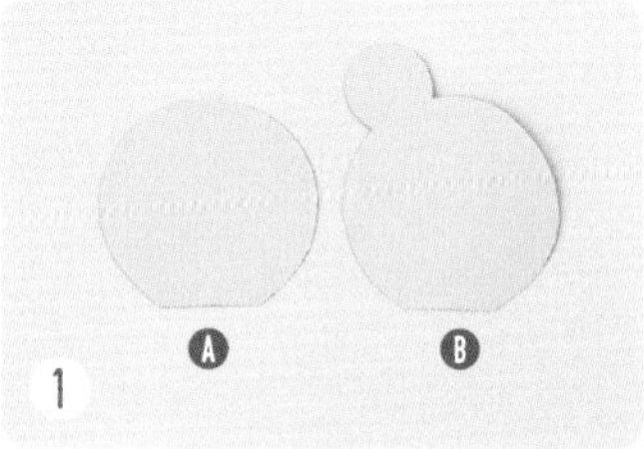

画用紙(黄緑)を型紙《かたがみ》に合わせて切る。Ⓐを18枚《まい》、Ⓑを2枚《まい》作る。

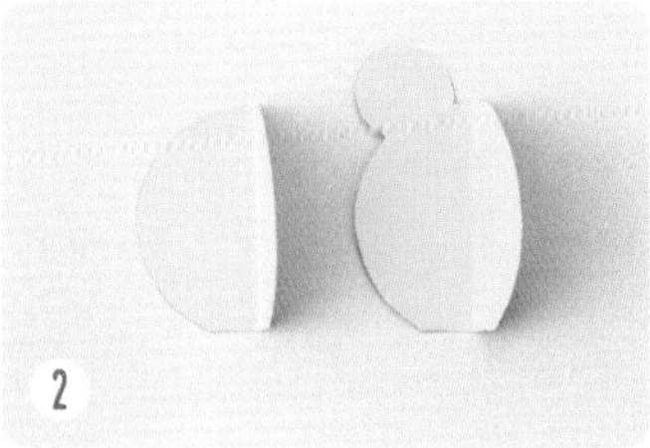

ⒶとⒷをそれぞれ半分に折《お》る。

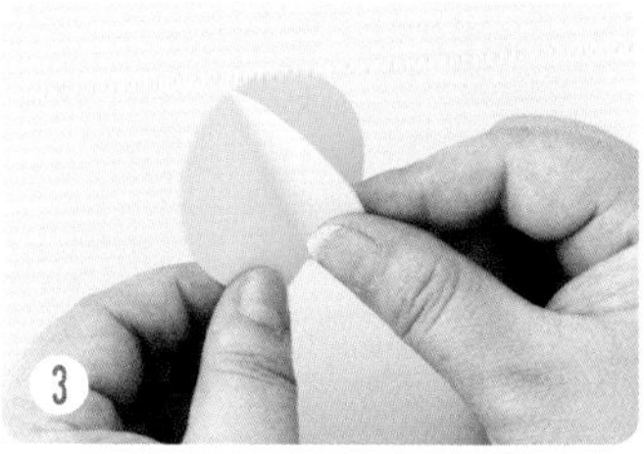

Ⓐの半分の面にのりを塗《ぬ》り、貼《は》り合わせる。

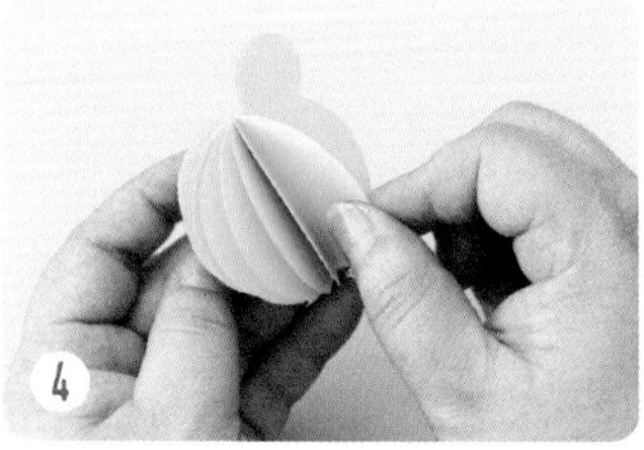

これをくり返してⒶを9枚貼《まいは》ったあと、Ⓑを1枚貼《まいは》る。

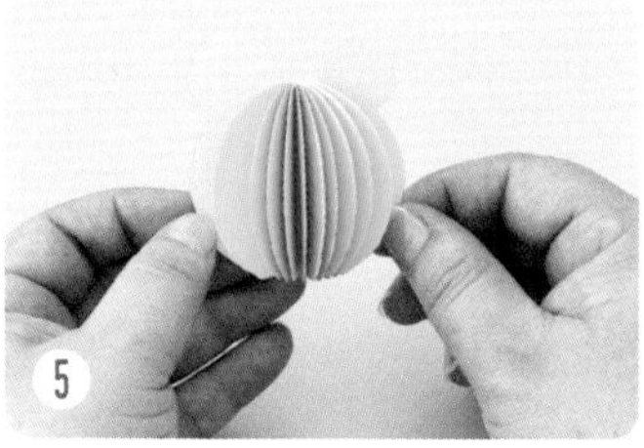

❹と左右対称《たいしょう》になるように、反対側《はんたいがわ》にもう1枚《まい》のⒷを貼《は》る。ピンチではさんで乾《かわ》かす。

顔の後ろ側《がわ》を作る。残《のこ》りのⒶの9枚《まい》を貼《は》り合わせてから、❺と貼《は》り合わせて球状《きゅうじょう》にする。

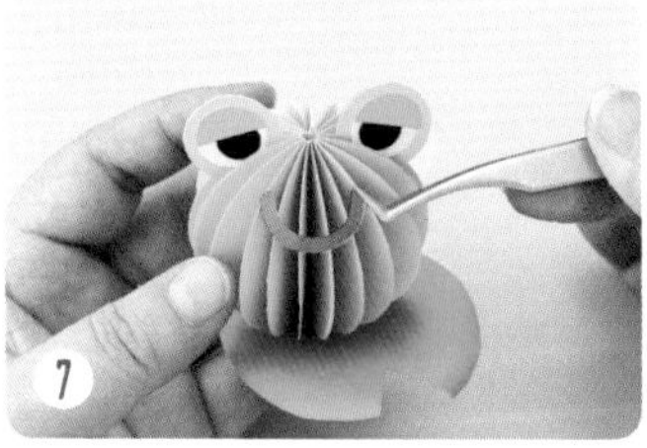

緑の画用紙で葉っぱを作る。さらに白、黒、濃《こ》い黄緑の画用紙で目、赤の画用紙で口を作り、すべて接着剤《せっちゃくざい》で貼《は》りつける。

＼できあがり／

6月

作品→ P.14

JUNE

傘《かさ》

材料《ざいりょう》

- 画用紙（水色・約《やく》14 × 21㎝）…1枚《まい》
- 折《お》り紙（好《す》きな柄《がら》）…1と½枚程度《まいていど》
- 針金《はりがね》（青・約《やく》1.6㎜太さ）…10㎝

道具

- コンパス
- はさみ
- のり
- ステープラー
- 接着剤《せっちゃくざい》
- ピンチ
- ペン

動画《どうが》はこちら

作り方

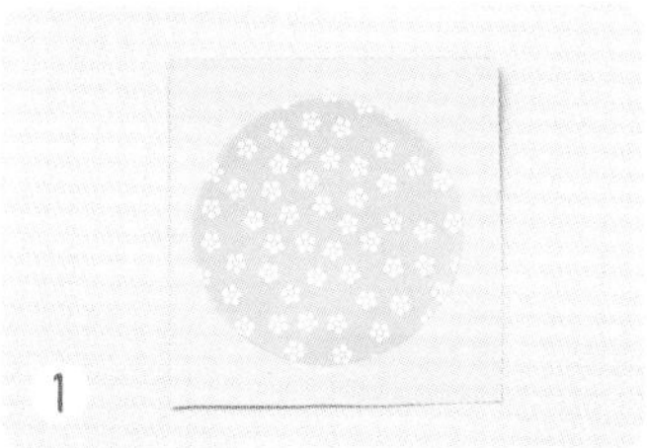

折《お》り紙を直径《ちょっけい》7㎝の円に切る。のりで画用紙に貼《は》る。

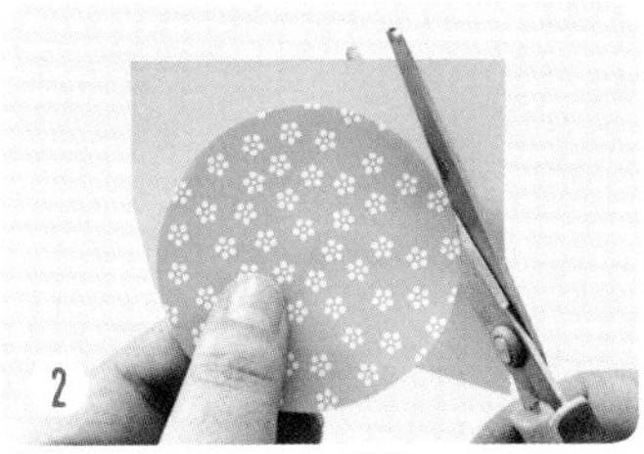

貼《は》りつけた折《お》り紙の輪郭《りんかく》に沿《そ》って画用紙を円形に切る。

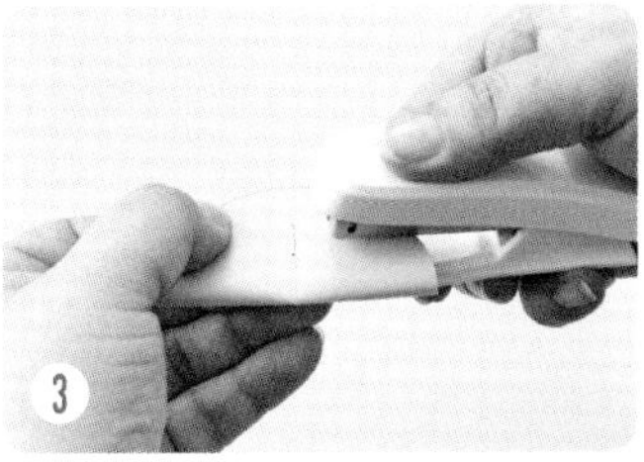

半分に折《お》って折《お》り目をつける。一度開き、折《お》り目が重なるように曲げて折《お》り目の位置《いち》をステープラーでとめる。

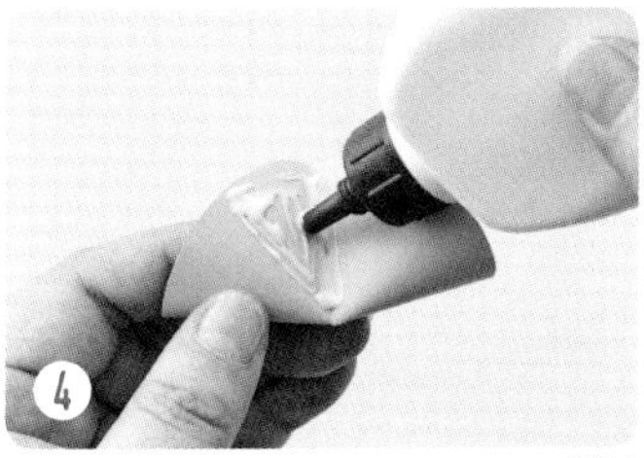

ステープラーでとめた中心線から扇状《おうぎじょう》に接着剤《せっちゃくざい》を塗《ぬ》る。

写真のように折《お》りたたみ、ピンチでとめて乾《かわ》かす。これを6個《こ》作る。

❺でできたパーツを3つ接着剤《せっちゃくざい》で貼《は》り合わせ、ピンチではさんで乾《かわ》かす。これを2組作る。

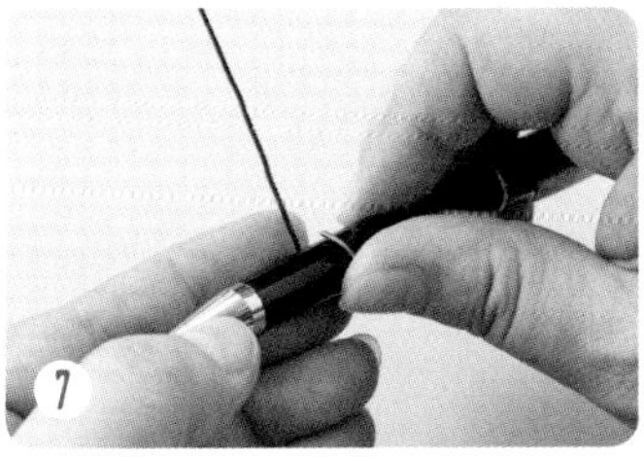

ペンの軸《じく》を使って針金《はりがね》の先をカーブさせ、傘《かさ》の持ち手の形にする。

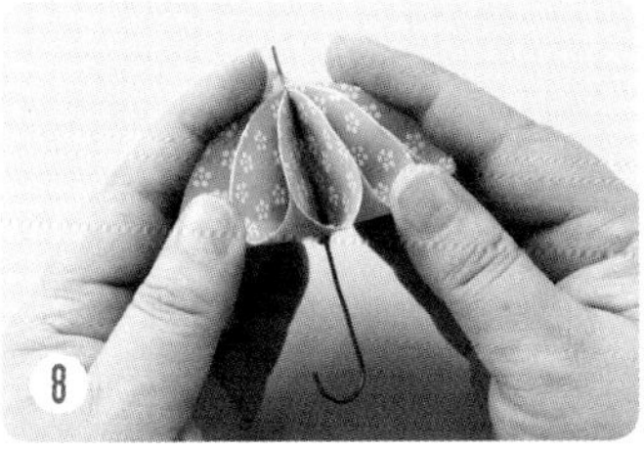

❻の片方《かたほう》に接着剤《せっちゃくざい》を塗《ぬ》り、針金《はりがね》をはさむようにもう片方《かたほう》を貼《は》り、しっかり乾《かわ》かす。針金《はりがね》は上に1㎝飛《と》び出すようにする。

＼ できあがり ／

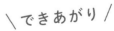

6月

作品→ P.15

てるてる坊主《ぼうず》

材料《ざいりょう》

- 発泡《はっぽう》スチロールのボール（直径《ちょっけい》5cm）…1個《こ》
- タオル生地（白・10×10cm）…2枚《まい》
- フェルト（黒）…適量《てきりょう》（顔のパーツ用）
- お花紙（白）…1枚《まい》
  （黄）…2枚《まい》
- レースペーパー（4号用・直径約《ちょっけいやく》10cm）…1枚《まい》
- アレンジワイヤー…6cm
- リボン（吊《つ》るしひも用）…40〜50cm
- リボン（飾《かざ》り用）…適量

道具

- 千枚通《せんまいどお》し
- 接着剤《せっちゃくざい》
- アレンジワイヤー
- ものさし
- えんぴつ
- コンパス
- パステル（黄）
- ティッシュペーパー
- はさみ
- のり
- ピンチ
- ピンセット

動画《どうが》はこちら

作り方

大人と一緒《いっしょ》に

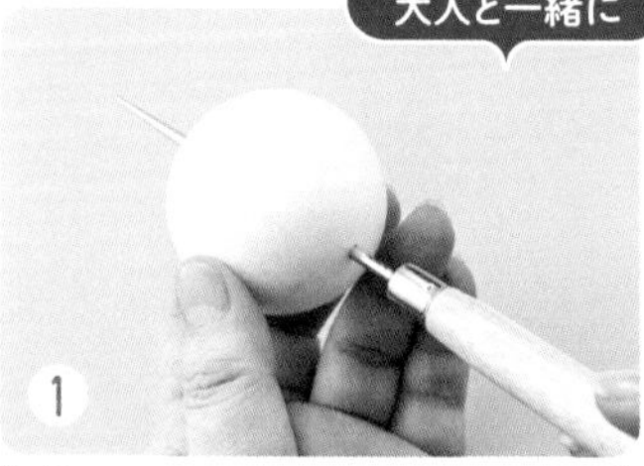

発泡《はっぽう》スチロールのボールの中心に、千《せん》枚通《まいどお》しを刺《さ》し、貫通《かんつう》させる。ボールの周《まわ》りに線があるので目印《めじるし》にするといい。

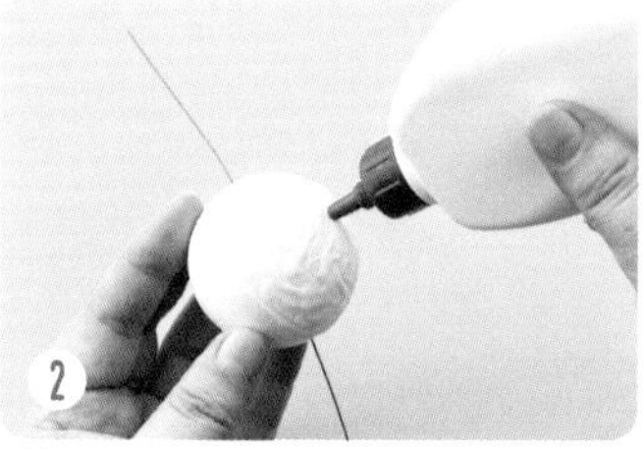

千枚通《せんまいどお》しを抜《ぬ》き、ボールの半分に接着《せっちゃく》剤《ざい》を塗《ぬ》る。穴《あな》にアレンジワイヤーを通しておくと作業がしやすい。

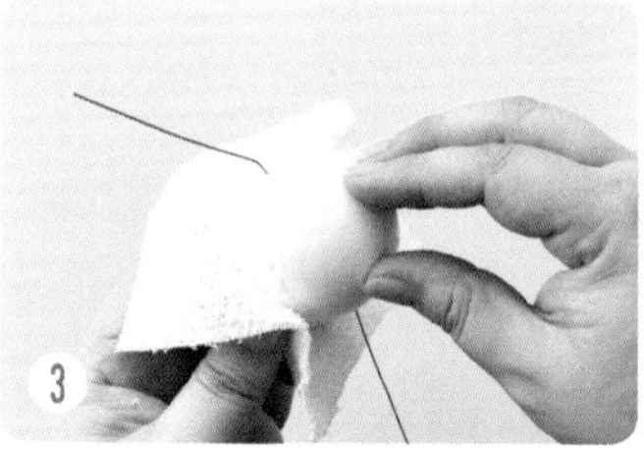

接着剤《せっちゃくざい》を塗《ぬ》った側《がわ》をタオル生地の中心に置《お》き、生地でボールを包《つつ》みこむ。

もう半分にも接着剤《せっちゃくざい》を塗《ぬ》り、もう1枚《まい》のタオル生地で反対側《はんたいがわ》からボールを包《つつ》み、球体になるようになじませる。

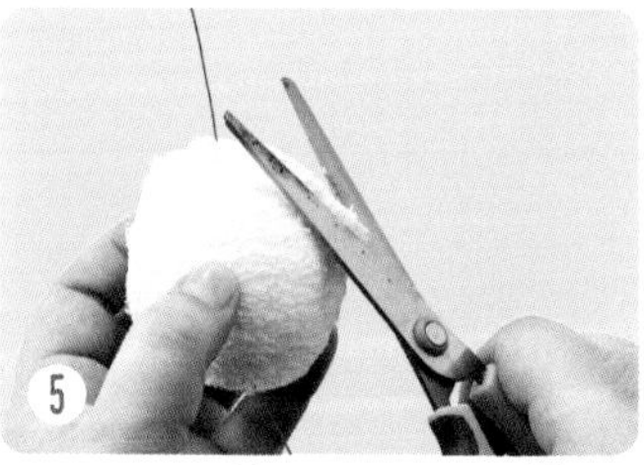

タオル生地の余《あま》った部分を1cm程残《ほどのこ》して切り落とし、タオル生地のつなぎ目をしっかりなじませる。

もう1度しっかり生地を押《お》さえてから、1~2mm残《のこ》して切り落とす。生地のつなぎ目を上から押《お》さえてなじませる。

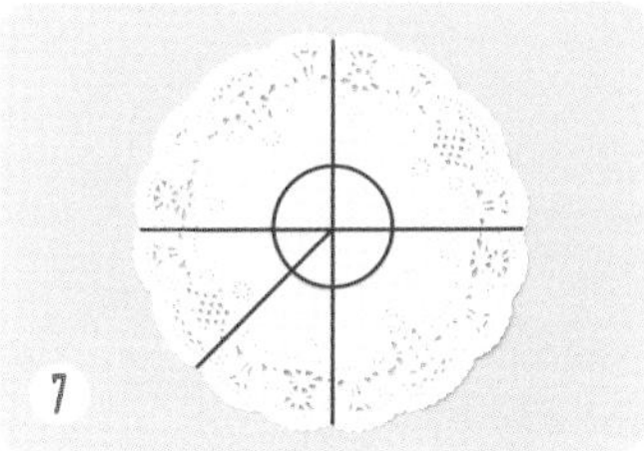

レースペーパーの裏面《うらめん》に、写真のように目印《めじるし》を入れる（十字と左斜《なな》め下45度に線を引き、直径《ちょっけい》3.5cmの円を書く）。

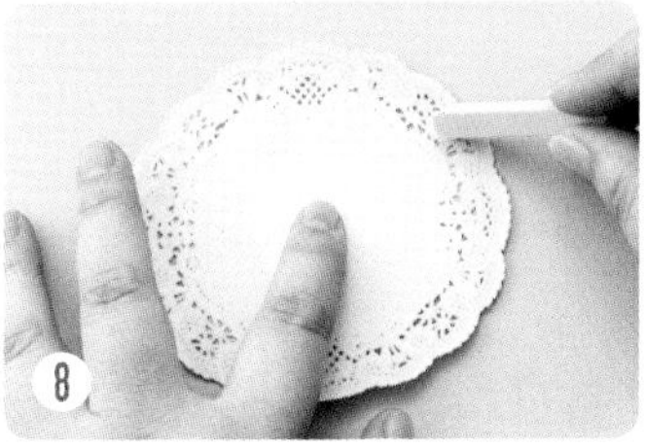

レースペーパーを表に返し、パステルで色づけする。ティッシュペーパーで伸《の》ばすとグラデーションになる。

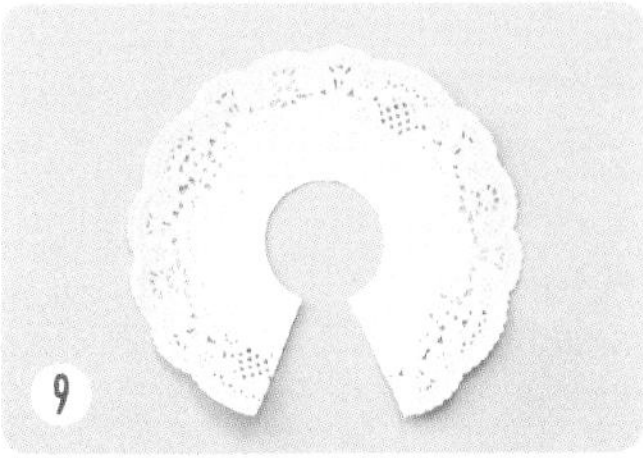

裏側《うらがわ》に書いた印《しるし》に沿《そ》って、中心の円と小さい三角形の1つを、写真のように切り取る。

もう1つの小さい三角形の範囲《はんい》にのりを塗《ぬ》り、円すい状《じょう》に貼《は》り合わせピンチではさんで乾《かわ》かす。

白と黄色のお花紙をそれぞれ半分に切り、20×12.5cmの6枚《まい》にする。

黄色4枚《まい》、白2枚《まい》の順《じゅん》に重ね、縦《たて》半分、横に8等分に折《お》る。

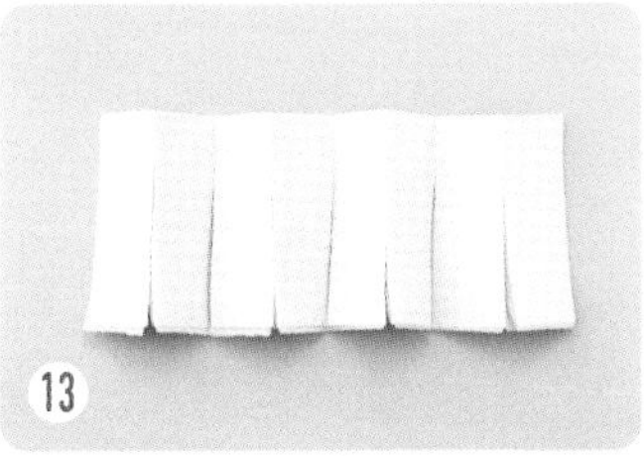

8等分の折《お》り目に、縦《たて》半分の折《お》り目の輪《わ》になった側《がわ》を1.5cm程残《ほどのこ》して切れ目を入れる。

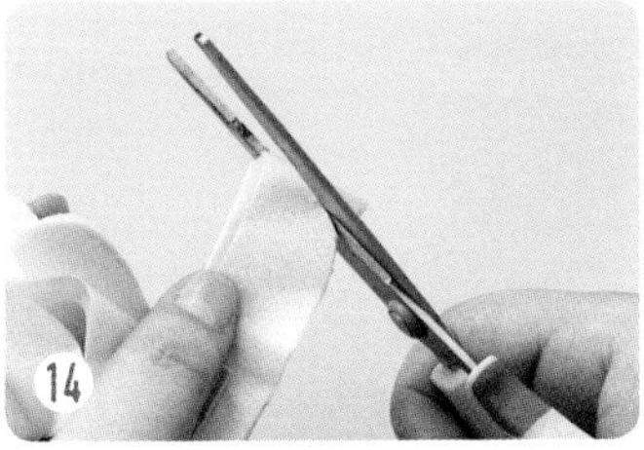

⑬で入れた切れ目の先を、はさみで丸く切る。

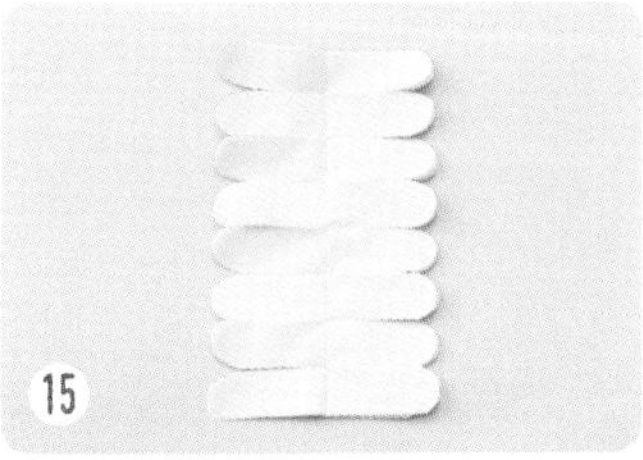

お花紙を開く。

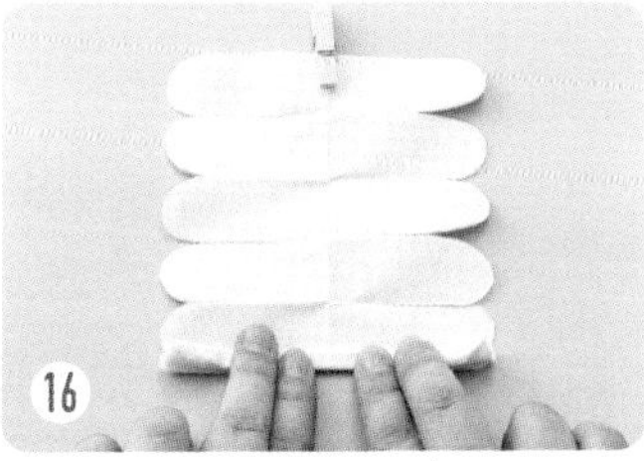

お花紙を端《はし》からじゃばら折《お》りにする。ずれないように端《はし》をピンチではさんでおくとよい。

じゃばらに折《お》ったお花紙の中心を、アレンジワイヤーでとめる。ワイヤーの上からリボン（吊《つ》るしひも用）を結《むす》ぶ。

お花紙を広げて、黄色の側《がわ》から1枚《まい》ずつ立ち上げる。

6月

てるてる坊《ぼう》主《ず》のつづき

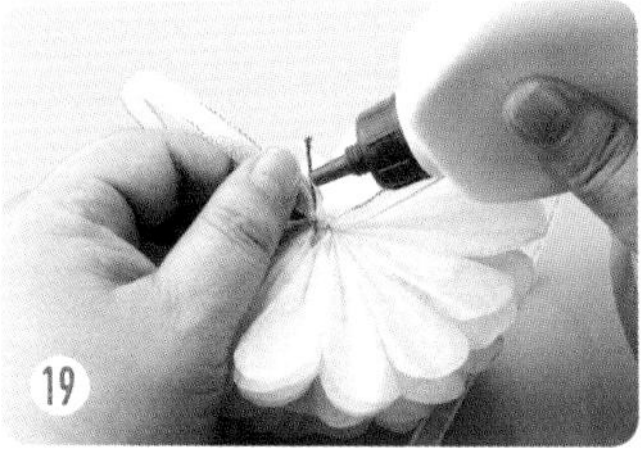

すべて立ち上げたら、⓱で結《むす》んだリボンの結《むす》び目に接着剤《せっちゃくざい》をつける。

リボンでワイヤーをくるむようにはさみ、接着剤《せっちゃくざい》で固定《こてい》する。よく乾《かわ》かす。

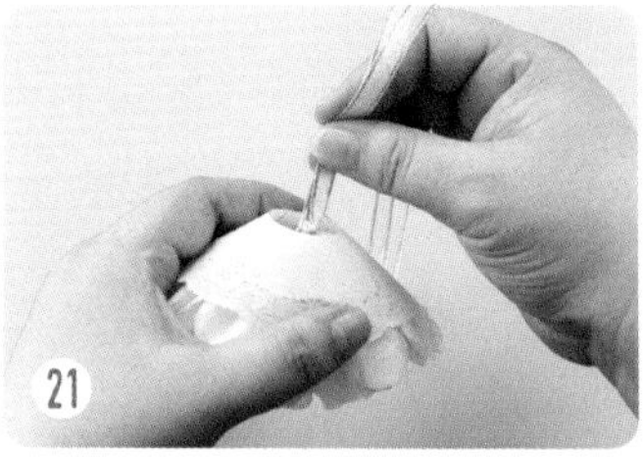

❿のレースペーパーの裏面《うらめん》のフリル部分に接着剤《せっちゃくざい》を1周《しゅう》塗《ぬ》り、リボンを通して⓴に押《お》しつけて貼《は》る。

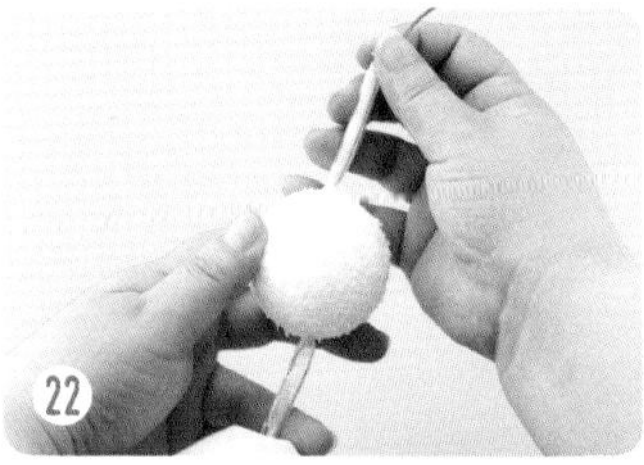

アレンジワイヤーなどを使って、❻のボールの穴《あな》にリボンを通す。接着剤《せっちゃくざい》でレースペーパーとボールを接着《せっちゃく》する。

フェルトで目と口を作る。

リボンを接着剤《せっちゃくざい》で貼《は》って飾《かざ》りつけをして、さらに目と口を貼《は》ってしっかり乾《かわ》かす。

＼できあがり／

POINT

白だけでなくピンクや水色、紫《むらさき》など好《す》きな色のタオルを使っても◎。カラフルでかわいいてるてる坊《ぼう》主《ず》で、梅《つ》雨《ゆ》を明るく彩《いろど》ろう！

作品→ P.16

七夕の星

材料《ざいりょう》

- 画用紙
  （オレンジ・5×75㎝につなげる）
- ストロー（4㎜太さ）…1本

道具

- ものさし
- えんぴつ
- はさみ
- のり
- 接着剤《せっちゃくざい》

動画《どうが》はこちら

作り方

1 画用紙はのりで貼《は》ってつなぎ、5×75㎝の細長い帯状《おびじょう》にする。片方《かたほう》の端《はし》を写真のように、ひとつ結《むす》びにする。

2 結《むす》び目をつぶして平らにする。短い端《はし》は折《お》っておく。

3 5角形になるように、巻《ま》きながら折《お》りたたんでいく。

4 端《はし》まで折《お》ったら、巻《ま》き終わりは折《お》りたたんだ紙のすき間にはさみ込《こ》む。

5 上の角と下辺《かへん》の真ん中に印《しるし》をつけ、はさみで切って穴《あな》をあける。

6 辺《へん》の真ん中を押《お》し込《こ》み、ふくらませると立体的《てき》になる。

7 残《のこ》りの辺《へん》も押《お》し込《こ》むと、立体的《てき》な星の形になる。

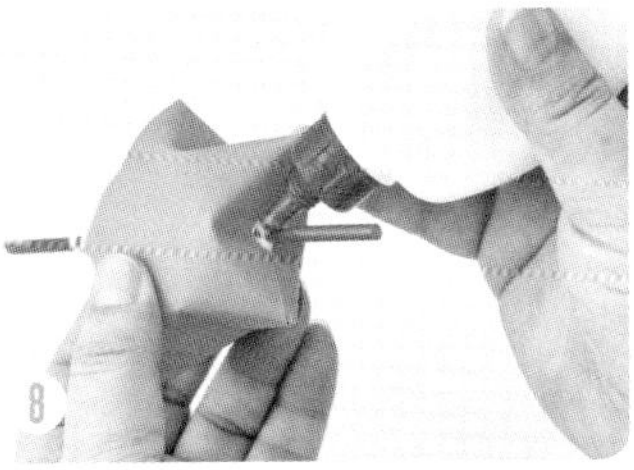

8 ストローを穴《あな》に差《さ》し込《こ》み、接着剤《せっちゃくざい》でとめる。接着剤《せっちゃくざい》が乾《かわ》いたら、はみ出したストローを切る。

＼できあがり／

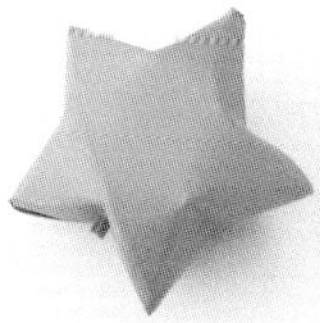

作品→ P.16

ゆれるボール飾《かざ》り

材料《ざいりょう》

- 画用紙（赤・4×25㎝）…1枚《まい》
  （黄・4×25㎝）…1枚《まい》
- ストロー（4㎜太さ）

道具

- ものさし
- えんぴつ
- はさみ
  （またはカッター）
- クラフトパンチ
  （直径《ちょっけい》5㎜）
- 接着剤《せっちゃくざい》
- のり
- ピンセット

動画《どうが》はこちら

作り方

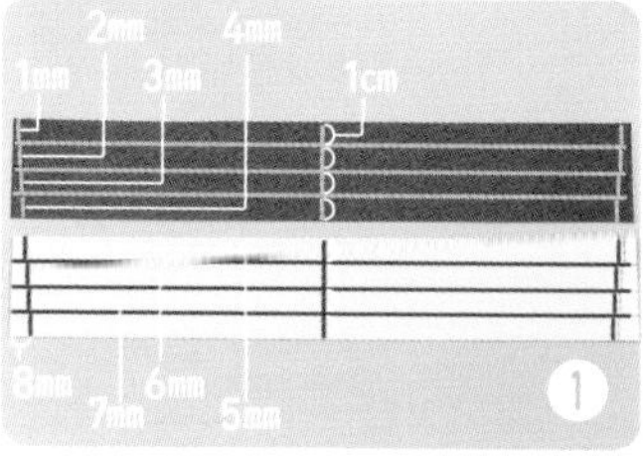

画用紙に目印《めじるし》をつける。横1㎝幅《はば》、縦《たて》に中央。さらに左右の端《はし》から（赤）1、2、3、4㎜、（黄）5、6、7、8㎜のところ。

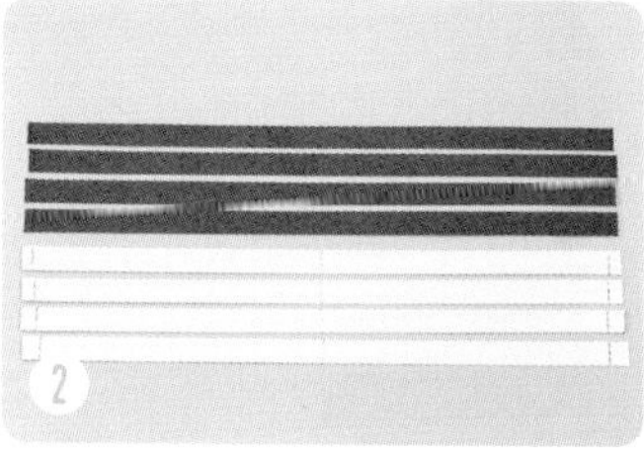

❶の線に沿《そ》って、1㎝幅《はば》に細長く切る。

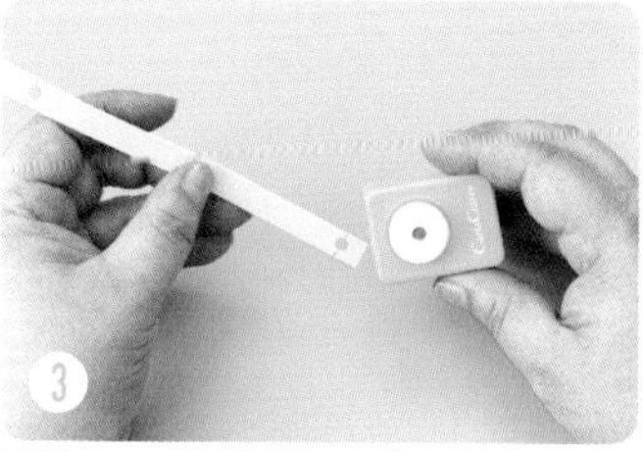

両端《りょうたん》と中央の目印《めじるし》の位置《いち》に、クラフトパンチで穴《あな》をあける。

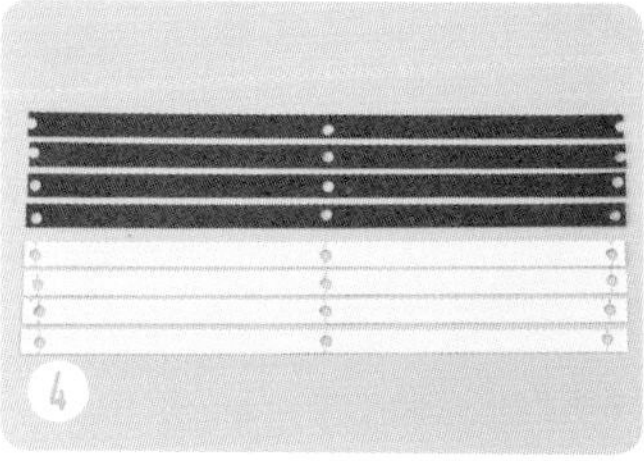

すべて穴《あな》をあけたところ。

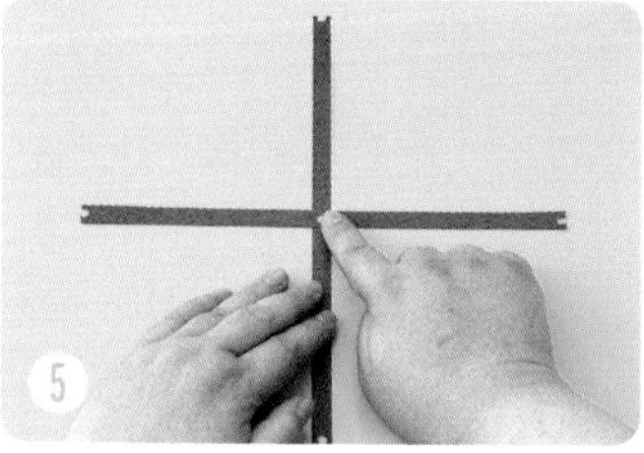

端《はし》の穴《あな》の位置《いち》が1㎜の画用紙の上に、2㎜の画用紙を、中央の穴《あな》を合わせて接着剤《せっちゃくざい》で十字に貼《は》る。3㎜と4㎜も同様に貼《は》る。

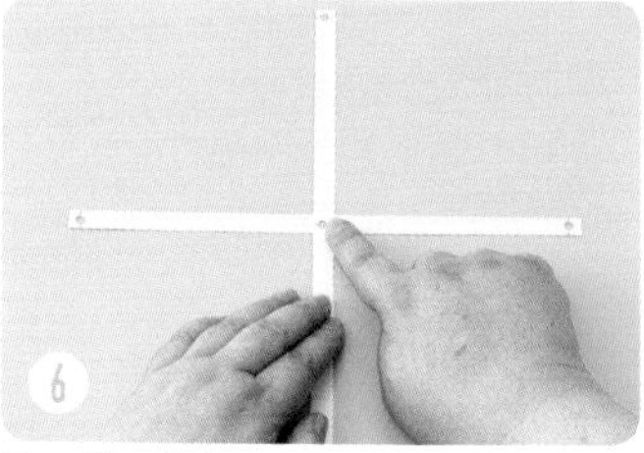

端《はし》の穴《あな》の位置《いち》が5㎜の画用紙の上に、6㎜の画用紙を、中央の穴《あな》を合わせて接着剤《せっちゃくざい》で十字に貼《は》る。7㎜と8㎜も同様に貼《は》る。

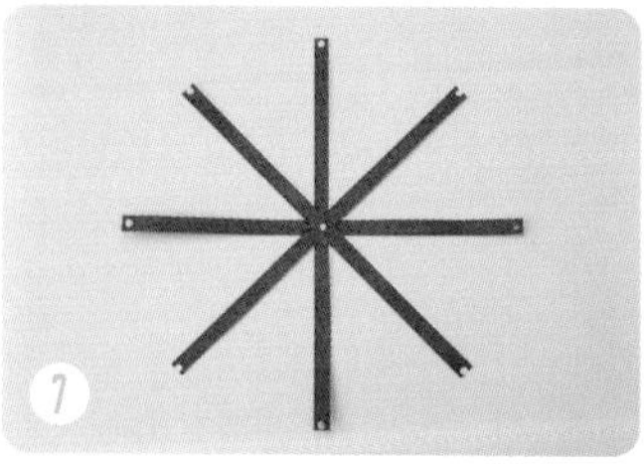

❺の2枚《まい》を45°傾《かたむ》けて、「米」の字形に重ねて貼《は》る（「1㎜＋2㎜」の上に「3㎜＋4㎜」を重ねる）。同様に黄色も「米」の字に貼《は》る。

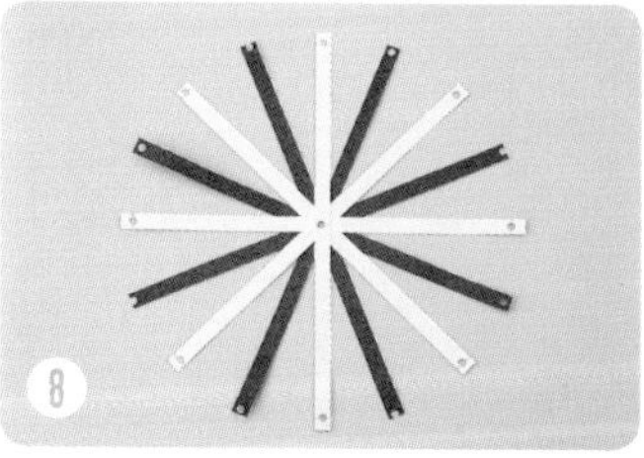

❼でできた画用紙の黄色を上にして、重ねて貼《は》る。なるべく均等《きんとう》な角度になるようにする。

端《はし》の穴《あな》の位置《いち》が8㎜の画用紙を、左右の穴《あな》を合わせて写真のようにのりで貼《は》る。ピンセットを使うとやりやすい。

同様に7→6→5→4㎜の順《じゅん》に穴《あな》を合わせて貼《は》っていく。写真は4㎜の穴《あな》を合わせているところ。

さらに3→2㎜の穴《あな》を貼《は》り合わせていき、最後《さいご》に1㎜の穴《あな》を合わせて貼《は》る。

上下に開いた穴《あな》にストローを通し、ストローの根元を接着剤《せっちゃくざい》で固定《こてい》する。乾《かわ》いたらストローの余分《よぶん》な部分を切る。

できあがり

七夕の3連《れん》飾《かざ》りの作り方

材料《ざいりょう》

- レース糸…60〜80㎝
- ビーズ（約《やく》6㎜）…2個《こ》
- ストロー…1本
- 七夕の星（P.71）…1個《こ》
- カラフルくす玉（P.74）…1個《こ》
- ゆれるボール飾《かざ》り…1個《こ》

道具

- アレンジワイヤー
- はさみ

レース糸の先端《せんたん》にビーズを結《むす》ぶ。ゆれるボール飾《かざ》りのストローに糸を通す。アレンジワイヤーを使うとやりやすい。

七夕の星、カラフルくす玉を通し、もうひとつビーズを通す。レース糸の端《はし》を結《むす》んで輪《わ》にして、糸の余《あま》った部分を切る。

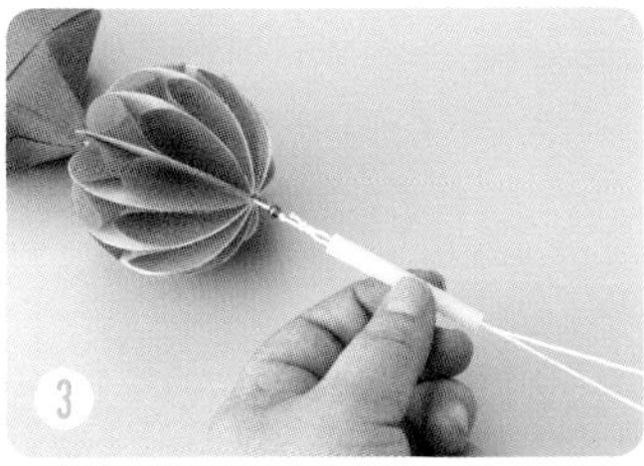

結《むす》び目を隠《かく》すために、4〜5㎝程度《ていど》に切ったストローを通して完成《かんせい》。

できあがり

POINT

七夕《たなばた》飾《かざ》り3種《しゅ》はひとつずつ飾《かざ》ってもかわいいですが、組み合わせるともっと豪華《ごうか》に！笹飾《ささかざ》りがとっても華《はな》やかになります。

7月

作品→P.16

カラフルくす玉

材料《ざいりょう》

- 画用紙
  (オレンジ・約《やく》12×18cm)…1枚《まい》
  (薄《うす》いオレンジ・約《やく》12×18cm)…1枚《まい》
  (黄・約《やく》24×18cm)…1枚《まい》

道具

- コンパス
- はさみ
- のり
- ピンチ
- ピンセット

動画《どうが》はこちら

作り方

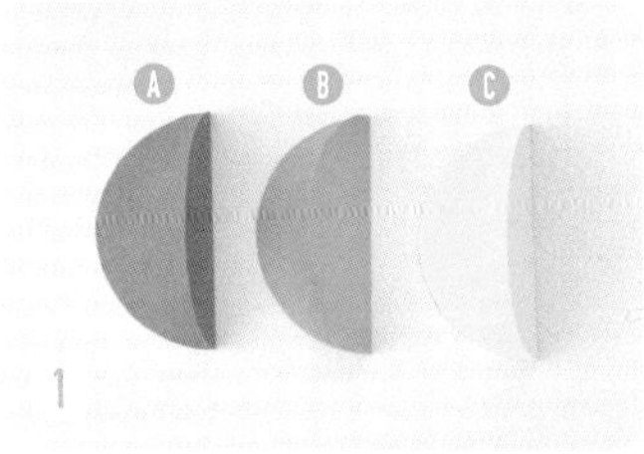

3色の画用紙を直径《ちょっけい》6cmの円に切り、すべて半分に折《お》る。A(オレンジ)を6枚《まい》、B(薄《うす》いオレンジ)を6枚《まい》、C(黄)を12枚《まい》用意する。

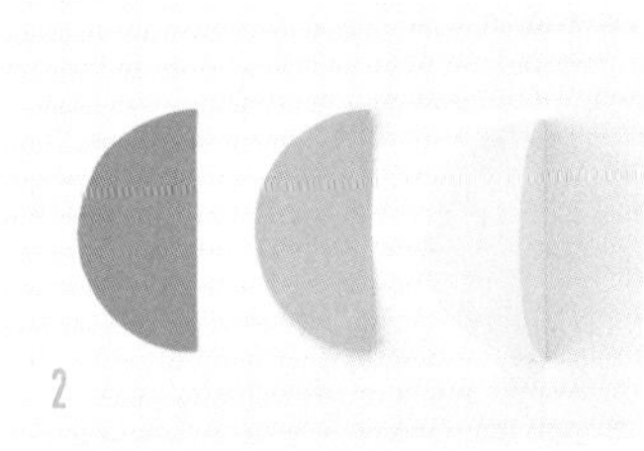

Aの6枚《まい》とBの6枚《まい》は、それぞれ半分に切る。

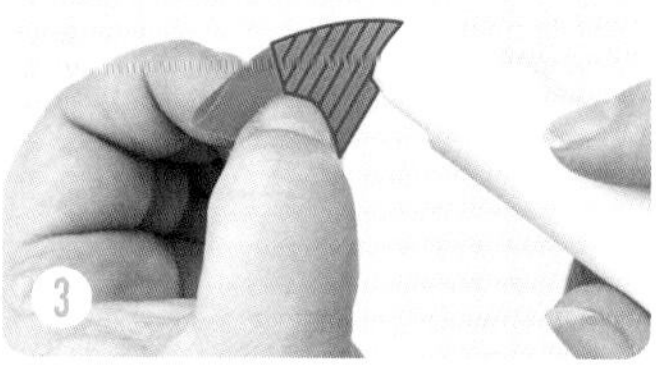

Bの画用紙を半分に曲げ(ぴったりと折《お》り目はつけない)、両端《りょうたん》から45度くらいの範囲《はんい》にのりを塗《ぬ》る。

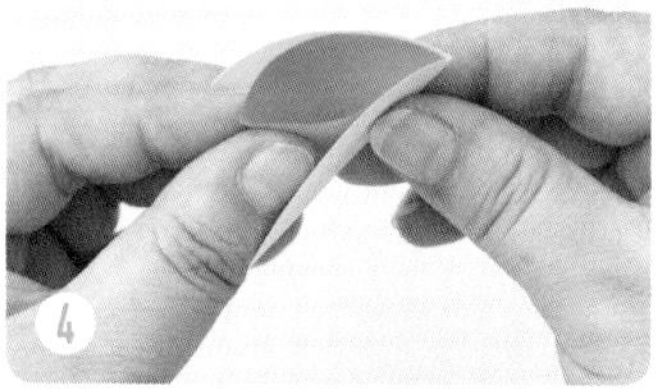

Cの画用紙ではさんで貼《は》り、ピンチではさんで乾《かわ》かす。

Aの画用紙も3と同様に曲げ、のりをつけてはさんで貼《は》る。これを全部で12個《こ》作る。

5の側面《そくめん》にのりを塗《ぬ》り、別《べつ》の1つと貼《は》り合わせる。中の画用紙の色がA、B交互《こうご》になるように貼《は》る。

6個《こ》ずつ貼《は》ったものを2つ作り、最後《さいご》に2つを貼《は》り合わせる。

できあがり

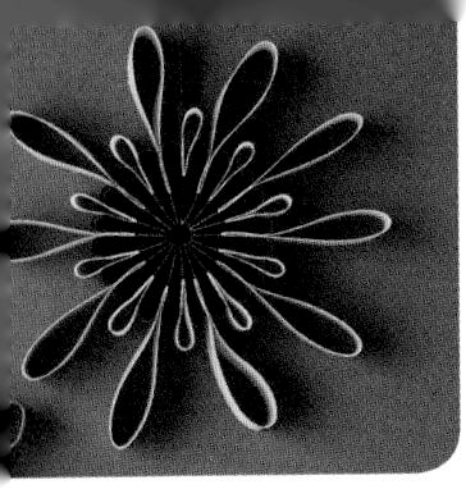

作品→P.17

花火

動画《どうが》はこちら

材料《ざいりょう》

- 画用紙
  （薄《うす》い水色・20×13cm）…1枚《まい》
  （濃《こ》い水色・20×9cm）…1枚《まい》
  （白・20×7cm）…2枚《まい》
- レース糸

道具

- ものさし
- えんぴつ
- はさみ
  （またはカッター）
- のり
- ピンチ
- 丸箸《ばし》
- 接着剤《せっちゃくざい》
- ピンセット
- 輪《わ》ゴム

作り方

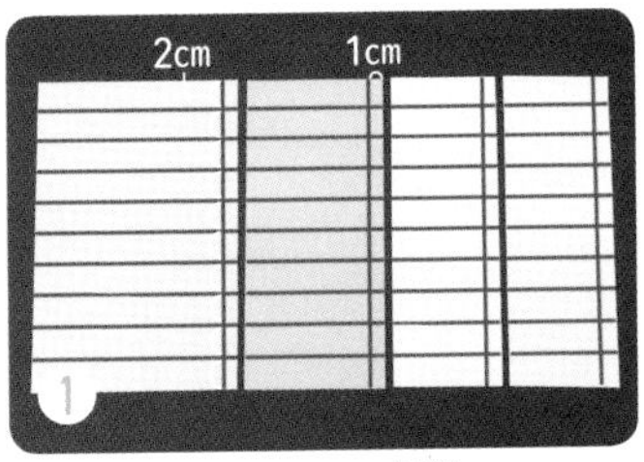

画用紙に写真のように目印《めじるし》をつける。薄《うす》い水色、濃《こ》い水色、白それぞれ横2cm幅《はば》と右端《みぎはし》に1cm（のりしろ）。

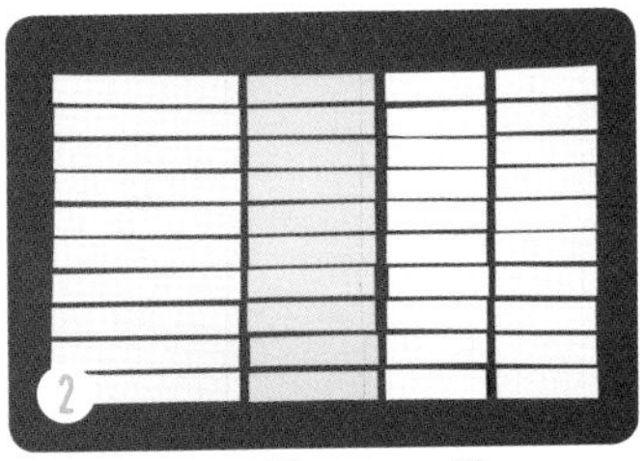

それぞれを2cm幅《はば》に切る。薄《うす》い水色が10枚《まい》、濃《こ》い水色が10枚《まい》、白が20枚《まい》になる。

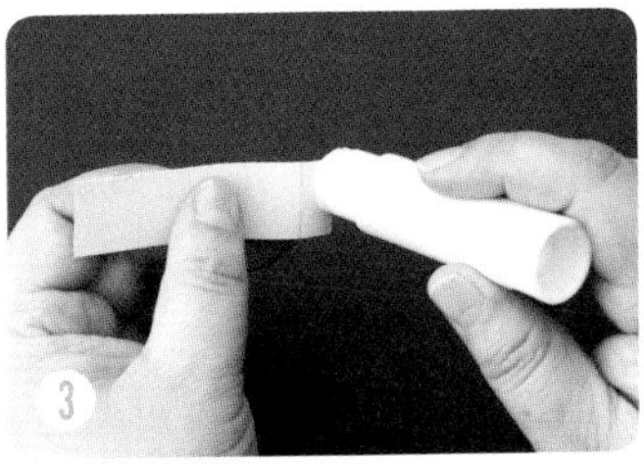

白い画用紙ののりしろにのりを塗《ぬ》る。

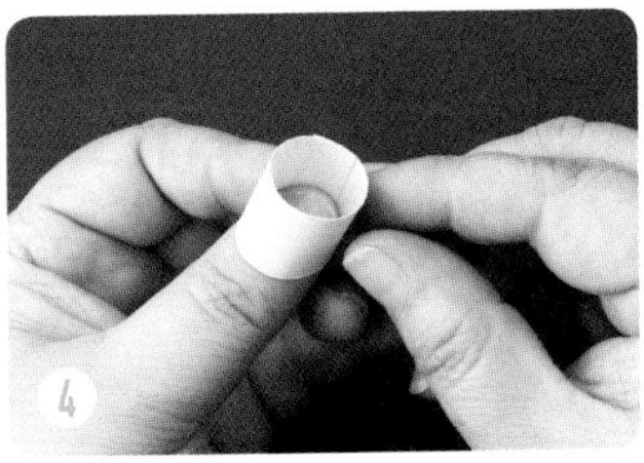

筒状《つつじょう》に貼《は》り合わせ、ピンチでとめて乾《かわ》かす。

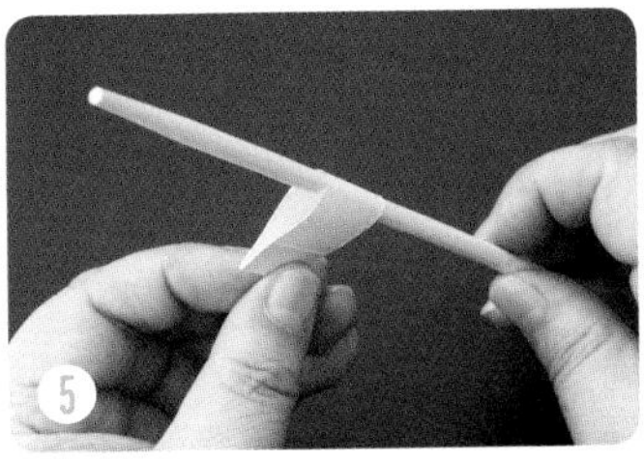

輪《わ》の内側《うちがわ》にあるつなぎ目部分を折《お》り、しずくの形にする。丸箸《ばし》を使って細く形を整える。これを20個《こ》作る。

濃《こ》い水色10枚《まい》も❸～❺の手順《てじゅん》で、細いしずく形にする。

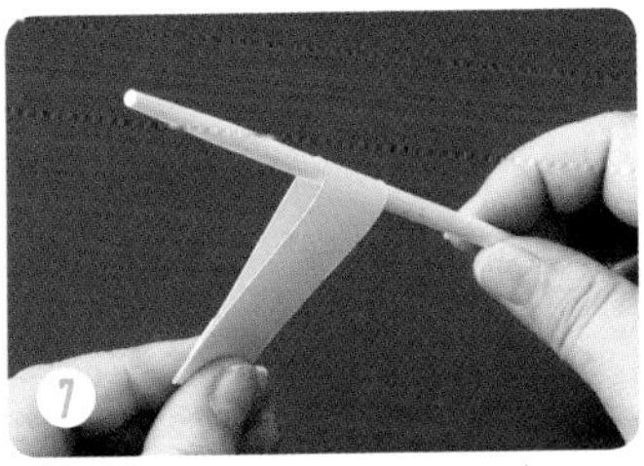

薄《うす》い水色10枚《まい》も❸～❺の手順《てじゅん》で、細いしずく形にする。

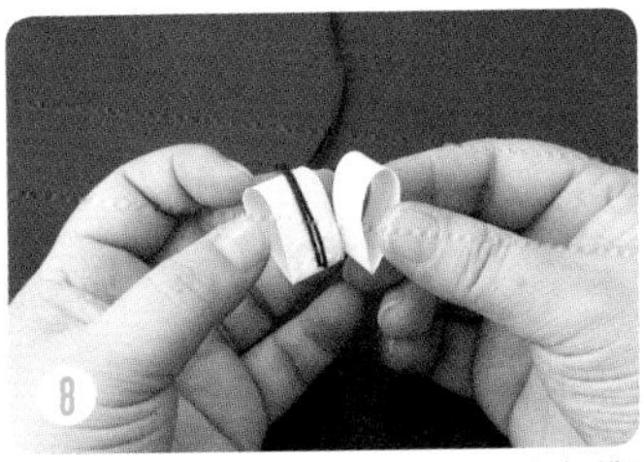

❺の紙が重なっている部分に接着剤《せっちゃくざい》を塗《ぬ》ってレース糸を置《お》き、別《べつ》の❺を貼《は》る。ピンチではさんで乾《かわ》かす。

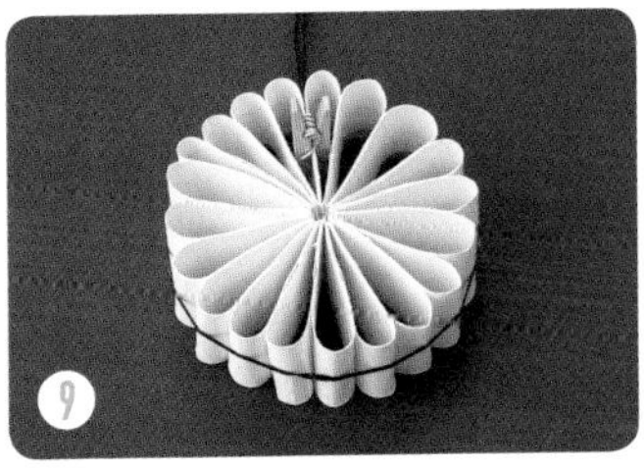

同様に20個《こ》すべてを貼《は》り合わせて円形にする（糸をはさむ以外《いがい》の部分は、のりで貼《は》る）。輪《わ》ゴムをかけて固定《こてい》して、乾《かわ》かす。

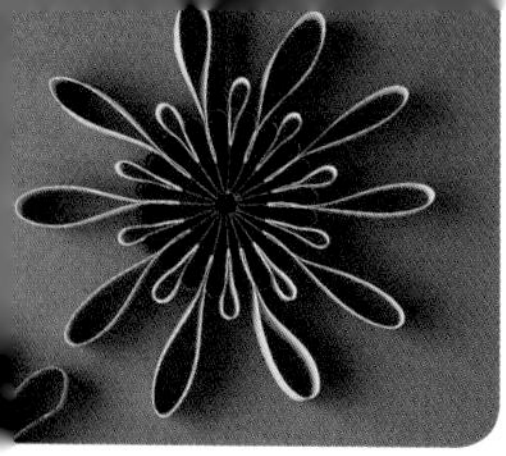

7月

花火のつづき

❻の紙が重なっているところに接着剤《せっちゃくざい》を塗《ぬ》る。レース糸が出ている溝《みぞ》の隣《となり》の溝《みぞ》に差《さ》し込《こ》み、ピンセットで押《お》さえる。

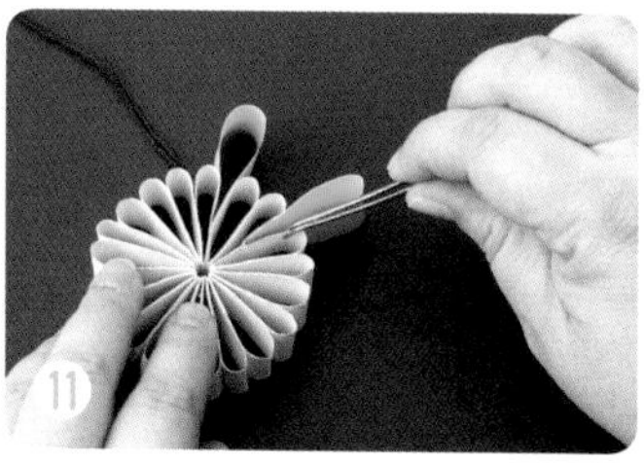

❻の紙が重なっているところには、のりを塗《ぬ》り、1つおきに溝《みぞ》にはさみ込《こ》んでいく。

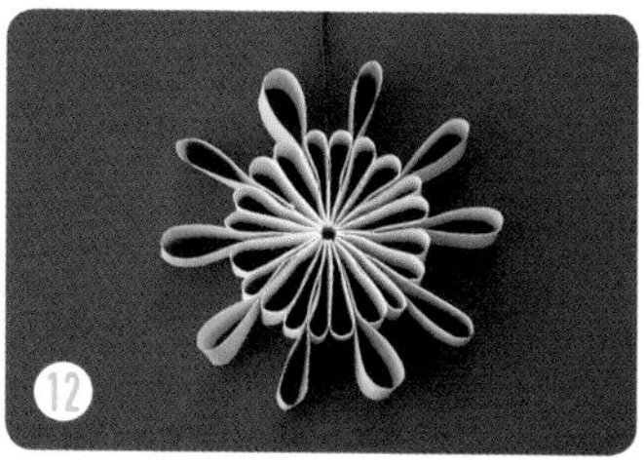

❻をすべてつけたところ。

❼も同様に接着剤《せっちゃくざい》を塗《ぬ》り、レース糸が出ている溝《みぞ》に差《さ》し込《こ》み、ピンセットで押《お》さえる。残《のこ》りの❼は、のりを塗《ぬ》って空いている溝《みぞ》に差《さ》し込《こ》む。

＼できあがり／

POINT

天井《てんじょう》からつるしても、レース糸無《な》しで壁《かべ》に貼《は》ってもOK。赤や黄色、オレンジなどいろんな色の組み合わせで作って、たくさんの花火を打ち上げてみて！

8月

作品→ P.18

スイカ

材料《ざいりょう》

- 画用紙（緑・約《やく》18 × 27㎝）…1枚《まい》
  （黄緑・8.5 × 8.5㎝）…1枚《まい》
  （赤・8 × 8㎝）…1枚《まい》

道具

- コンパス
- はさみ
- のり
- ペン

動画《どうが》はこちら

作り方

緑の画用紙を直径《ちょっけい》9㎝の円形6枚《まい》に切る。黄緑は直径《ちょっけい》8.5㎝、赤は直径《ちょっけい》8㎝の円形に切る。

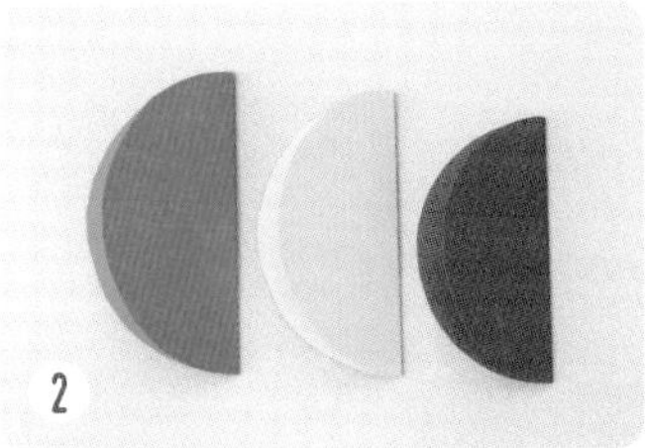

❶の画用紙をそれぞれ半分に折《お》る。

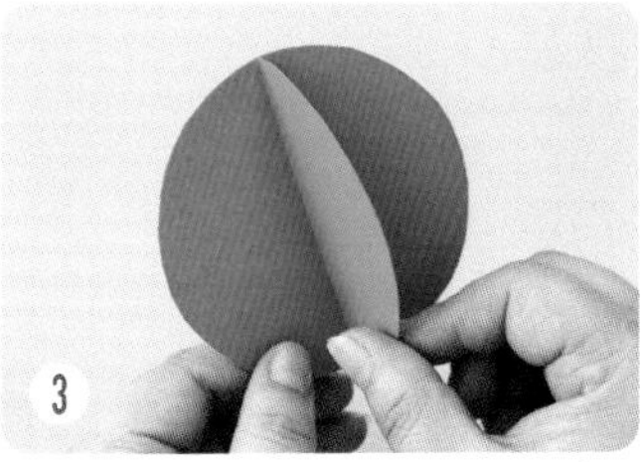

画用紙（緑）の半分の面にのりを塗《ぬ》り、別《べつ》の緑の1枚《まい》と貼《は》り合わせる。

緑の画用紙6枚《まい》すべてを同様に貼《は》り合わせる。

画用紙（赤）の谷折《お》りの面全体にのりを塗《ぬ》り、画用紙（黄緑）の中央に、折《お》り目を合わせるように貼《は》る。

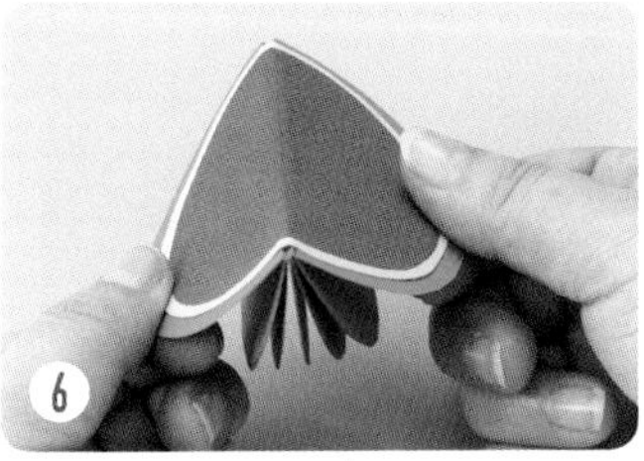

画用紙（黄緑）の谷折《お》りの面全体にのりを塗《ぬ》り、❹をはさむように中央に貼《は》る。

黒いペンで種《たね》を描《か》く。

＼できあがり／

POINT

ゆらゆらとゆれる動きが楽しい置《お》き飾《かざ》り。色やサイズはお好《この》みで自由にアレンジして。

作品→ P.18

風鈴《ふうりん》

材料《ざいりょう》

- 画用紙（水色・8×20㎝）…1枚《まい》
  （水色・1×17㎝）…1枚《まい》
  （青・10×3㎝）…1枚《まい》
- レース糸…40〜50㎝
- 鈴《すず》…1個《こ》
- ビーズ（約《やく》6㎜）3個《こ》
- シール（お好《この》みで）

道具

- ものさし
- えんぴつ
- はさみ（またはカッター）
- クラフトパンチ（直径《ちょっけい》5㎜）
- のり

動画《どうが》はこちら

作り方

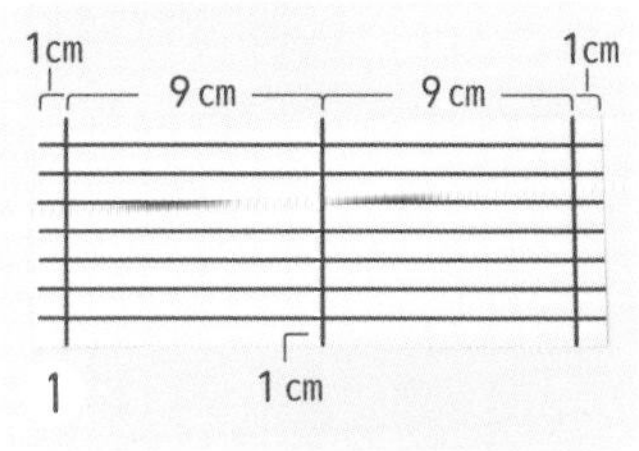

1

8×20㎝の画用紙に、写真のように目印《めじるし》をつける。横1㎝幅《はば》と縦《たて》に中央、左右の端《はし》に1㎝（のりしろ）。

2

❶の線に沿《そ》って、細長く切る。

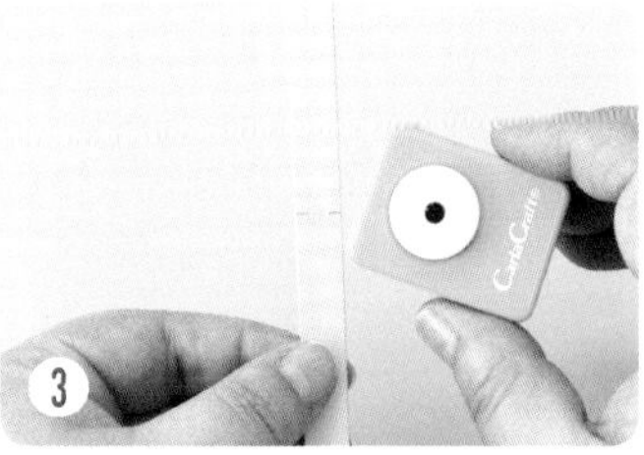

3

中央の目印《めじるし》に合わせ、クラフトパンチで穴《あな》をあける。8本すべて同様に穴《あな》をあける。

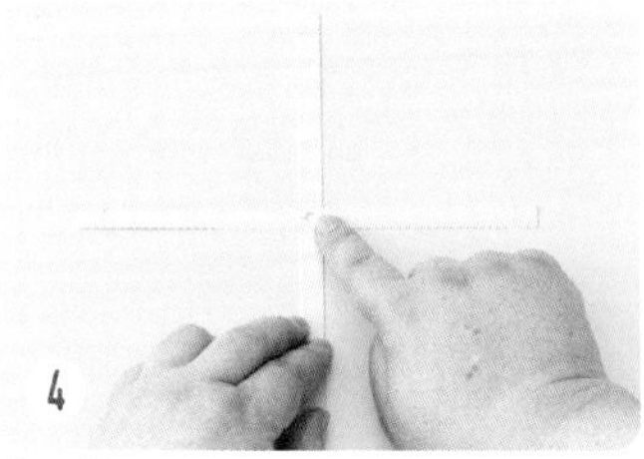

4

穴《あな》の周《まわ》りにのりを塗《ぬ》り、2本の画用紙を十字に重ねて貼《は》る。これを4つ作る。

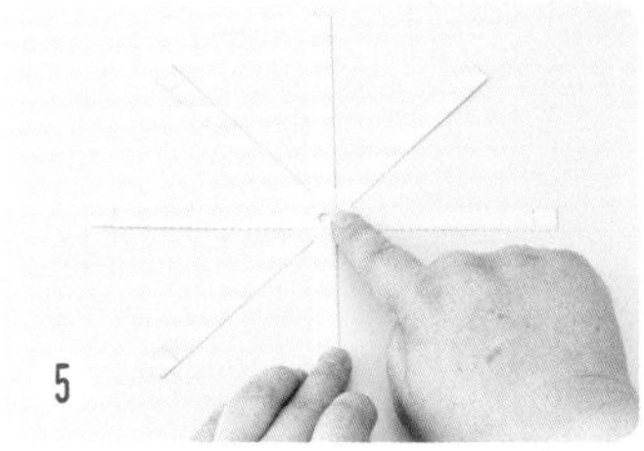

5

十字に貼《は》った画用紙2つを45°傾《かたむ》けて、「米」の字形に重ねて貼《は》る。これを2組作る。

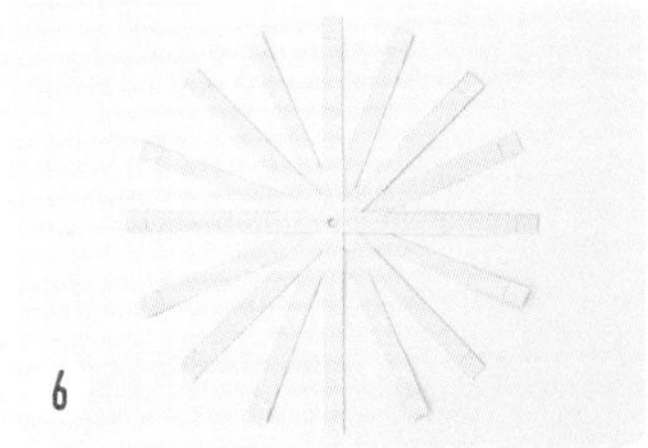

6

❺をさらに写真のように重ねて貼《は》る。

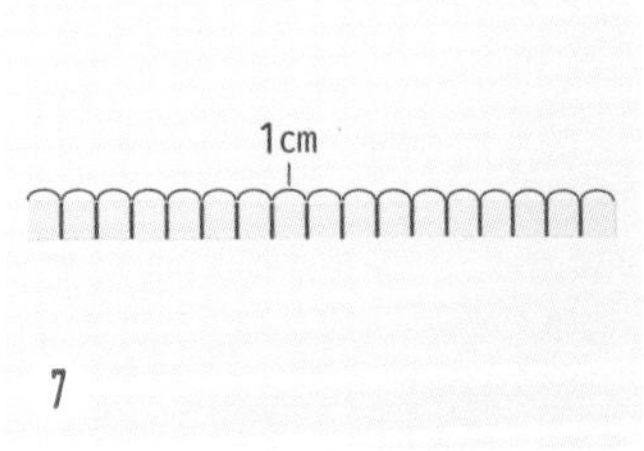

7

1×17㎝の画用紙に、写真のように1㎝きざみで目印《めじるし》を書き入れる。

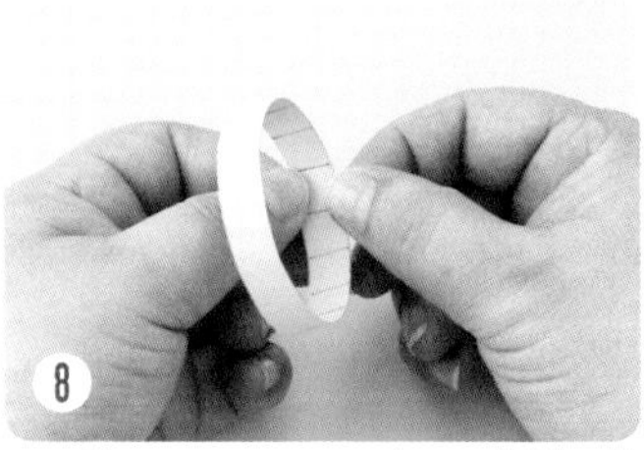

8

❼の端《はし》の1㎝にのりを塗《ぬ》り、目印《めじるし》が内《うち》側《がわ》にくるように貼《は》り合わせ、輪《わ》にする。

9

❻の端《はし》1㎝の目印《めじるし》のところで起こすように折《お》り目をつけ、内側《うちがわ》にのりを塗《ぬ》る。❽の内側《うちがわ》にある目印《めじるし》に合わせて貼《は》る。

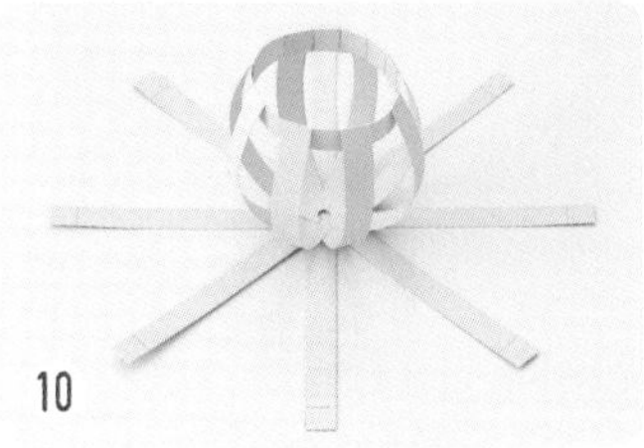

対角線にある画用紙を順番《じゅんばん》に貼《は》ってい
く。写真は半分貼《は》った状態《じょうたい》。

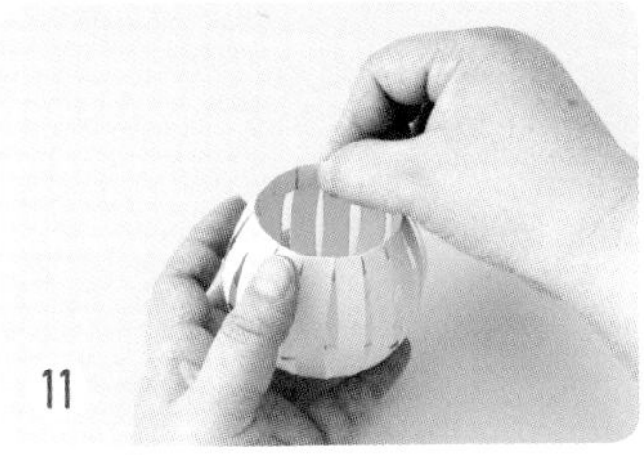

すべて貼《は》り終えたところ。

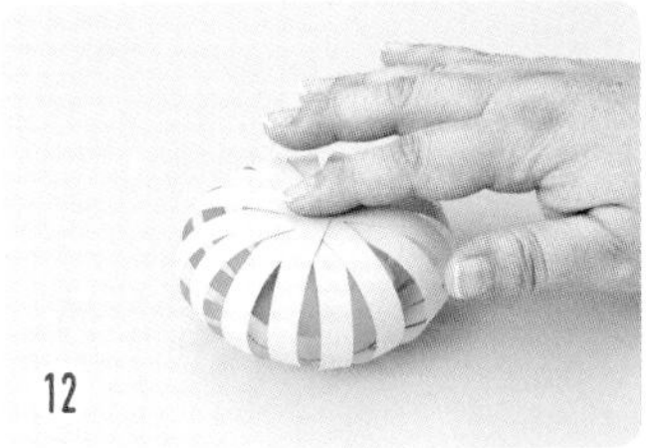

ひっくり返して少し押《お》しつぶし、形を
整えたら本体のできあがり。

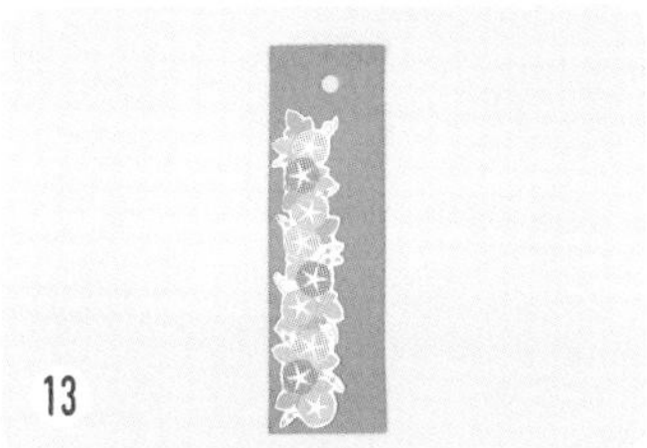

画用紙（青）の上側《うえがわ》にクラフトパンチ
で穴《あな》をあける。好《この》みでシールを貼《は》った
り、絵を描《か》いたりしてもよい。

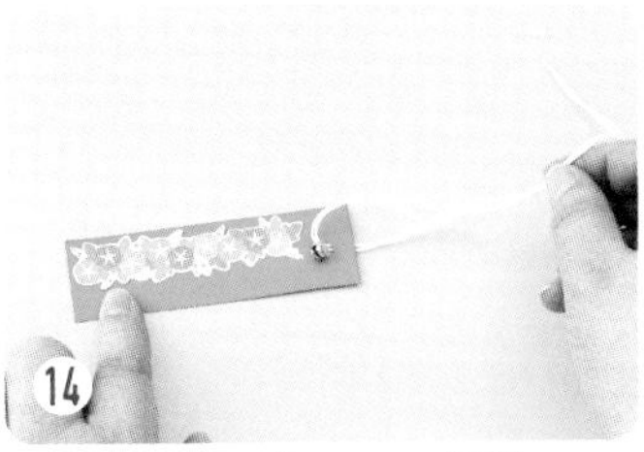

レース糸を2つ折《お》りにして両端《りょうたん》を合わ
せ、鈴《すず》、⓭の順《じゅん》で通す。レース糸の
輪《わ》になった部分に先端《せんたん》をくぐらせる。

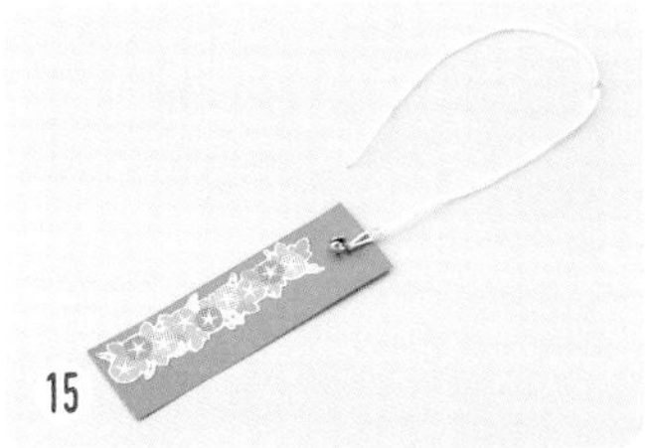

レース糸に、ビーズを1つ通す。その
ビーズから10㎝ぐらい上に結《むす》び目を
作り、もう1つビーズを通す。

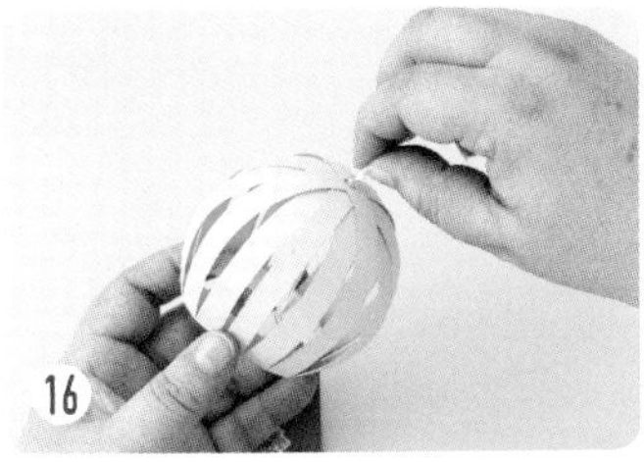

風鈴《ふうりん》本体を通し、さらにビーズをもう
1つ通して結《むす》び目を作る。レース糸の
先端《せんたん》を結《むす》び、あまった端《はし》を切る。

＼できあがり／

緑と黒の画用紙を組み合わせる
と、スイカ柄《がら》の風鈴《ふうりん》ができます。
緑と黒で❻を作り、さらに緑
→黒の順で貼《は》り重ねたら、あと
は同様に。黒の画用紙は、左右
の端《はし》ののりしろは1.2㎝とって
ください。

8月

作品→ P.19 | 型紙《かたがみ》→ P.113、119

アイスクリーム

材料《ざいりょう》

- 画用紙（クリーム色・6×14cm）…1枚《まい》
  （クリーム色・1×13cm）…1枚《まい》
  （茶・6×14cm）…1枚《まい》
- 折《お》り紙（黄色やオレンジのチェック柄《がら》）…1枚《まい》

道具

- ものさし
- えんぴつ
- はさみ
  （またはカッター）
- 接着剤《せっちゃくざい》
- 丸箸《ばし》
- のり

動画《どうが》はこちら

作り方

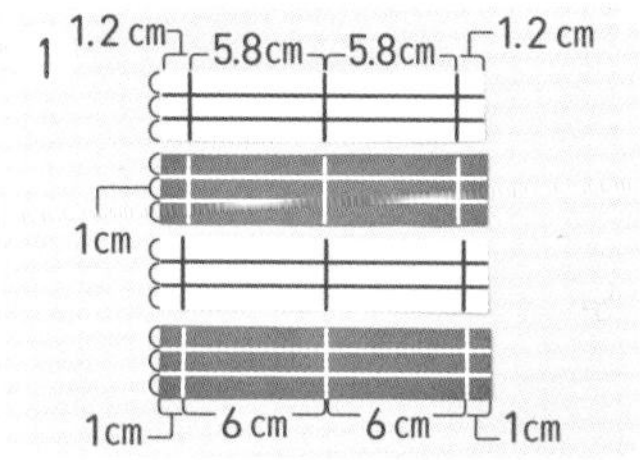

2色の画用紙を横に半分に切り、写真のように目印《めじるし》をつける。横1cm幅《はば》と縦《たて》の中央、左右の端《はし》に1.2cmと1cm（のりしろ）。

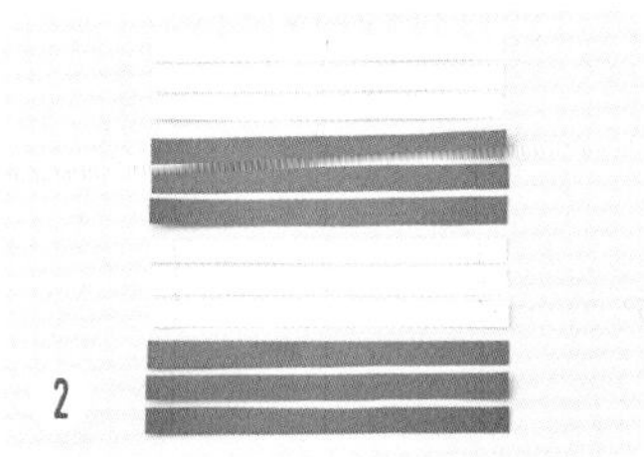

❶で書いた線に沿《そ》って、それぞれ1cm幅《はば》に細長く切る。

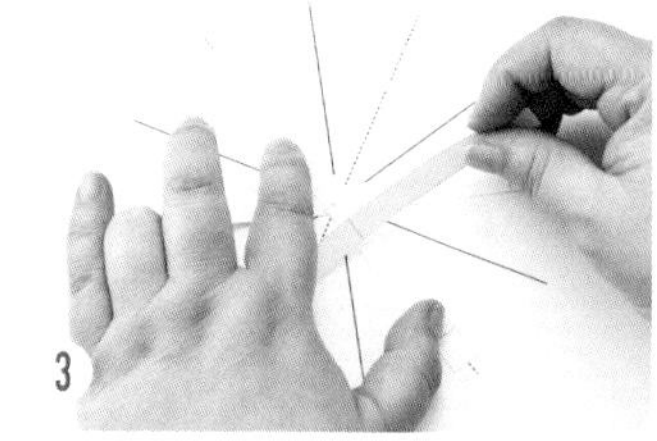

クリーム色の画用紙（のりしろ1.2cm）の中心に接着剤《せっちゃくざい》を塗《ぬ》り、ガイド線（P.119）の破線《はせん》に合わせて3本貼《は》り重ねる。

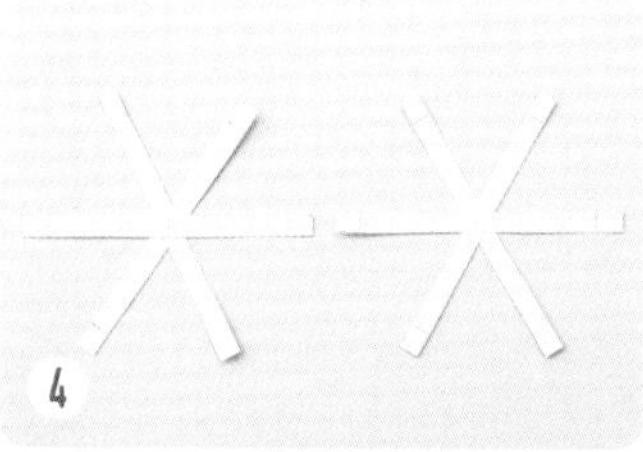

クリーム色の画用紙（のりしろ1cm）も同様に3本貼《は》り重ねる。茶色の画用紙でも同じものを2組作る。

❹の画用紙（クリーム色）と（茶色）のうち、のりしろ1.2cmのもの同士《どうし》を、ガイド線に合わせて貼《は》り合わせる。

のりしろ1cmのもの同士《どうし》も同様に貼《は》り合わせる。このとき、クリーム色と茶色の上下が❺と逆《ぎゃく》になるようにする。

❻の上に❺を重ねて接着剤《せっちゃくざい》で貼《は》る。なるべく角度が均等《きんとう》になるようにする。

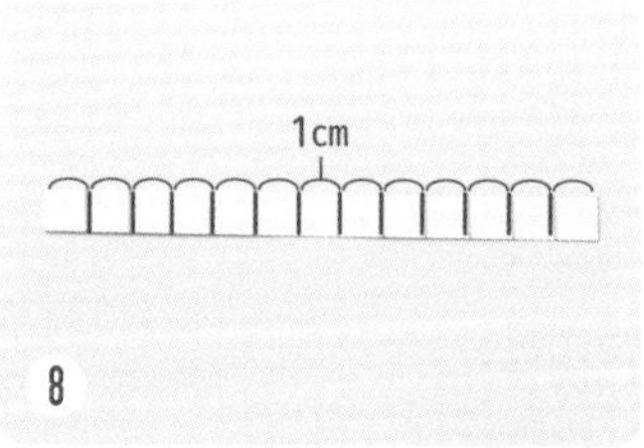

1×13cmの画用紙（クリーム色）に写真のように1cmきざみで目印《めじるし》を書き入れる。

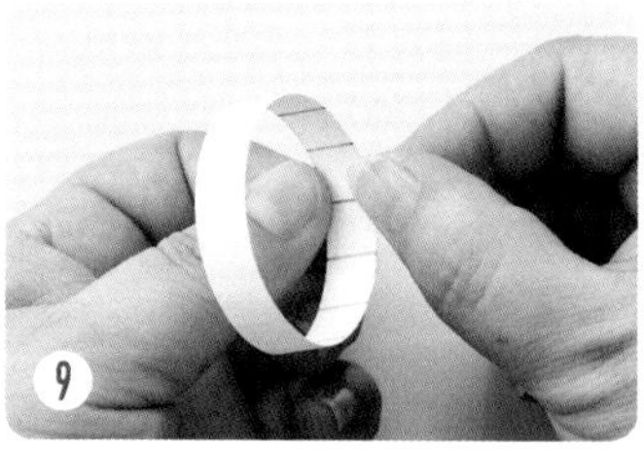

❽の端《はし》の1cmにのりを塗《ぬ》り、反対の端《はし》と貼《は》り合わせて輪《わ》にする。目印《めじるし》が内側《うちがわ》にくるようにする。

❼の端《はし》の目印《めじるし》のところで起こすように折《お》り目をつける。のりしろ1.2cmのものを先に折《お》る。

1番上にある画用紙ののりしろ（折《お》った部分）に接着剤《せっちゃくざい》を塗《ぬ》る。

接着剤《せっちゃくざい》を塗《ぬ》った部分を❾の内側《うちがわ》にある目印《めじるし》に合わせて貼《は》る。

のりしろ1.2cmのものを1周《しゅう》、12本貼《は》る。

のりしろ1cmの画用紙は、1周《しゅう》めの画用紙の中間に12本貼《は》っていく。ひっくり返すとアイス部分の完成《かんせい》。

コーン

折《お》り紙を型紙《かたがみ》に合わせて切り、丸箸《ばし》でしごいて丸みをつける。

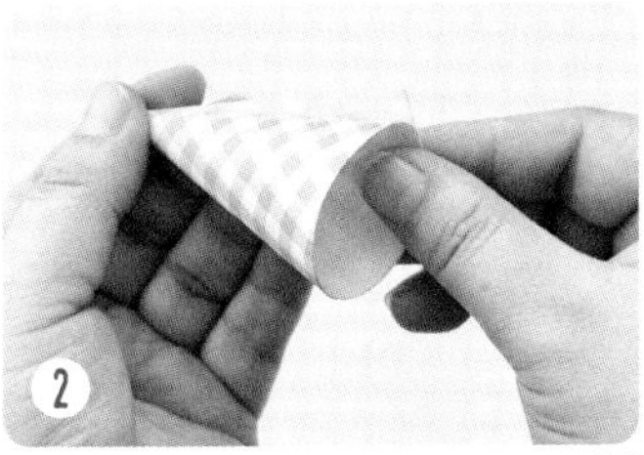

❶の裏側《うらがわ》半分にのりを塗《ぬ》り、円すい状《じょう》になるよう貼《は》る。

仕上げ

アイスクリームの穴《あな》にコーンを差《さ》し込《こ》む。つなぎ目に接着剤《せっちゃくざい》を1周《しゅう》塗《ぬ》って乾《かわ》かす。

POINT

チョコ、マーブル、ストロベリー、ミントなど……好《す》きな味でどうぞ。アイス本体を2つ重ねて2段《だん》アイスにしても！

／できあがり／

作品→ P.19

ちょうちん

材料《ざいりょう》

- 画用紙（白・13×15cm）…2枚《まい》
  （黄・13×15cm）…1枚《まい》
  （黒・3×16cm）…2枚《まい》
- トイレットペーパーの芯《しん》…1本
- ビニール被膜針金《ひまくはりがね》（黒）…15cm

道具

- カッター
- カッティングマット
- ものさし
- のり
- 両面テープ
- えんぴつ
- 千枚通し《せんまいどお》
- ペンチ

動画《どうが》はこちら

作り方

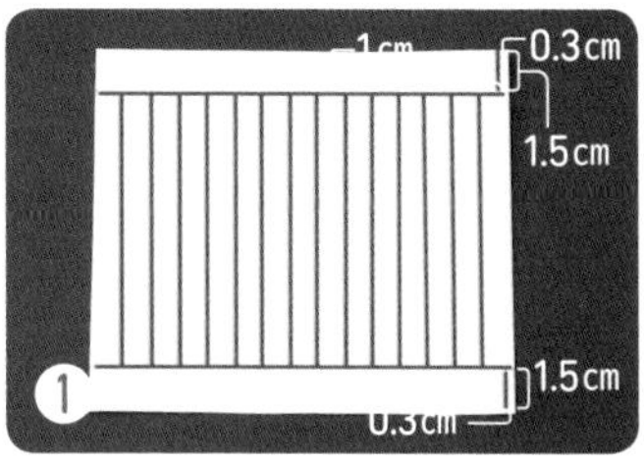

画用紙（白）に、写真のように目印《めじるし》をつける。上下の端《はし》1.5cm（そのうちの右端《みぎはし》0.3cm）、縦《たて》は1cm幅《はば》。

上下の端《はし》1.5cm幅《はば》の部分を残《のこ》し、縦線《たてせん》にカッターで切れ目を入れる。右端《みぎはし》の1cmは上下1.5cmを残《のこ》して切り取る。

切れ目が入ったところ。

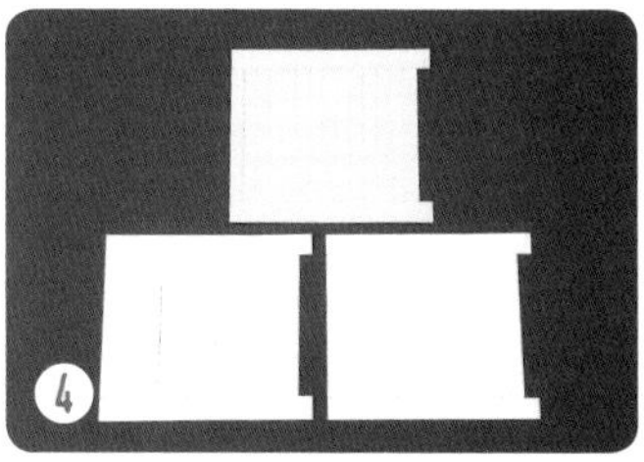

同様の手順《てじゅん》で、画用紙（白）をもう1枚《まい》、画用紙（黄）を1枚《まい》用意する。

画用紙（黄）の上下1.5cm幅《はば》の部分にのりを塗《ぬ》り、印《しるし》に合わせて0.3cmずらして画用紙（白）を貼《は》り重ねる。

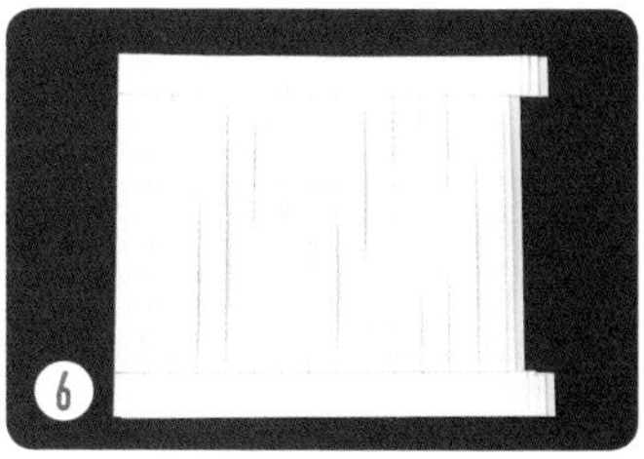

さらに0.3cmずらして、画用紙（白）を貼《は》り重ねる。

上下の端《はし》1.5cm幅《はば》の部分を黄色側《がわ》に向けて折《お》る。ものさしを使うと、きれいに折《お》ることができる。

❼を裏返《うらがえ》し、折《お》った両端《りょうたん》に両面テープを貼《は》る。

大人と一緒《いっしょ》に

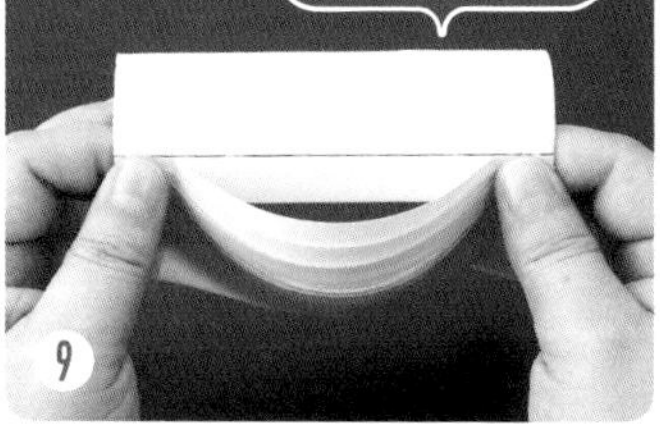

トイレットペーパーの芯《しん》を10.5cmの長さに切り、❽のはくり紙をめくりながら巻《ま》きつけていく。貼《は》り始めに目印《めじるし》を引いておくよい。

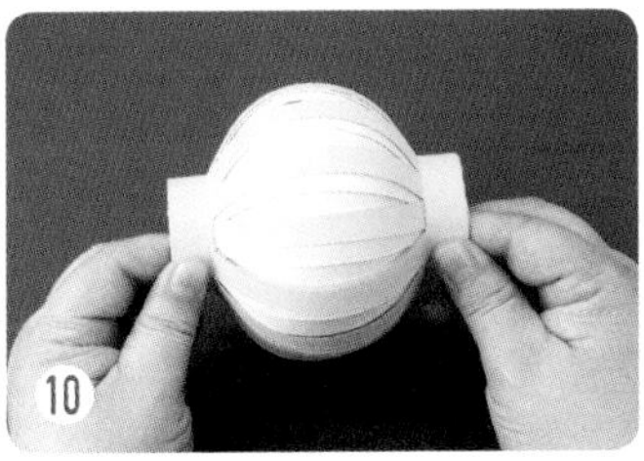

ずれないように気をつけながら、ぐるりと1周《しゅう》貼《は》りつける。

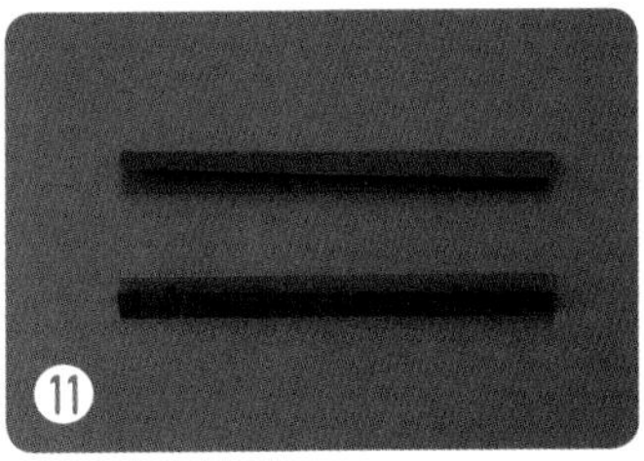

画用紙（黒）を用意し、細長く半分に折《お》る。ものさしではさむように折《お》り目をつけるとよい。

折《お》った画用紙の内側《うちがわ》全面にのりを塗《ぬ》り、ちょうちんの上端《じょうたん》をはさみ込《こ》むように貼《は》っていく。下端《かたん》も同様に貼《は》る。

大人と一緒《いっしょ》に

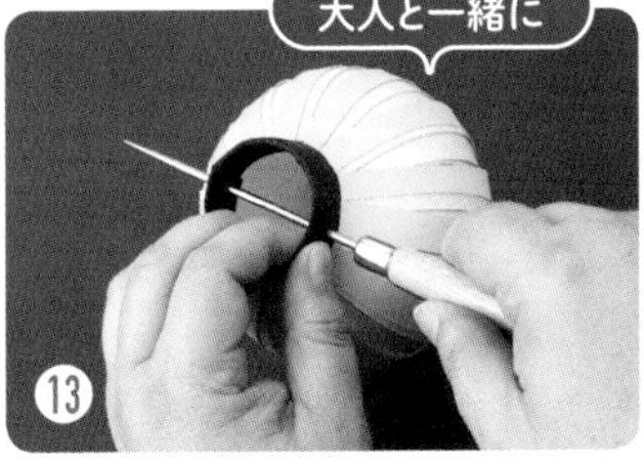

画用紙（黒）を貼《は》った上端《じょうたん》に、持ち手をつけるための穴《あな》を千枚通《せんまいどお》しであける。

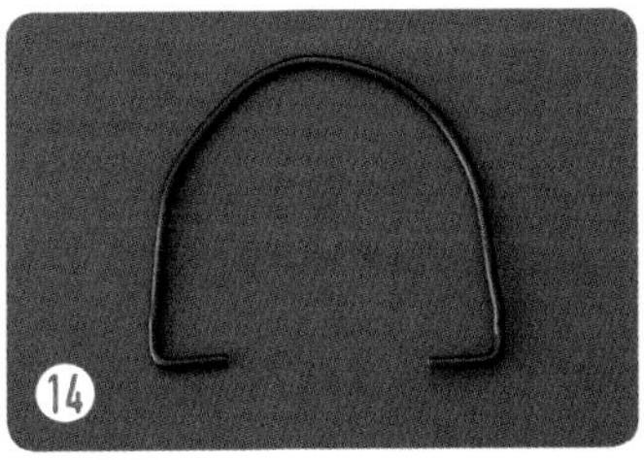

針金《はりがね》の両端《りょうたん》をペンチで90度に曲げ、真ん中からU《ユー》の字に曲げて持ち手の形にする。

⓭であけた穴《あな》2つに針金《はりがね》を差《さ》し込《こ》み、取れないように先端《せんたん》をペンチで曲げる。

できあがり

POINT

本体を白とピンクで作ると、お花見の飾《かざ》りにも使えます。赤1色で作るのもかっこいい！「祭」の文字のシールを貼《は》るとより本格的《ほんかくてき》に。

9月

作品→ P.20 ｜ 型紙《かたがみ》→ P.116

ブドウ

材料《ざいりょう》

- 画用紙（紫《むらさき》）…八つ切りサイズ約《やく》2枚《まい》
- アレンジワイヤー（茶・約《やく》12cm）…20〜25本
- フローラルテープ（茶）
- アルミ針金《はりがね》（1.6〜2㎜太さ）…60〜90cm

〈葉っぱ〉

- 包装紙《ほうそうし》、クレープ紙、両面折《お》り紙など（緑系《けい》で両面に色がついている紙）…約《やく》10×30cm
- アレンジワイヤー（緑・16cm）…3本

道具

- クラフトパンチ（直径《ちょっけい》1〜2cm）
- のり
- 接着剤《せっちゃくざい》
- ピンチ
- ペンチ
- 丸箸《ばし》

動画《どうが》はこちら

作り方

ブドウの房《ふさ》

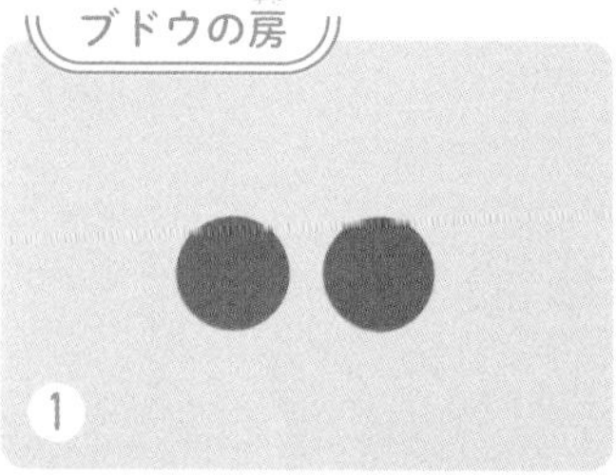

1 画用紙をクラフトパンチで抜《ぬ》く（ブドウ1粒《つぶ》につき、15枚必要《まいひつよう》）。2cmなら巨峰《きょほう》サイズ、1cmならデラウェアのサイズになる。

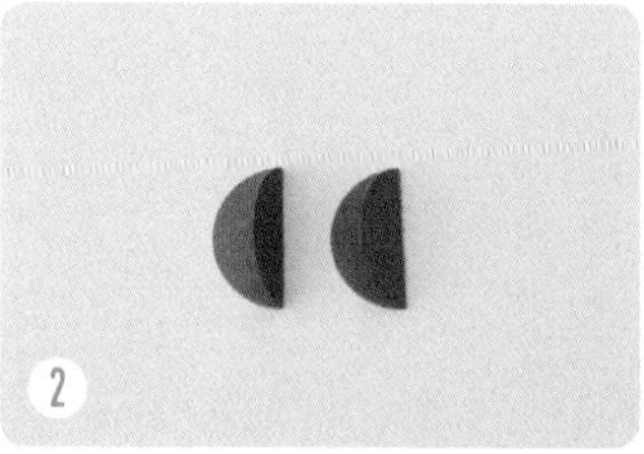

2 ❶で抜《ぬ》いた画用紙を半分に折《お》る。

3 ❷の半分の面にのりを塗《ぬ》って、別《べつ》の1枚《まい》を貼《は》り合わせる。

4 これをくり返して15枚貼《まいは》り重ね、ピンチではさんで乾《かわ》かす。このとき、最《さい》初《しょ》と最後《さいご》の面にはのりを塗《ぬ》らない。

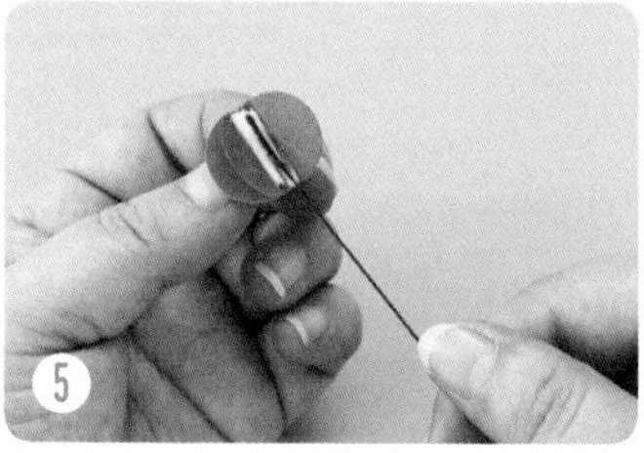

5 乾《かわ》いたら❹の最初《さいしょ》と最後《さいご》の面にのりを塗《ぬ》る。中心には接着剤《せっちゃくざい》を塗《ぬ》り、先を曲げたアレンジワイヤーを置《お》く。

6 球体になるように、最初《さいしょ》と最後《さいご》の面を貼《は》る。

7 最後《さいご》に貼《は》った部分をピンチではさんで乾《かわ》かす。これを直径《ちょっけい》2cmの場合は20〜25個《こ》、1cmの場合は50個程《こほど》作る。

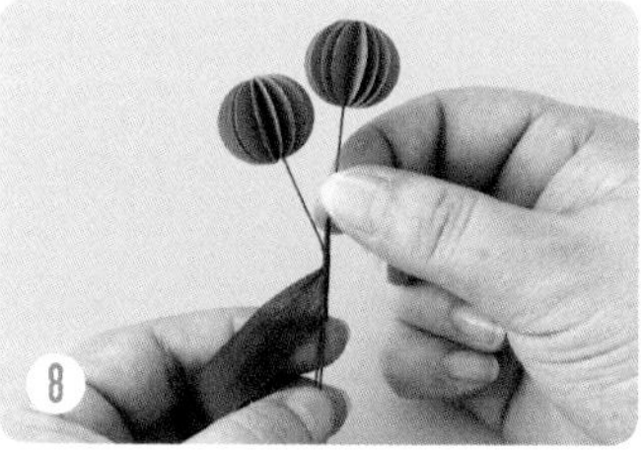

8 できあがったブドウの粒《つぶ》のワイヤーを束《たば》ね、フローラルテープで巻《ま》いてブドウの房《ふさ》を作る。

9 5つ束《たば》ねたところ。

バランスを見ながらすべて束《たば》ねていくと、ブドウの房《ふさ》のできあがり。

葉っぱ

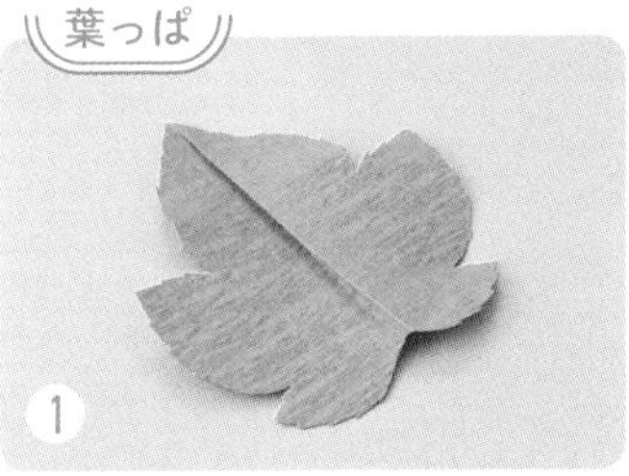

包装紙《ほうそうし》を型紙《かたがみ》に合わせて切り、葉っぱを作る。半分に折《お》り、葉先に向けて細くなるように中心に折《お》り返しを作る。

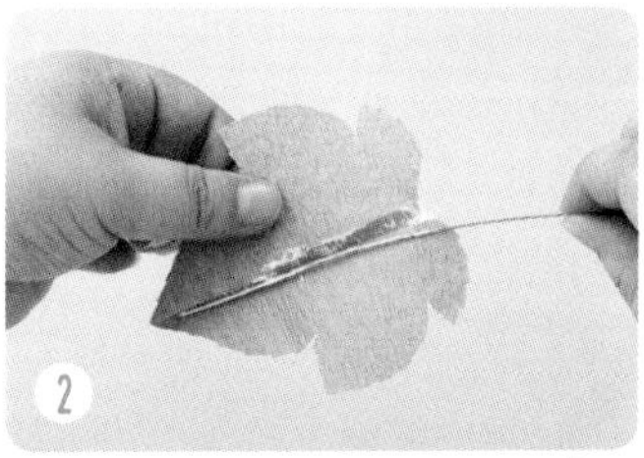

折《お》り目の間（表面《おもて》と裏面《うら》）に接着剤《せっちゃくざい》を塗《ぬ》る。ワイヤーに接着剤《せっちゃくざい》をつけて塗《ぬ》るとやりやすい。

表面《おもて》にもアレンジワイヤーで接着剤《せっちゃくざい》を塗《ぬ》り、そのままワイヤーをはさんで貼《は》りつける。

葉っぱのできあがり。3~4枚《まい》、好《この》みの枚数《まいすう》を作る。

仕上げ

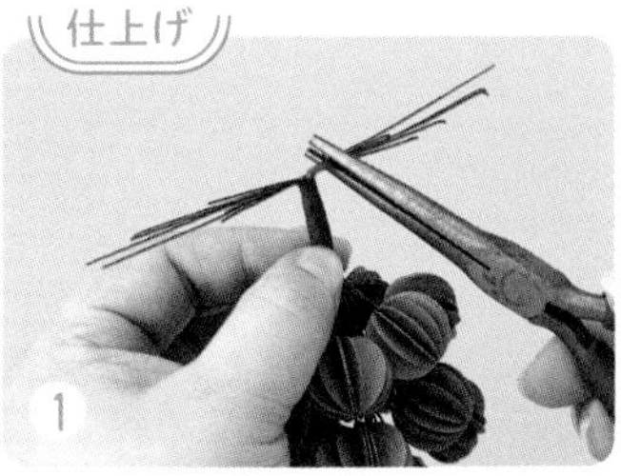

❿のブドウの房《ふさ》は、粒《つぶ》のつけ根から2~3cmフローラルテープを巻《ま》き、残《のこ》ったワイヤーを写真のように2つに分ける。

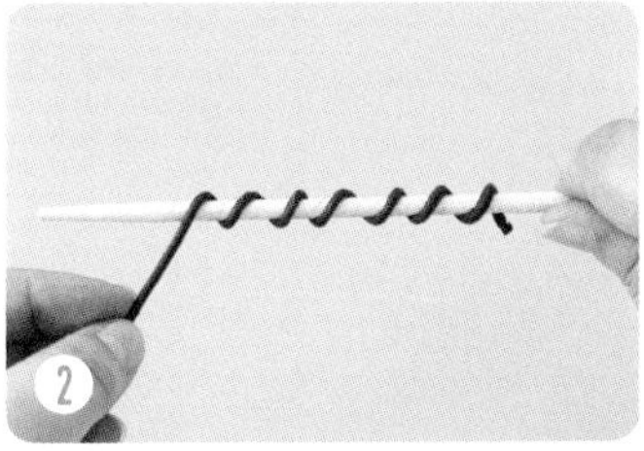

アルミ針金《はりがね》に、先から25cmくらいまでフローラルテープを巻《ま》く。先端《せんたん》から丸箸《ばし》に巻《ま》いてつるを作る。

❷のつるに、葉っぱの❹を数枚《すうまい》フローラルテープで巻《ま》きつける。

ブドウの房《ふさ》もフローラルテープで巻《ま》きつけて、全体の形を整える。房《ふさ》は重みがあるのでしっかりと巻《ま》く。

できあがり

POINT

黄緑の画用紙でマスカットにも！　葉っぱの型紙《かたがみ》は、粒《つぶ》のサイズとバランスを合わせて使ってください。

9月

作品→ P.21

ふくろう

材料《ざいりょう》

- 発泡《はっぽう》スチロールのボール（直径《ちょっけい》5㎝）…1個《こ》
- ちりめん生地（紺《こん》・11×17㎝）…1枚《まい》
  （好《す》きな柄《がら》・4.5×6㎝）…1枚《まい》
- フェルト（紺《こん》・3×3㎝）…1枚《まい》
  （白、黒、オレンジ）…各適量《かくてきりょう》（顔のパーツ用）

道具

- ペットボトルのキャップ
- カッター
- カッティングマット
- トイレットペーパーの芯《しん》
- デザインナイフ
- 接着剤《せっちゃくざい》
- はさみ
- ピンセット

動画《どうが》はこちら

作り方

発泡《はっぽう》スチロールのボールにペットボトルのキャップを押《お》しつけて、円形の跡《あと》をつける。

大人と一緒《いっしょ》に

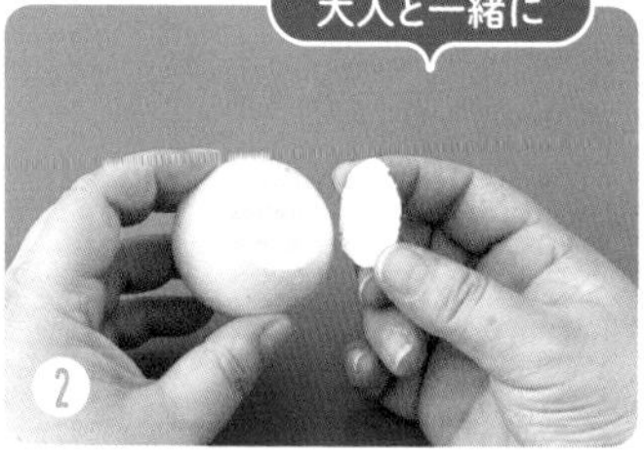

カッターで❶でつけた跡《あと》から先を切り落とす。この平らな面が底《そこ》になる。

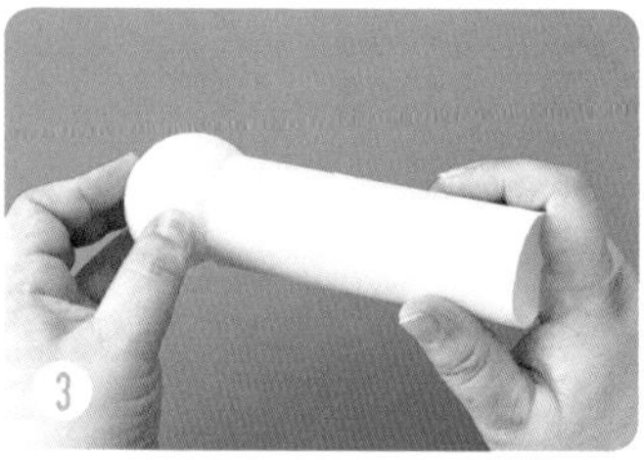

トイレットペーパーの芯《しん》を、底《そこ》から少しはみ出す位置《いち》に押《お》しつけ、跡《あと》をつける。これがお腹《なか》のラインになる。

大人と一緒《いっしょ》に

❸でつけた跡《あと》に、デザインナイフで1㎝程切《ほどき》り込《こ》みを入れる（見えにくい場合はペンで跡《あと》をなぞっておく）。

お腹《なか》になる範囲《はんい》に接着剤《せっちゃくざい》を塗《ぬ》る。

ちりめん生地（柄《がら》）をお腹《なか》に貼《は》り、はみ出した部分を5㎜程残《ほどのこ》して、はさみで切り落とす。

ピンセットの先を使って、生地の端《はし》を❹で入れた切り込《こ》みに押《お》し込《こ》んでいく。

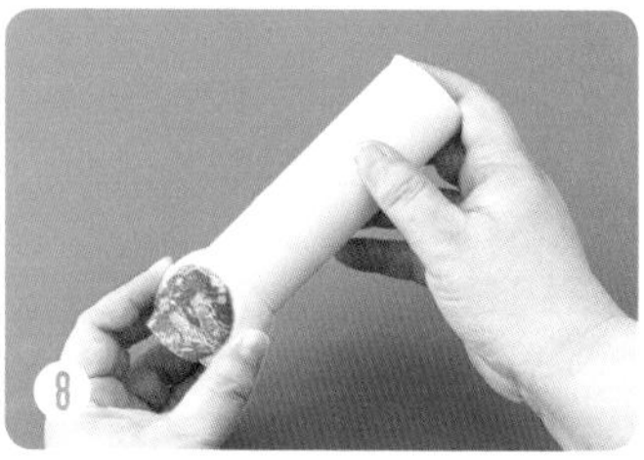

頭のほうにトイレットペーパーの芯《しん》を押《お》しつけて、円形の跡《あと》をつける。底《そこ》の面に対してできるだけ平行にする。

❽でつけた目印《めじるし》より下の部分に接着剤《せっちゃくざい》を塗《ぬ》り、ちりめん生地（紺《こん》）のやや下寄《よ》りに置《お》く。

生地の左右の端《はし》を合わせて包《つつ》み、お腹《なか》の上で両端《りょうたん》を合わせる。

生地を合わせた位置《いち》から上に向けて、カーブをつけながら斜《なな》めに切っていく。

生地の切り口に接着剤《せっちゃくざい》を塗《ぬ》る。

生地を左右から寄《よ》せて、切り口を閉《と》じる。

お腹《なか》の上にはみ出した生地を5㎜程残《ほどのこ》して、切り落とす。ピンセットで生地の端《はし》を切り込《こ》みに押《お》し込《こ》む。

底《そこ》の面は、はみ出した生地を5㎜程《ほど》に切りそろえて接着剤《せっちゃくざい》で貼《は》る。

フェルト（紺《こん》）をペットボトルのキャップの大きさに合わせて切り、接着剤《せっちゃくざい》で底面《ていめん》に貼《は》る。

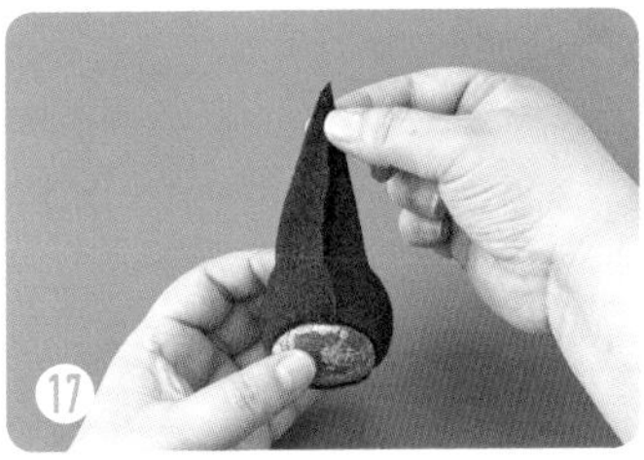

お腹側《なかがわ》を手前にして持ち、⑬でできた生地のとんがりを指先でつまむ。

つまんだ生地のとんがりを、お腹《なか》の上部に折《お》り曲げて接着剤《せっちゃくざい》で貼《は》ると、耳ができる。

フェルト（白、黒、オレンジ）で目とくちばしを作り、接着剤《せっちゃくざい》で貼《は》る。

できあがり

9月

作品→ P.21 ｜ 型紙《かたかみ》→ P.116

サボテン

動画《どうが》はこちら

材料《ざいりょう》

- 画用紙
  （黄緑・約《やく》15×16㎝）…1枚《まい》
  （黄緑・約《やく》4.5×6㎝）…1枚《まい》
- アレンジワイヤー…5㎝
- トイレットペーパーの芯《しん》…1本
- 段《だん》ボール（約《やく》4×4㎝）…1枚《まい》
- 折《お》り紙（好《す》きな柄《がら》）…1枚《まい》
- 飾《かざ》り石（砂利《じゃり》石・砂《すな》など）

道具

- えんぴつ
- はさみ
- のり
- 接着剤《せっちゃくざい》
- ピンチ
- ものさし
- カッター
- カッティングマット
- ペットボトルのキャップ
- グルーガン
- 両面テープ

作り方

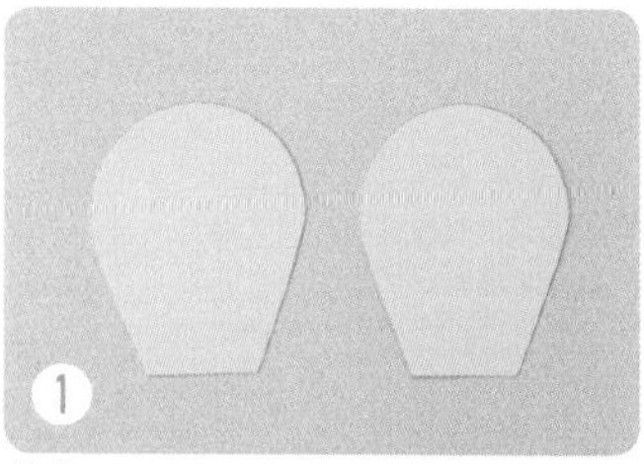

型紙《かたがみ》（大）に合わせて画用紙を切る。同じものを11枚《まい》用意する。

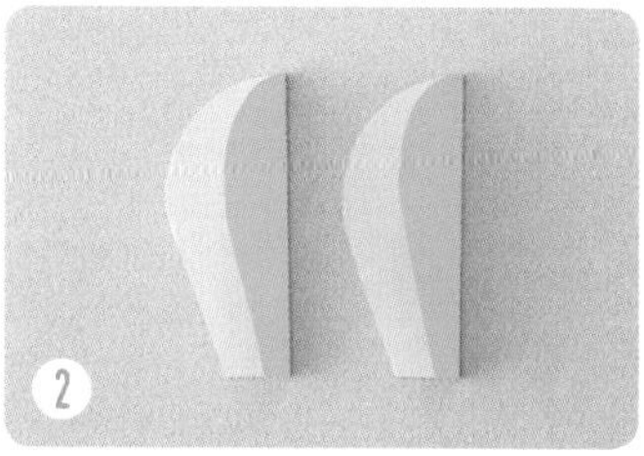

❶を半分に折《お》る。

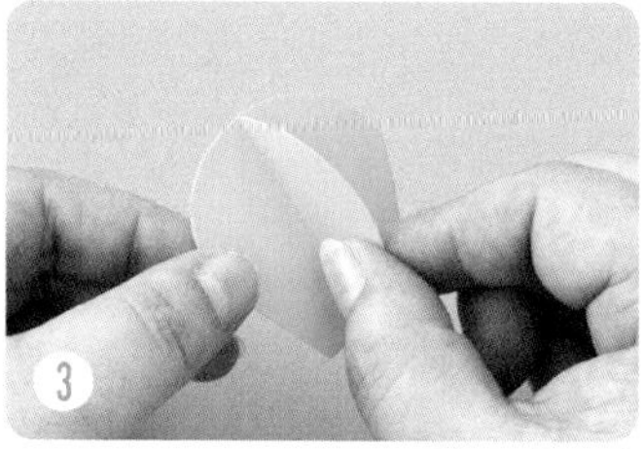

半分の面にのりを塗《ぬ》り、別《べつ》の1枚《まい》を貼《は》り合わせる。

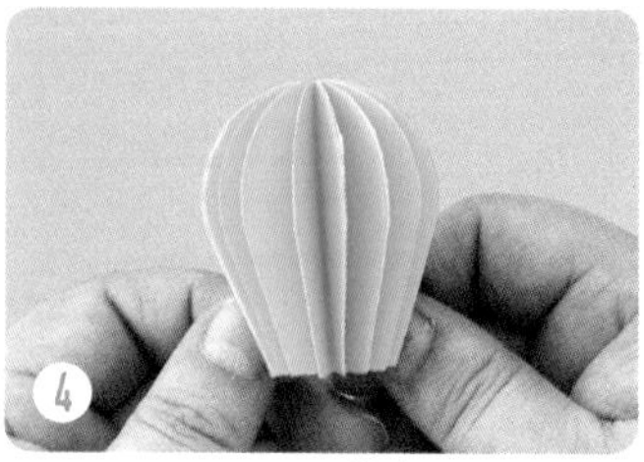

これをくり返して11枚《まい》貼《は》り重ね、ピンチではさみ乾《かわ》かす。このとき、最初《さいしょ》と最後《さいご》の面にはのりを塗《ぬ》らない。

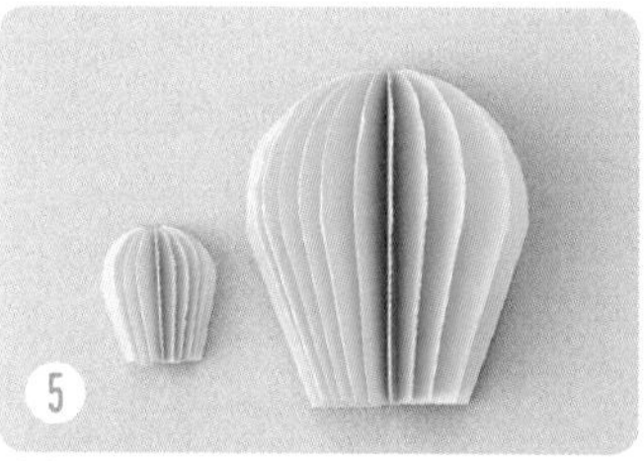

型紙《かたがみ》（小）に合わせて画用紙を9枚《まい》切る。❷～❹と同様に貼《は》り合わせる。大きいサボテンと小さいサボテンができる。

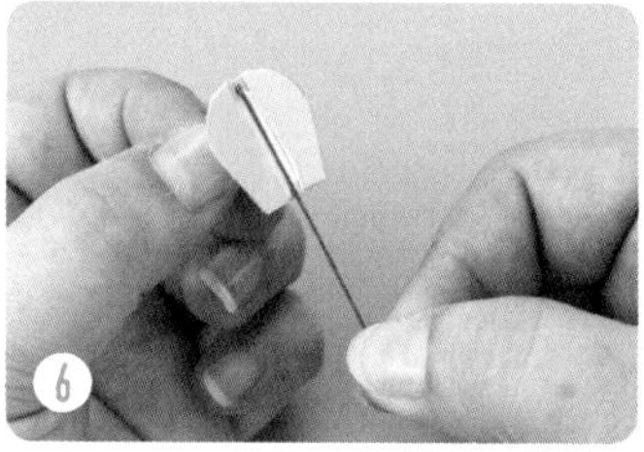

❺の小さいサボテンの最初《さいしょ》と最後《さいご》の面にのりを塗《ぬ》る。中心には接着剤《せっちゃくざい》を塗《ぬ》り、先を曲げたアレンジワイヤーを置《お》く。

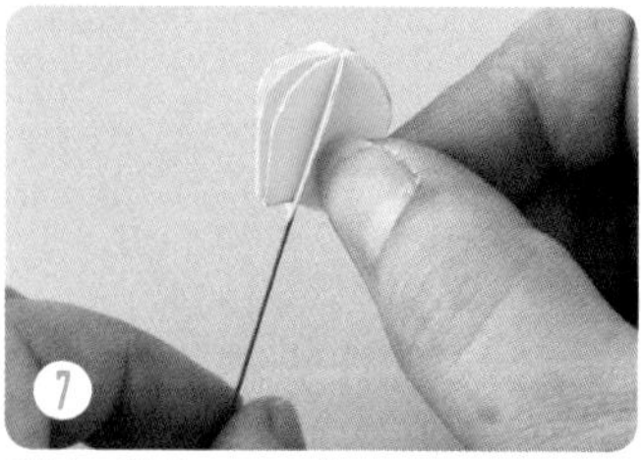

最初《さいしょ》と最後《さいご》の面を貼《は》り合わせ、ピンチではさんで乾《かわ》かす。

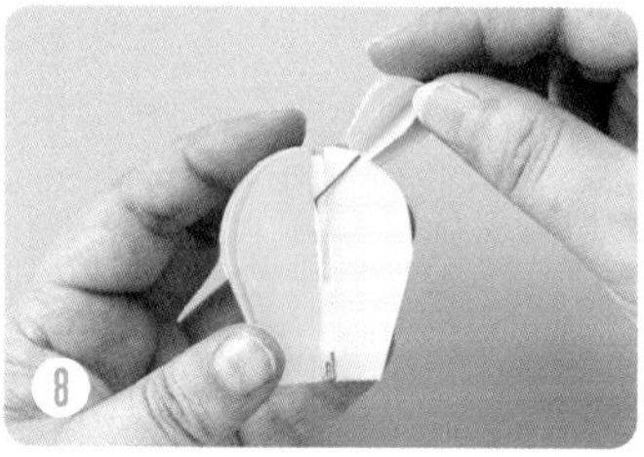

大きいサボテンも❻同様にのりと接着《せっちゃく》剤《ざい》を塗《ぬ》り、❼から出ているワイヤーを曲げてはさむ。

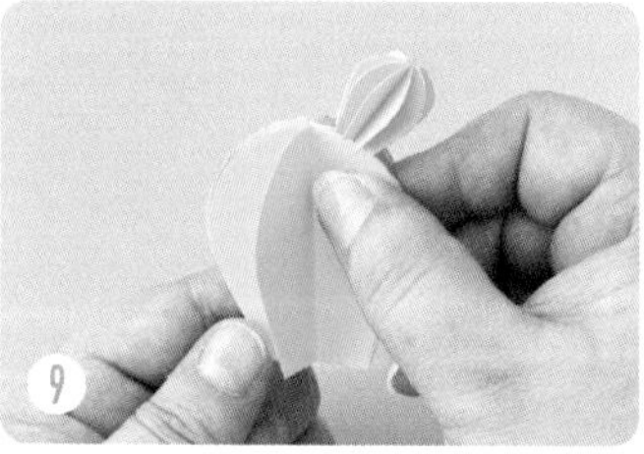

最初《さいしょ》と最後《さいご》の面を貼《は》り合わせ、ピンチではさんで乾《かわ》かすと、サボテンのできあがり。

鉢《はち》

大人と一緒《いっしょ》に

トイレットペーパーの芯《しん》を3cmの長さに切る。芯《しん》の太さに合わせて、段《だん》ボールを円形に切る。

芯《しん》の中にペットボトルのキャップを入れ、その高さまで段《だん》ボールを押《お》し込《こ》む。

大人と一緒《いっしょ》に

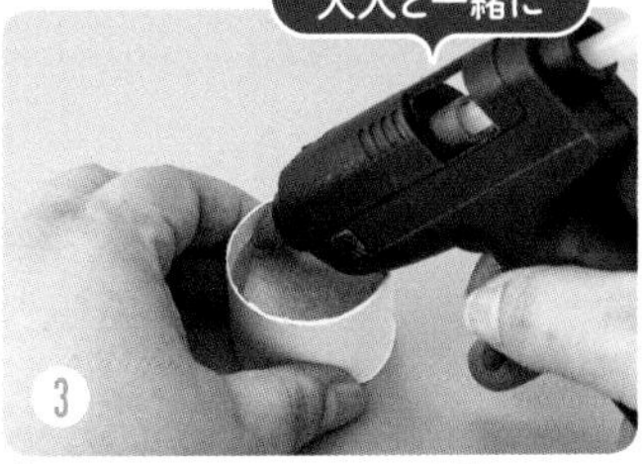

段《だん》ボールをグルーガンで固定《こてい》する。

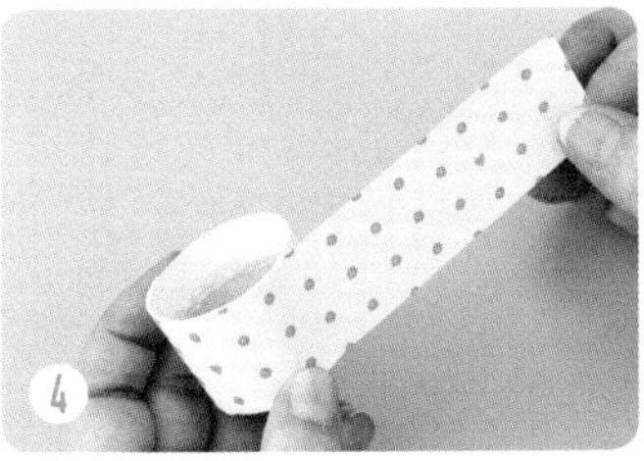

折《お》り紙を3cm幅《はば》に切り、裏面《うらめん》の上下に両面テープを貼《は》る。トイレットペーパーの芯《しん》に巻《ま》くと、鉢《はち》のできあがり。

仕上げ

大人と一緒《いっしょ》に

鉢《はち》の上にグルーガンでサボテンをつける。砂利《じゃり》石や砂《すな》などで土台の段《だん》ボールを隠《かく》す。

できあがり

POINT

クラフトパンチでお花を作ってつけたり、小さなサボテンをもうひとつ添《そ》えたり。いろいろアレンジしてかわいく飾《かざ》って！

作品→P.23

ハロウィン・モンスター（カボチャおばけ）

動画《どうが》はこちら

材料《ざいりょう》

- お花紙（オレンジ）…6枚《まい》
- アレンジワイヤー（6㎝）…6本
- あさひも（または紙ひも）…約《やく》20㎝
- 画用紙（黒、白）…各適量《かくてきりょう》（顔のパーツ用）

道具

- はさみ
- ペンチ
- 接着剤《せっちゃくざい》
- のり
- ピンセット

作り方

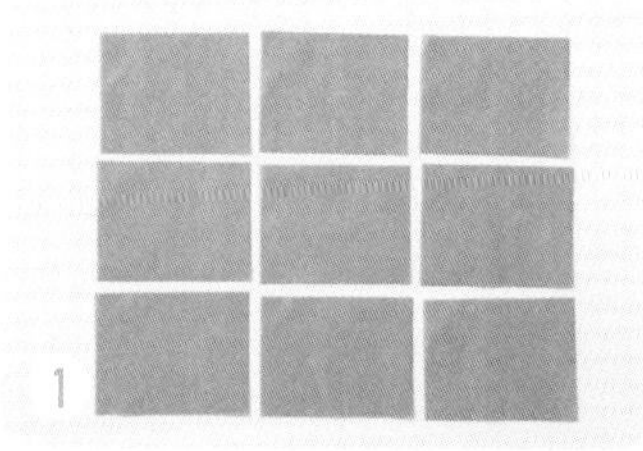

お花紙を9等分に切る。

9枚《まい》のお花紙を重ねて、縦長《たてなが》の向きに置《お》き、4～5㎜幅《はば》のじゃばら折《お》りにしていく。

最後《さいご》まで折《お》ったら、真ん中をアレンジワイヤーでとめる。

じゃばらを広げて、お花紙を1枚《まい》ずつ立ち上げていく。

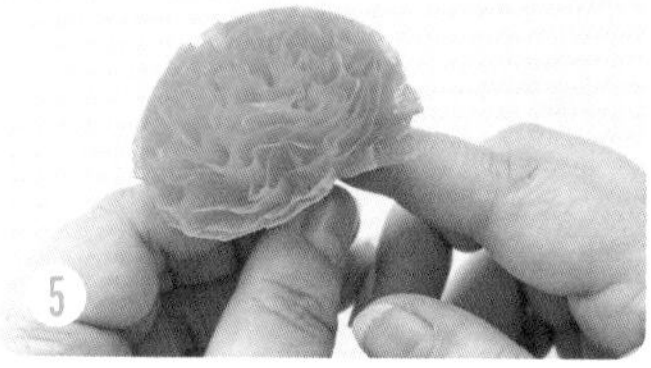

すべて立ち上げたところ。これを6個《こ》作る。

ひもを結《むす》んで輪《わ》にする。❺を2つで結《むす》び目をはさむようにして、接着剤《せっちゃくざい》で貼《は》りつける。

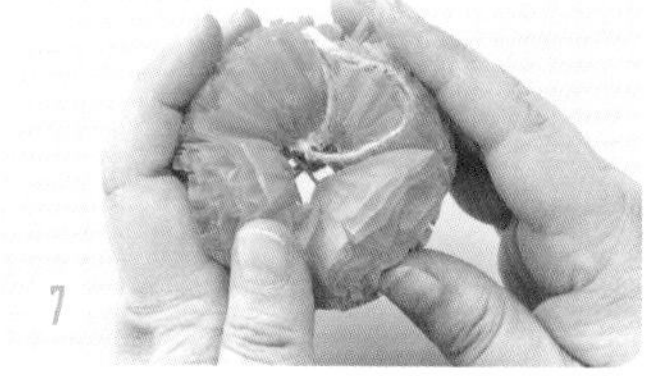

❺をもう2つ寄《よ》せて、接着剤《せっちゃくざい》で貼《は》りつける。

残《のこ》りの2つも上側《うえがわ》と下側《したがわ》に貼《は》りつけ、球体にする。

接着剤《せっちゃくざい》が乾《かわ》いたら、はさみできれいな球になるように整える。

10

画用紙(黒、白)で、目と口を作る。

11

接着剤《せっちゃくざい》で❾に貼《は》りつける。

＼できあがり／

がいこつの作り方

作り方

白いお花紙を使い、❶～❾の手順《てじゅん》でポンポンを作る。黒い画用紙で目と口とヒビを作って、接着剤《せっちゃくざい》で貼《は》る。

くろねこの作り方

作り方

紫《むらさき》のお花紙を使い、❶～❾の手順《てじゅん》でポンポンを作る。顔のパーツは画用紙で作る。帽子《ぼうし》は半円の画用紙を円すい状《じょう》にして、ふちを毛糸で飾《かざ》る。耳はお花紙のすき間に差《さ》すようにして、接着剤《せっちゃくざい》で貼《は》る。

ミイラ男の作り方

作り方

1

青のお花紙を使い、❶～❾の手順《てじゅん》でポンポンを作る。黄色の画用紙で目を作って貼《は》る。

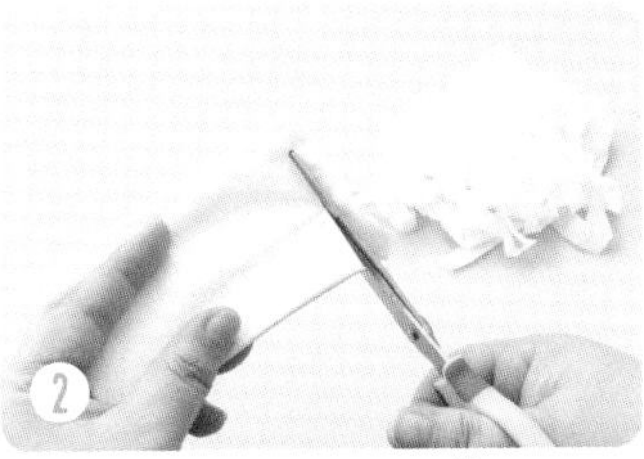

2

トイレットペーパーを5㎜幅《はば》に切る。

3

トイレットペーパーを接着剤《せっちゃくざい》で貼《は》る。トイレットペーパーの向きがランダムになるように、グルグルと巻《ま》きつけていく。

POINT

ハロウィン気分が盛《も》り上がる楽しいオーナメント。アレンジの幅《はば》はアイディア次第！

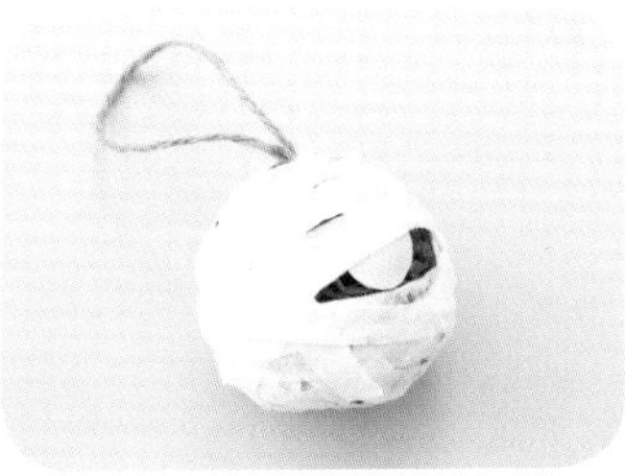

／できあがり＼

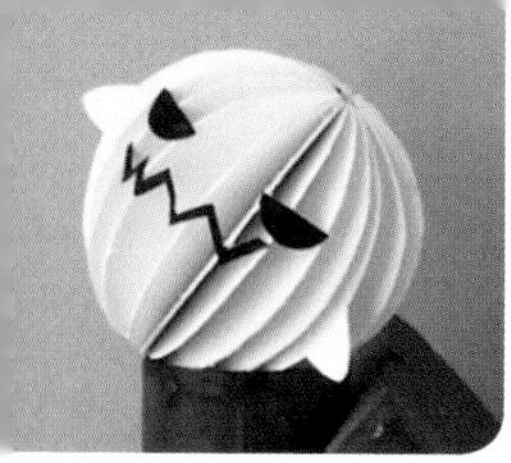

10月

作品→ P.22 | 型紙《かたがみ》→ P.116

おばけ

材料《ざいりょう》

- 画用紙
  （白・約《やく》13.5 × 25㎝）…1枚《まい》
  （白・約《やく》9 × 9㎝）…1枚
  （白・約《やく》4.5 × 9㎝）…1枚
  （黒、赤）…適量《てきりょう》（顔のパーツ用）

道具

- えんぴつ
- はさみ
- のり
- ピンチ
- 丸箸《ばし》
- 接着剤《せっちゃくざい》
- ピンセット

動画《どうが》はこちら

作り方

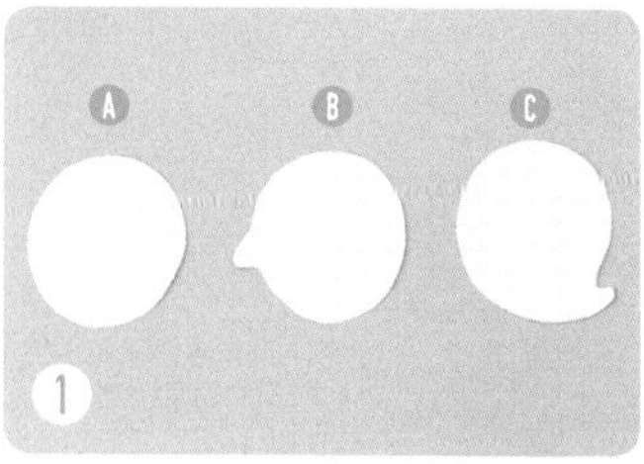

画用紙（白）を3種類《しゅるい》の型紙《かたがみ》に合わせてそれぞれ切る。Ⓐを18枚《まい》、Ⓑを4枚《まい》、Ⓒを2枚《まい》用意する。

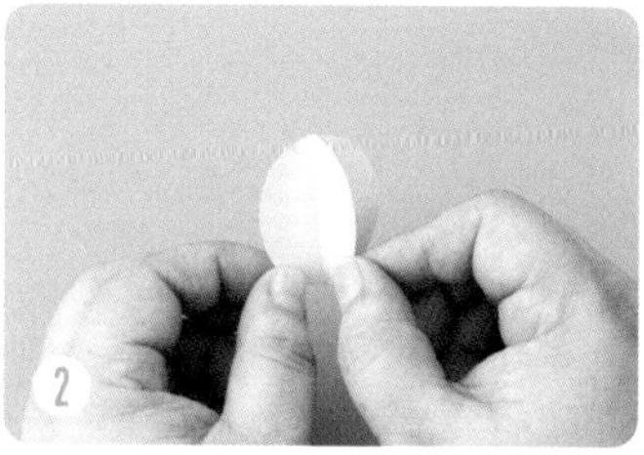

それぞれ半分に折《お》り、Ⓐの半分の面にのりを塗《ぬ》り、別《べつ》のⒶと貼《は》り合わせる。

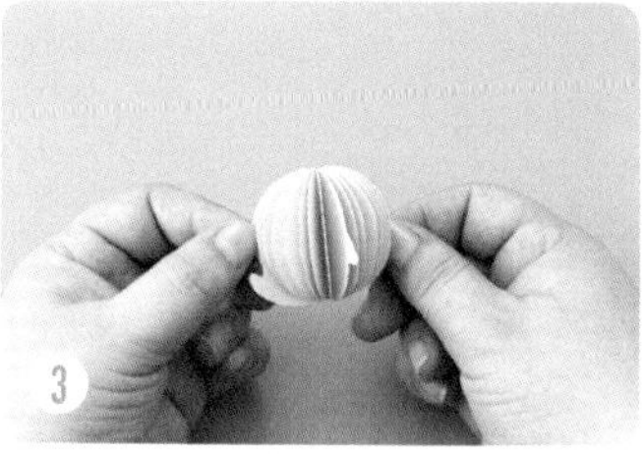

同様にのりを塗《ぬ》り、Ⓐ8枚《まい》→Ⓑ2枚《まい》→Ⓐ5枚《まい》→Ⓒ2枚《まい》の順《じゅん》に貼《は》り合わせていく。これで左手としっぽが完成《かんせい》。

さらに続《つづ》けてⒶ5枚《まい》→Ⓑ2枚《まい》の順《じゅん》で貼《は》り合わせる。これで右手ができる。ピンチではさんで乾《かわ》かす。

最初《さいしょ》と最後《さいご》の面を貼《は》り合わせる。これは下側《したがわ》から見たところ。

画用紙（黒、赤）で顔を作り、接着剤《せっちゃくざい》で貼《は》る。舌《した》は丸箸《ばし》でしごいて丸みをつけると立体的《てき》になる。

POINT

ⒷとⒸは、画用紙を重ねて切ると形がぴったりそろいます。手としっぽの部分は画用紙が2枚《まい》重なるように、反対向きに折《お》ってください。

＼できあがり／

10月

作品→ P.23 | 型紙《かたがみ》→ P.117

OCTOBER

カボチャ

材料《ざいりょう》

- 画用紙（オレンジ・30×21㎝程度《ていど》）…1枚《まい》
- つまようじ…1本
- わりばし（丸箸《ばし》）…1本

道具

- えんぴつ
- はさみ
- のり
- ピンチ
- ものさし
- カッター
- カッティングマット
- やすり
- 接着剤《せっちゃくざい》

動画《どうが》はこちら

作り方

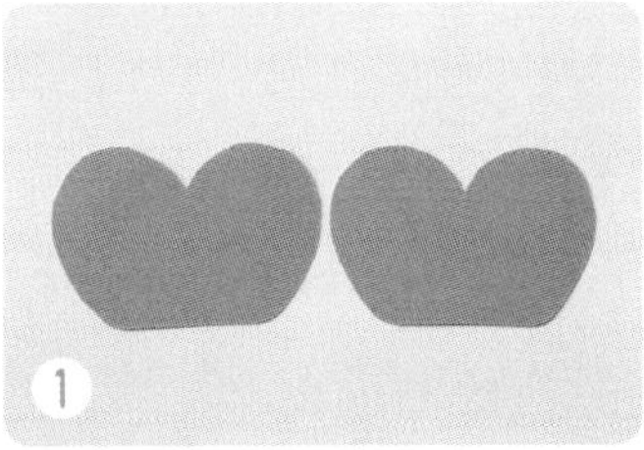

1 型紙《かたがみ》に合わせて画用紙を切る。18枚《まい》用意する。

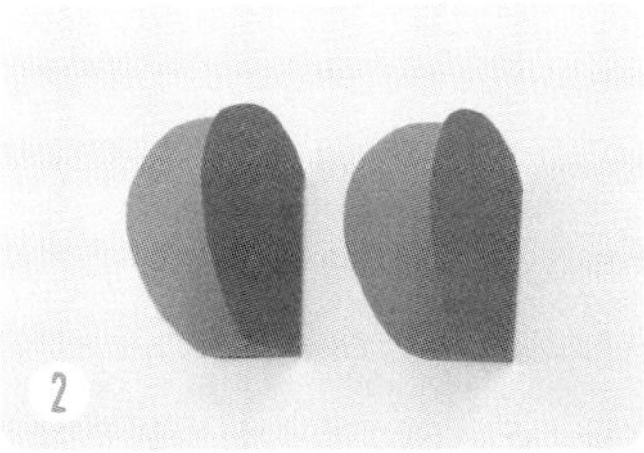

2 切った画用紙を半分に折《お》る。

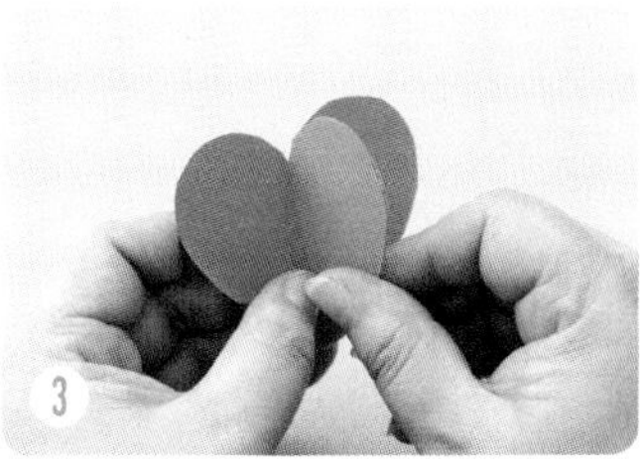

3 半分の面にのりを塗《ぬ》り、別《べつ》の1枚《まい》を貼《は》り合わせる。

4 これをくり返して18枚《まい》貼《は》り重ね、ピンチではさみ乾《かわ》かす。このとき、最初《さいしょ》と最後《さいご》の面にはのりを塗《ぬ》らない。

大人と一緒《いっしょ》に

5 つまようじをかぼちゃの中心部分の高さに合わせてカッターで切り、断面《だんめん》をやすりで整える。

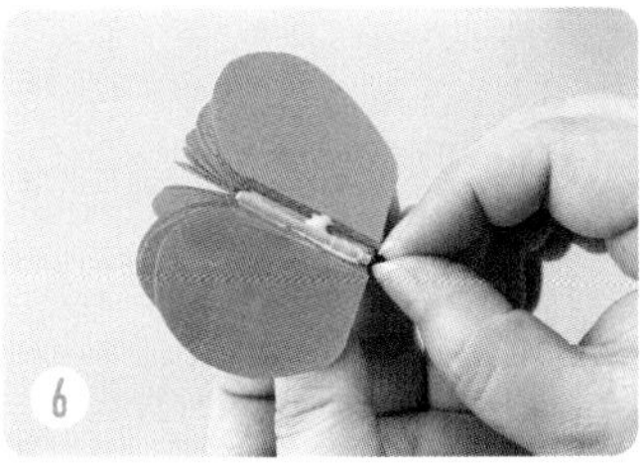

6 ❹の最初《さいしょ》と最後《さいご》の面にのりを塗《ぬ》る。中心には接着剤《せっちゃくざい》を塗《ぬ》り、❺のつまようじを置《お》く。最初《さいしょ》と最後《さいご》の面を貼《は》り合わせる。

大人と一緒《いっしょ》に

7 ヘタを作る。丸箸《ばし》を1～2㎝の長さに切る（溝《みぞ》に合わせて切る）。断面《だんめん》をやすりで整え、中心に接着剤《せっちゃくざい》で貼《は》る。

＼できあがり／

POINT

黄色と深緑など、2色の画用紙を混《ま》ぜて作ってもかわいいです。顔をつければジャック・オ・ランタンに！

11月

作品→ P.24

キノコ

材料《ざいりょう》

〈キノコの傘《かさ》〉
- 画用紙（茶・16×18㎝）…1枚《まい》
  （茶・1×17㎝）…1枚《まい》

〈傘《かさ》の内側《うちがわ》のひだ〉
- 画用紙（クリーム色・1×17㎝）…1枚《まい》
  （クリーム色・1×11㎝）…1枚《まい》
  （クリーム色・1.6×25.6㎝）…1枚《まい》

〈キノコの足〉
- 画用紙（クリーム色・6×10.6㎝）…1枚《まい》
  （クリーム色・12×9.6㎝）…1枚《まい》

道具

- ものさし
- えんぴつ
- はさみ（またはカッター）
- 接着剤《せっちゃくざい》
- 丸箸《ばし》

動画《どうが》はこちら

作り方

キノコの傘《かさ》

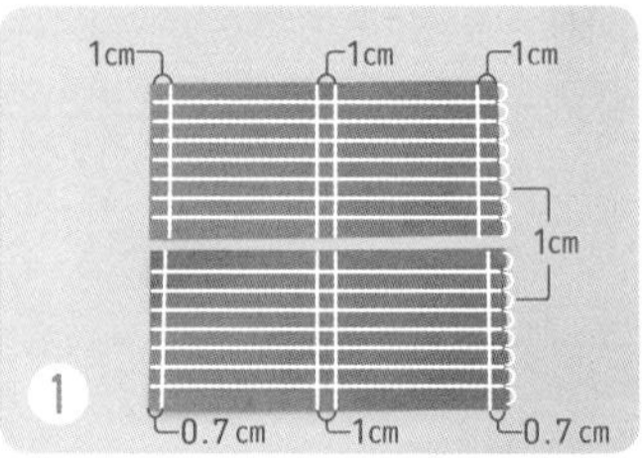

16×18㎝の画用紙（茶）を横半分に切ったあと、写真のように目印《めじるし》をつける。横1㎝幅《はば》と縦《たて》中央に1㎝幅《はば》、左右の端《はし》に1㎝と0.7㎝（のりしろ）。

❶で書いた線に沿《そ》って、それぞれ1㎝幅《はば》に細長く切る。

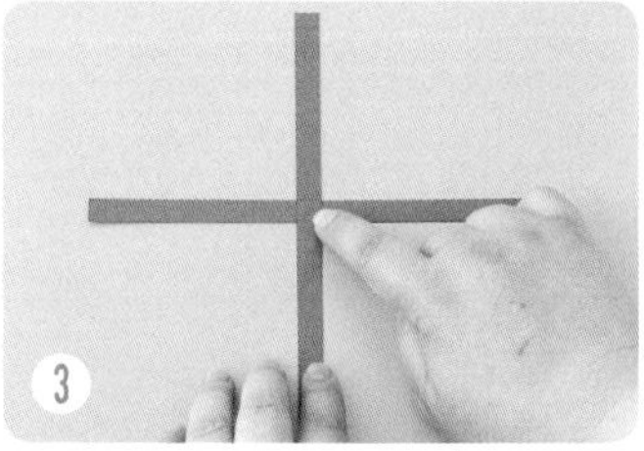

のりしろ0.7㎝のものを2枚《まい》とり、中央の印《しるし》を合わせて接着剤《せっちゃくざい》で十字に貼《は》る。これを4組作る。

十字に貼《は》った画用紙2組を45°傾《かたむ》けて、「米」の字形に重ねて貼《は》る。これを2組作る。

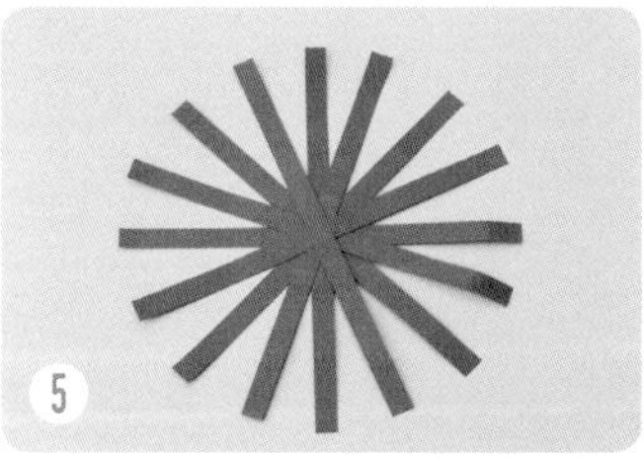

❹でできた2組をさらに写真のように重ねて貼《は》る。なるべく均等《きんとう》な角度になるようにする。

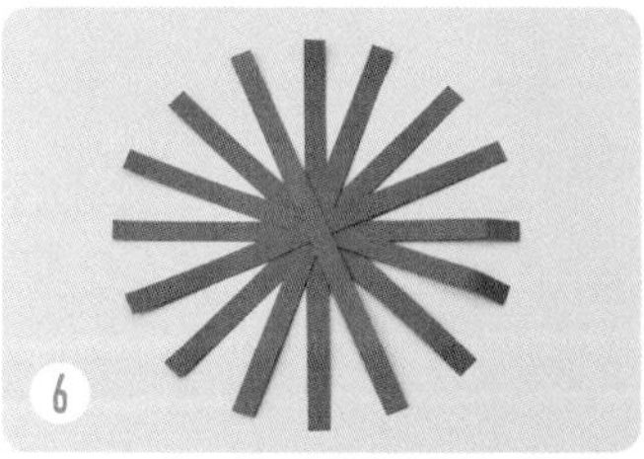

❷で切った、のりしろ1㎝の8枚《まい》を、❸～❺と同じ手順《てじゅん》で貼《は》り重ねる。

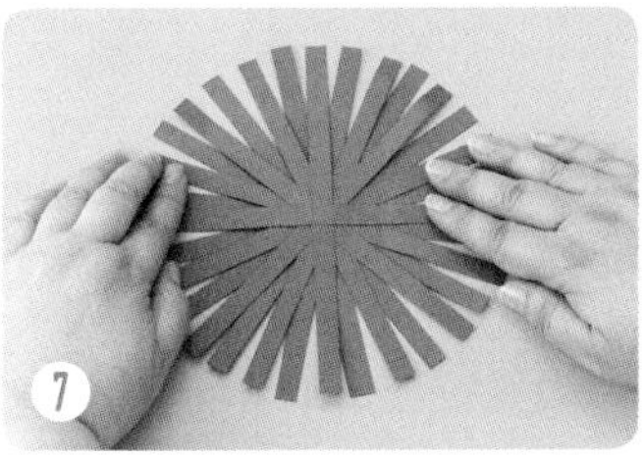

❺の上に❻を重ねて接着剤《せっちゃくざい》で貼《は》り、しっかり乾《かわ》かす。

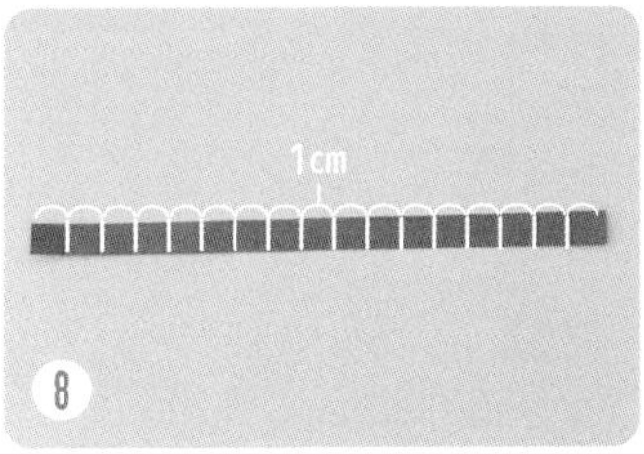

1×17cmの画用紙（茶）に、写真のように1cmきざみで目印《めじるし》を書く。

❽の端《はし》1cmにのりを塗《ぬ》り、目印《めじるし》が内側《うちがわ》にくるように反対の端《はし》と貼《は》り合わせ、輪《わ》にする。

❼の中心を指で押《お》さえながら、画用紙を1本ずつ丸箸《ばし》でしごき、丸みをつける。

すべてしごいて丸みをつけたところ。

⓫の1番上の画用紙をとり、端《はし》の目印《めじるし》のところで折《お》り目をつけ、内側《うちがわ》に接着《せっちゃく》剤《ざい》を塗《ぬ》る。❾の内側《うちがわ》の目印《めじるし》に合わせて貼《は》る。

重なりが上の画用紙から順《じゅん》に同様に貼《は》っていき、1周《しゅう》貼《は》り終わったら、2周《しゅう》目は1周《しゅう》目の画用紙の間に貼《は》る。

すべて貼《は》り終わったら、手で全体を少しつぶして平たくし、キノコの傘《かさ》の形に整える。

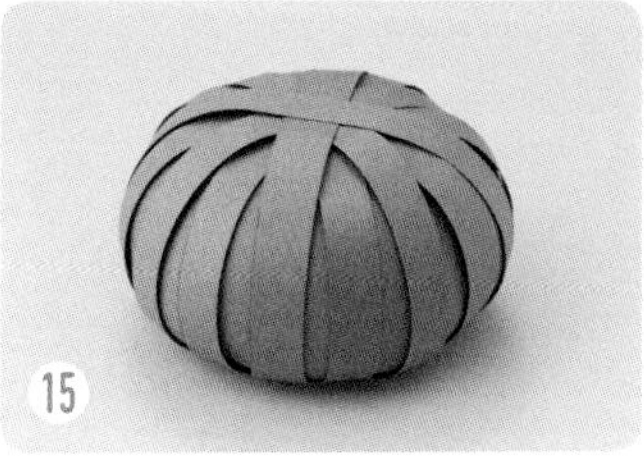

ひっくり返したら、キノコの傘《かさ》の完成《かんせい》。

傘《かさ》の内側《うちがわ》のひだ

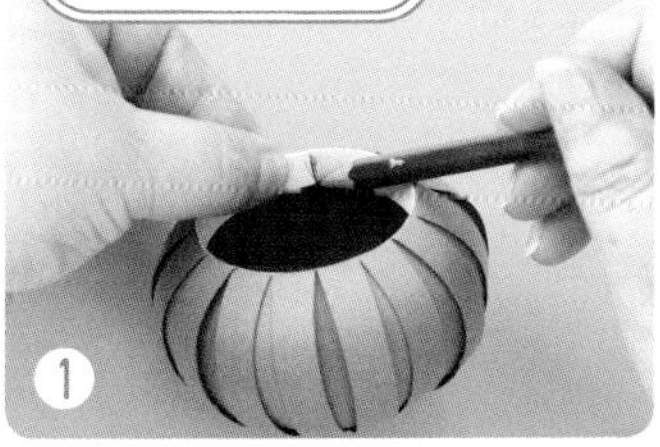

1×17cmの画用紙（クリーム色）をキノコの傘《かさ》の穴《あな》の内側《うちがわ》に入れて、穴《あな》の大きさに合わせて目印《めじるし》をつける。

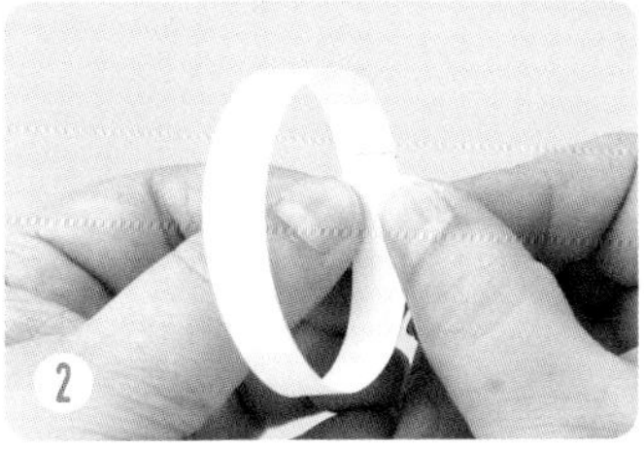

❶を取り出して、目印《めじるし》のところまで接《せっ》着剤《ちゃくざい》を塗《ぬ》る。反対の端《はし》と貼《は》り合わせ、輪《わ》にする。

1×11cmの画用紙（クリーム色）の端《はし》0.8cm（のりしろ）に目印《めじるし》をつける。接着剤《せっちゃくざい》を塗《ぬ》り、反対の端《はし》と貼《は》り合わて輪《わ》にする。

キノコのつづき

傘《かさ》の内側《うちがわ》のひだのつづき

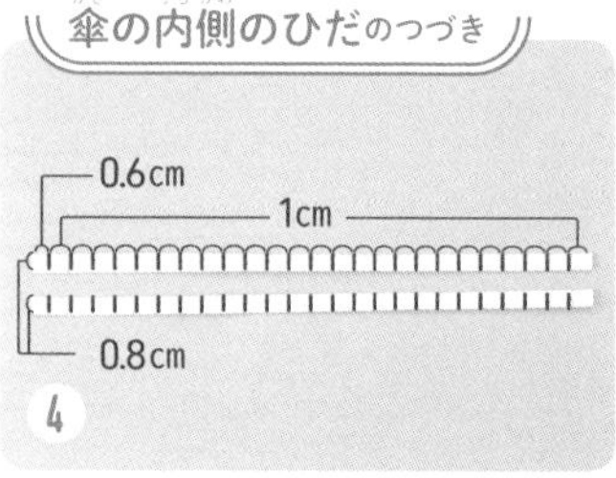

1.6×25.6cmの画用紙（クリーム色）に目印《めじるし》を書く。左端《ひだりはし》のみ0.6cm、全体に1cmきざみ。さらに半分の0.8cm幅《はば》に細長く切る。

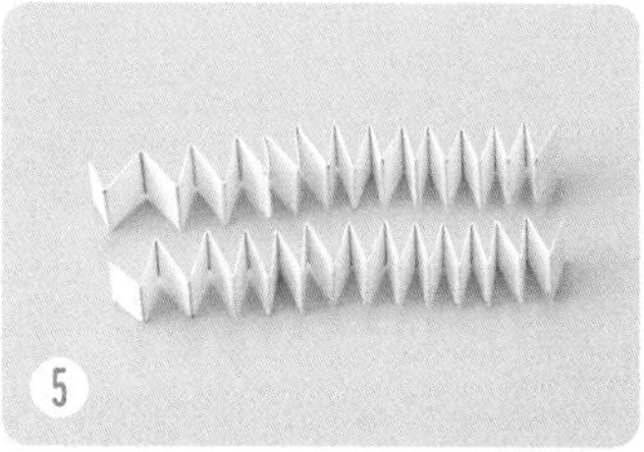

❹の2本を、目印《めじるし》の通りにじゃばら折《お》りにする。

1本の0.6cmの目印《めじるし》に接着剤《せっちゃくざい》を塗《ぬ》り、もう1本の1cmの目印《めじるし》の端《はし》と貼《は》りつなげる。さらに反対端同士《はしどうし》を貼《は》り合わせて輪《わ》にする。

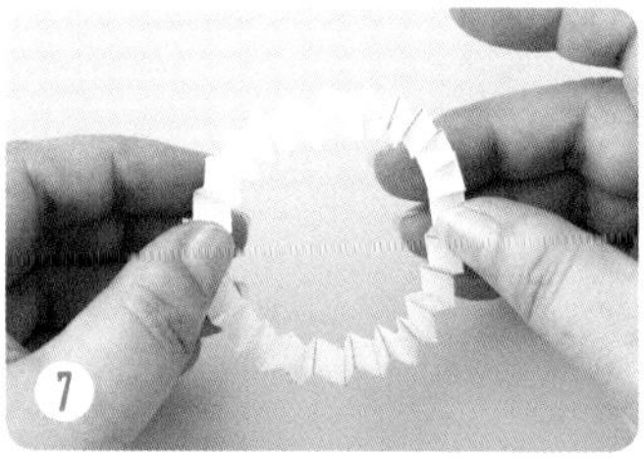

❻のじゃばらの輪《わ》をくるりと外側《そとがわ》に返し、写真のような状態《じょうたい》にする。

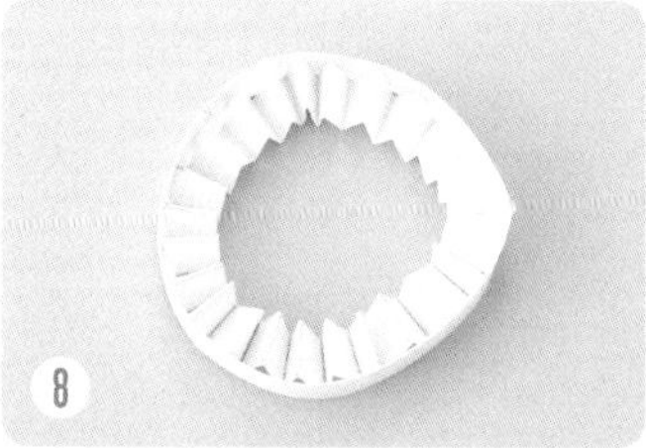

そのまま❷の輪《わ》の中にはめ込《こ》み、接着《せっちゃく》剤《ざい》で固定《こてい》する。

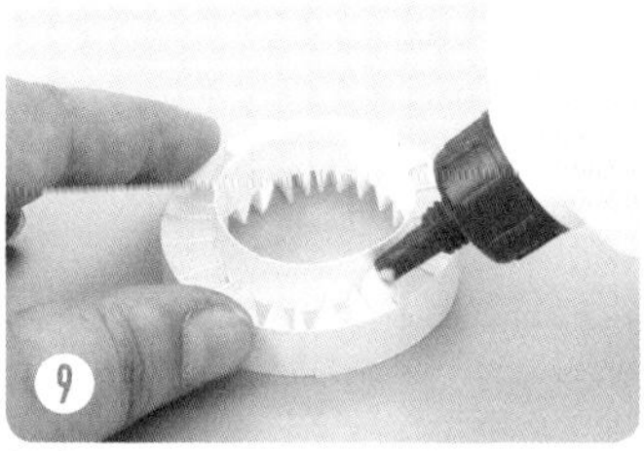

内側《うちがわ》に❸で作った小さい輪《わ》をはめ、接《せっ》着剤《ちゃくざい》で固定《こてい》する。

キノコの傘《かさ》にひだをつける。傘《かさ》の穴《あな》の内側《うちがわ》に接着剤《せっちゃくざい》をたっぷり塗《ぬ》り、❾のひだを差《さ》し込《こ》む。

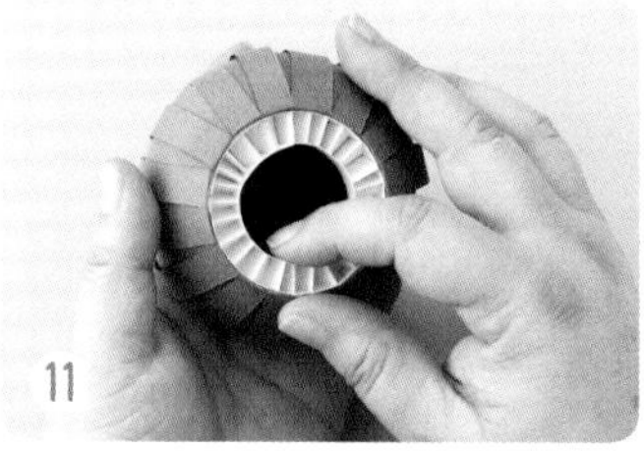

しっかり乾《かわ》かすと、ひだの完成《かんせい》。

キノコの足

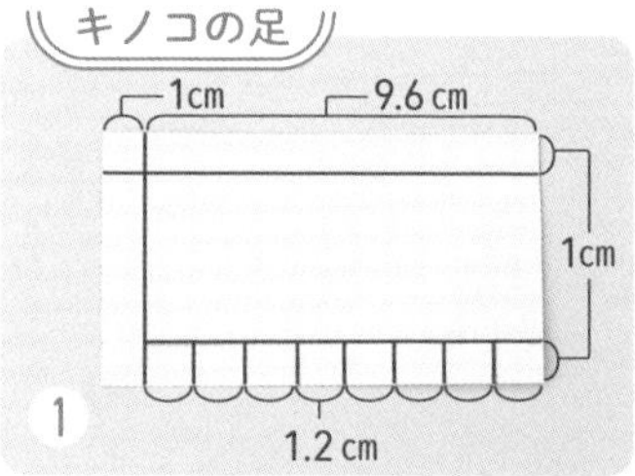

6×10.6cmの画用紙（クリーム色）に、写真のように目印《めじるし》をつける。左端《ひだりはし》（のりしろ）と上下に1cm幅《はば》、さらに下端《かたん》に1.2cmきざみ。

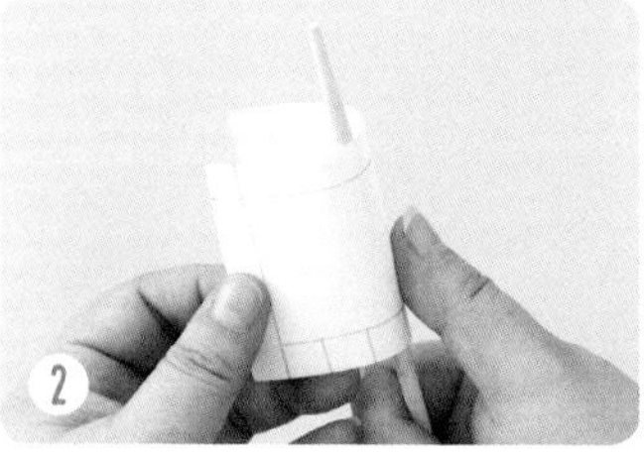

目印《めじるし》が外側《そとがわ》になるようにして、丸箸《ばし》で丸みをつける。

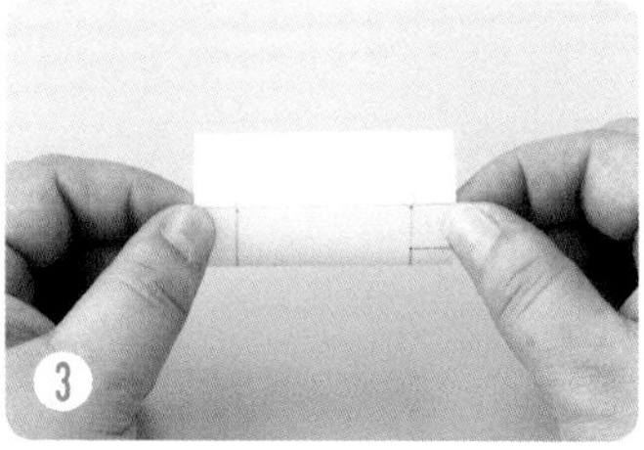

のりしろ1cmの部分に接着剤《せっちゃくざい》を塗《ぬ》り、筒状《つつじょう》に貼《は》り合わせる。

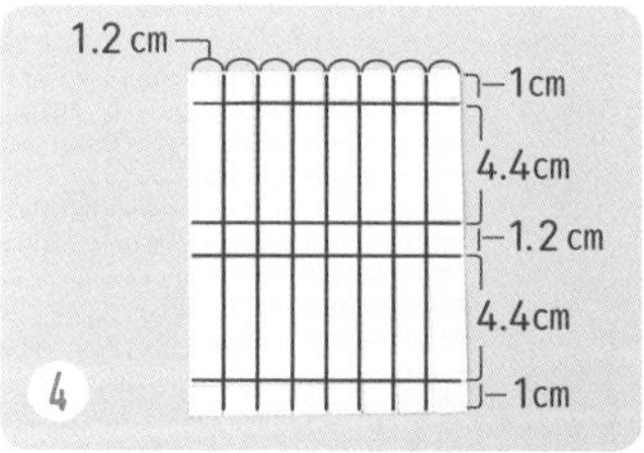

12×9.6cmの画用紙（クリーム色）に、写真のように目印《めじるし》をつける。縦《たて》1.2cm幅《はば》と中央に1.2cm幅《はば》、上下の端《はし》に1cm（のりしろ）。

目印《めじるし》に沿《そ》って縦《たて》1.2cm幅《はば》に切り、8本にする。このうちの2枚《まい》をとり、中央の印《しるし》を合わせて接着剤《せっちゃくざい》で十字に貼《は》る。これを4組作る。

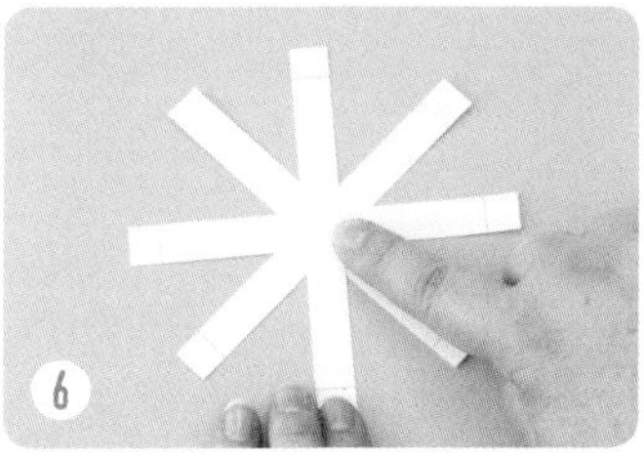

十字に貼《は》った画用紙2組を45°傾《かたむ》けて、「米」の字形に重ねて貼《は》る。これを2組作る。

❻でできた2組の画用紙を重ねて貼《は》る。なるべく均等《きんとう》な角度になるようにする。ずれないようにしっかり乾《かわ》かす。

❼の端《はし》1cmののりしろに接着剤《せっちゃくざい》を塗《ぬ》り、❸の筒《つつ》の目印《めじるし》に貼《は》る。内側《うちがわ》の画用紙から順《じゅん》に貼《は》っていく。

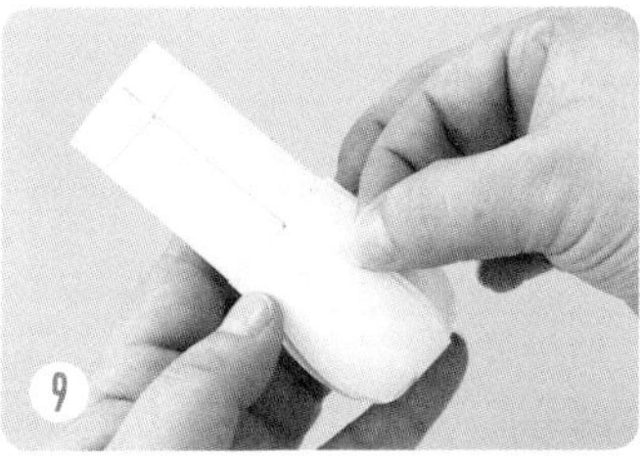

1周《しゅう》貼《は》ると、キノコの足のできあがり。

仕上げ

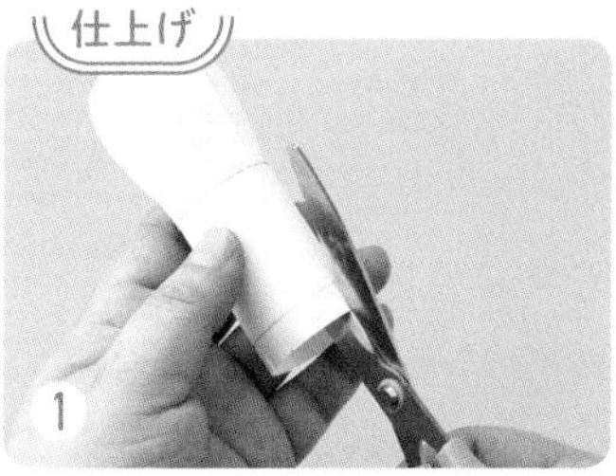

キノコの足の上側《うわがわ》1cmの線まで、1cm幅《はば》くらいで切り込《こ》みを入れる。

内側《うちがわ》に折《お》り込《こ》み、折《お》り目をつける。

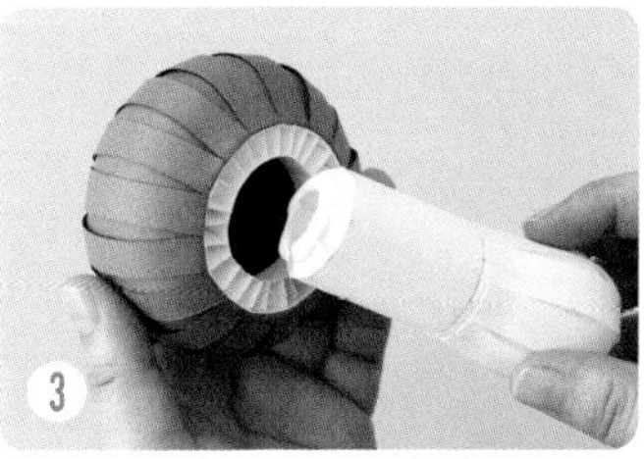

❷でつけた折《お》り目に、接着剤《せっちゃくざい》をたっぷりつける。キノコの傘《かさ》に足を差《さ》し込《こ》む。

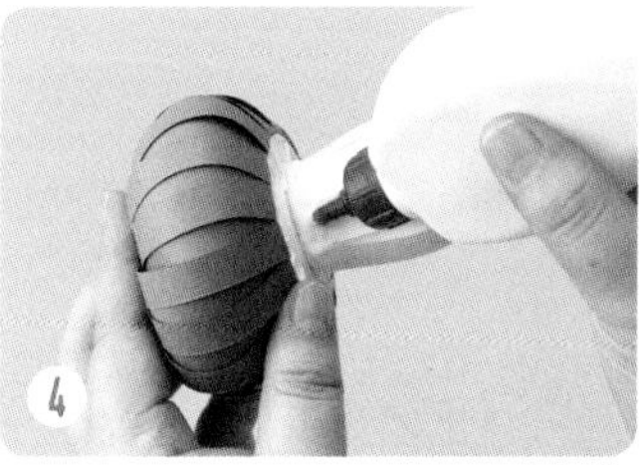

キノコの足の真ん中あたりに、接着剤《せっちゃくざい》をたっぷり1周《しゅう》塗《ぬ》る。

キノコの傘《かさ》をやさしく持ち、キノコの足を、接着剤《せっちゃくざい》をつけた位置《いち》までゆっくり押《お》し込《こ》みながら、形を整える。

できあがり

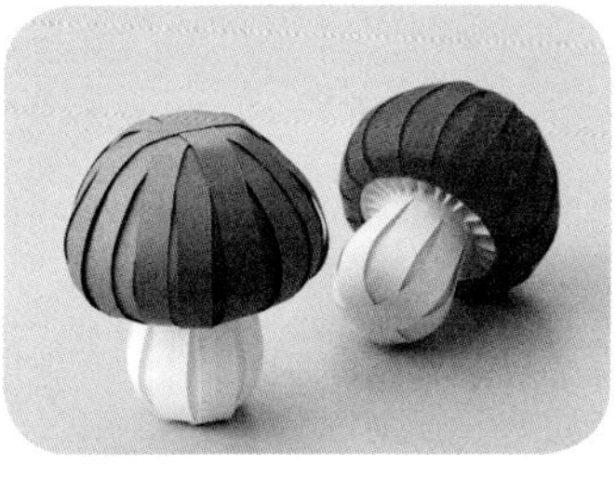

POINT

細かい作業が大変《たいへん》だけどがんばって！　画用紙で丸いはんてんを作って、毒《どく》キノコ風に仕上げるのもおもしろい！

11月

作品→ P.24

どんぐり

材料《ざいりょう》

- ウール ボール（茶・直径《ちょっけい》1.5〜2㎝）…1個《こ》
- あさひも（または紙ひも）

道具

- 接着剤《せっちゃくざい》
- はさみ

動画《どうが》はこちら

作り方

ひもの先を固《かた》く結《むす》ぶ。

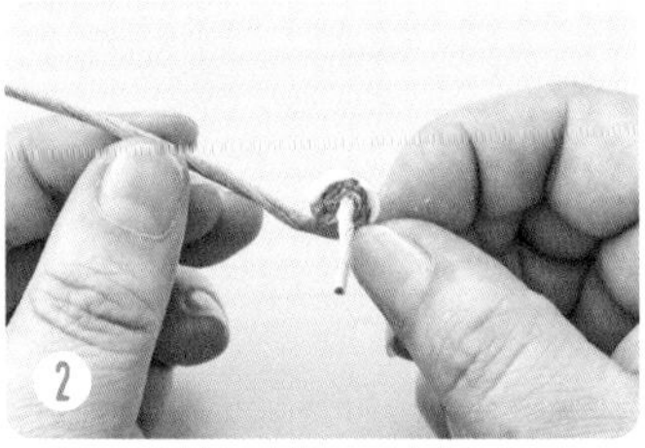

結《むす》び目に接着剤《せっちゃくざい》をつけながら巻《ま》いていく。巻《ま》き始めは小さくて巻《ま》きづらいが、できるだけすき間なく巻《ま》く。

少しずつずらし、接着剤《せっちゃくざい》を足しながらどんぐりの帽子《ぼうし》の形にしていく。大きさはウール ボールに合わせる。

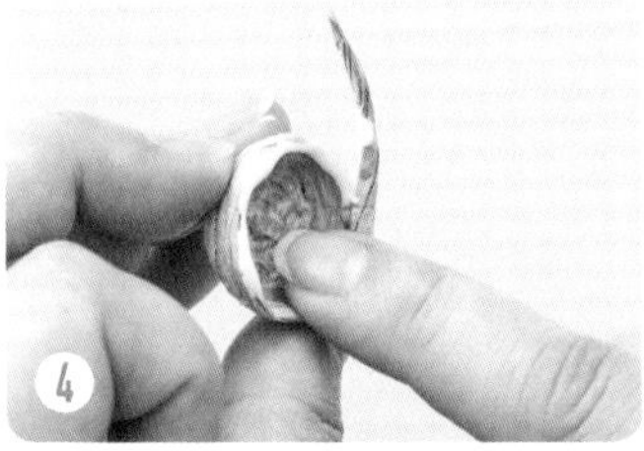

巻《ま》き終わりはひもを斜《なな》めに切り、接着《せっちゃく》剤《ざい》でつけて乾《かわ》かす。

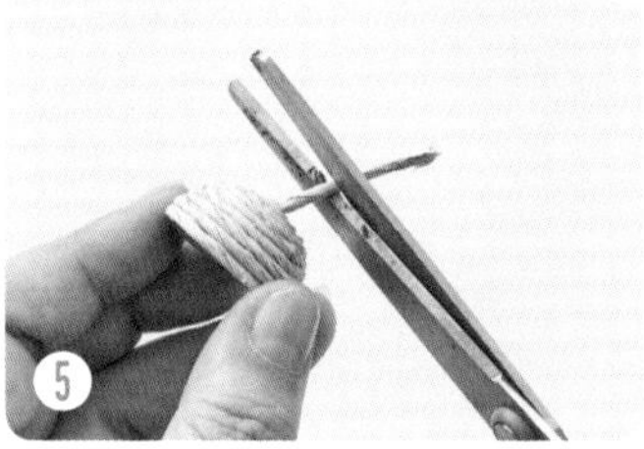

巻《ま》き始めの結《むす》び目の先を短く切る。

❺の帽子《ぼうし》の内側《うちがわ》に接着剤《せっちゃくざい》を塗《ぬ》り、ウール ボールにかぶせる。

POINT

たくさん作ってコロコロ楽しい秋の飾《かざ》りに！ 帽子《ぼうし》の形に巻《ま》くのが難《むずか》しい場合は、❶のあと直接《ちょくせつ》ウール ボールにひもを貼《は》りつけていってもOK。

できあがり

作品→ P.25 ｜ 型紙《かたがみ》→ P.117

りす

動画《どうが》はこちら

材料《ざいりょう》

〈しっぽ〉

- フェルト
  （オレンジ・6×18cm）…1枚《まい》
  （クリーム色・4×18cm）…1枚《まい》

〈頭〉

- 発泡《はっぽう》スチロールのボール（直径《ちょっけい》7.5cm）…1個《こ》
- タオル生地（オレンジ・13×13cm）…1枚《まい》
  （オレンジ・6×5cm）…1枚《まい》
  （オレンジ・4×4cm程度《ていど》）…1枚《まい》
  （クリーム色・13×13cm）…1枚《まい》
- フェルト（クリーム色・3.5×3.5cm）…1枚《まい》
  （オレンジ・4×4cm）…1枚《まい》
  （黒）…適量《てきりょう》（目、鼻用）

〈体〉

- 発泡《はっぽう》スチロールのボール（直径《ちょっけい》5cm）…1個《こ》
- タオル生地（オレンジ・9×9cm）…2枚《まい》
  （クリーム色・3.5×3.5cm）…1枚《まい》
- フェルト（オレンジ・3.5×3.5cm）…1枚《まい》

道具

- ものさし
- ペン
- はさみ
- 接着剤《せっちゃくざい》
- ピンチ
- 洗濯《せんたく》バサミ（大）
- コンパス
- トイレットペーパーの芯《しん》
- カッター
- メジャー
- デザインナイフ
- ピンセット
- ペットボトルのキャップ
- グルーガン（あれば）

作り方

しっぽ

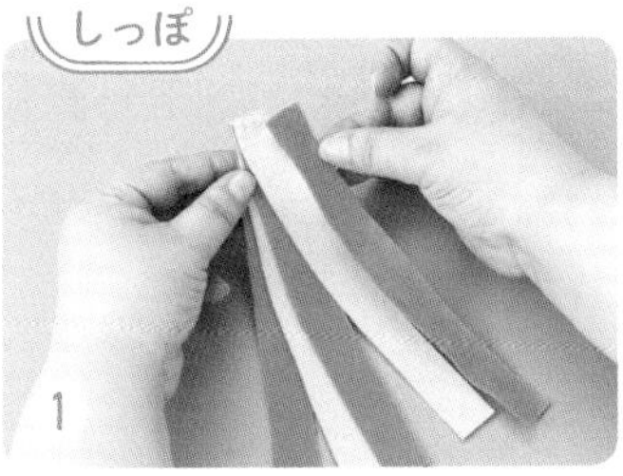

しっぽ用のフェルトを2×18cmのサイズに切る。端《はし》1cmに接着剤《せっちゃくざい》を塗《ぬ》り、オレンジ3枚《まい》、クリーム色2枚《まい》を交互《こうご》に重ねて貼《は》る。

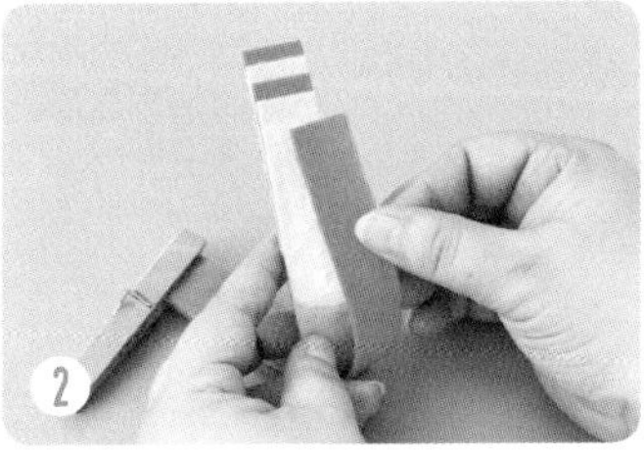

❶で貼《は》った端《はし》はピンチでとめ、反対の端《はし》から5cmの範囲《はんい》に接着剤《せっちゃくざい》を塗《ぬ》って、0.3cmずつずらして貼《は》っていく。

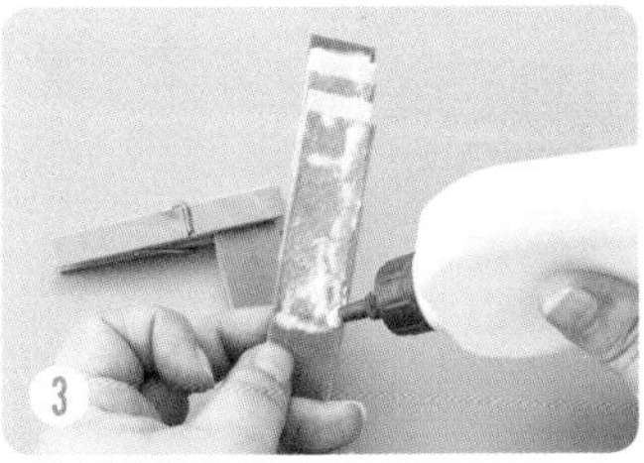

貼《は》り重ねた❷の端《はし》から6~7cm程《ほど》の範《はん》囲《い》に接着剤《せっちゃくざい》を塗《ぬ》る。

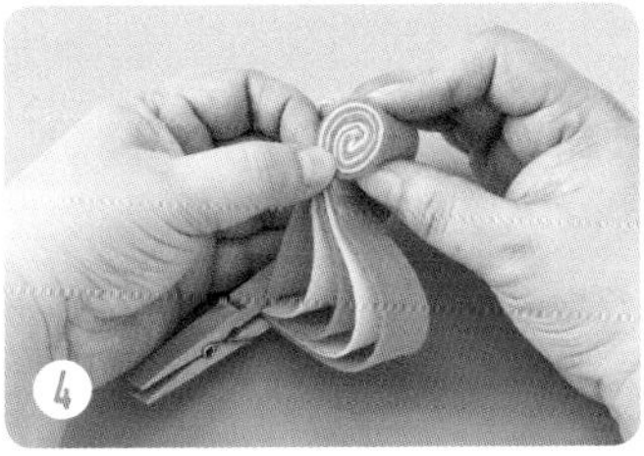

うずまき状《じょう》にしっかり巻《ま》いていく。2.5cmくらいの円にする。

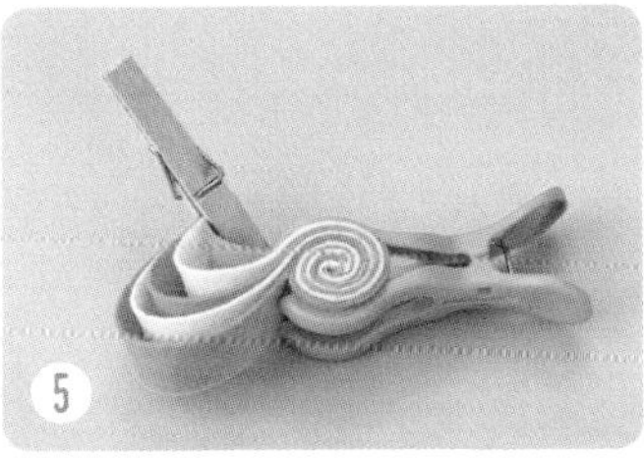

洗濯《せんたく》バサミ（大）ではさんで乾《かわ》かす。

頭

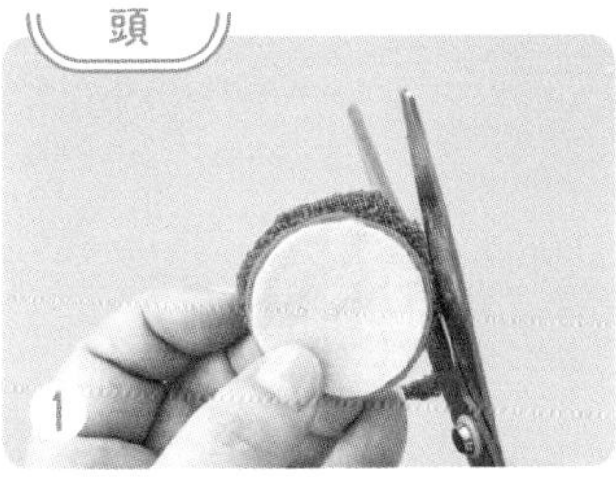

耳を作る。頭用のフェルトを、クリーム色は3.5cm、オレンジは4cmの円形に切る。タオル生地（オレンジ）と重ねて接着剤《せっちゃくざい》で貼《は》り、オレンジのフェルトに合わせてタオル生地を切る。

11月

りすのつづき

頭のつづき

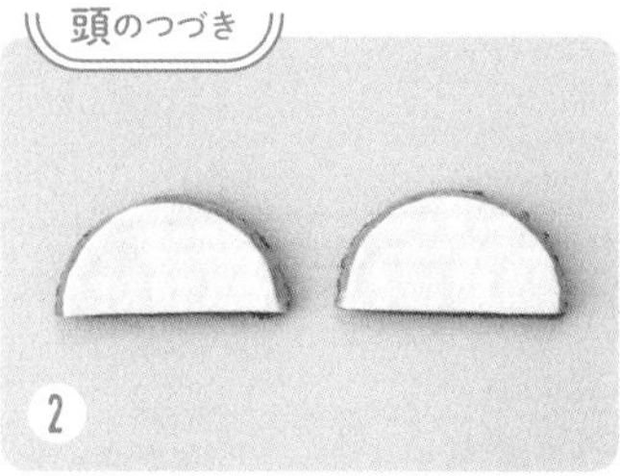

タオル生地がほつれないよう、切り口にうすく接着剤《せっちゃくざい》を塗《ぬ》っておく。乾《かわ》いたら半円に切る。

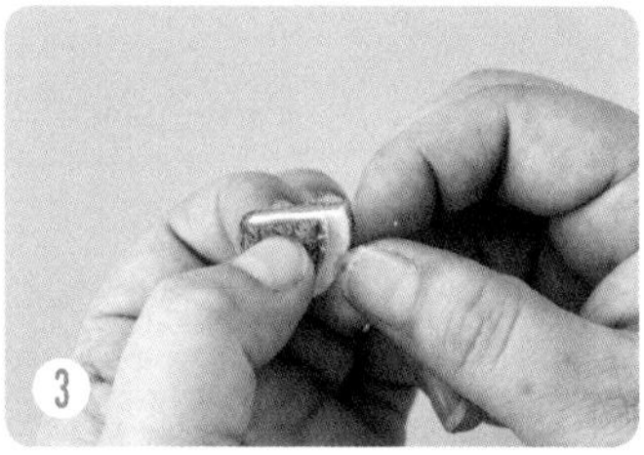

❷を3mm程《ほど》ずらして折《お》り、接着剤《せっちゃくざい》で貼《は》ってピンチではさんで乾《かわ》かす。もうひとつも左右対称《たいしょう》になるように折《お》って乾《かわ》かす。

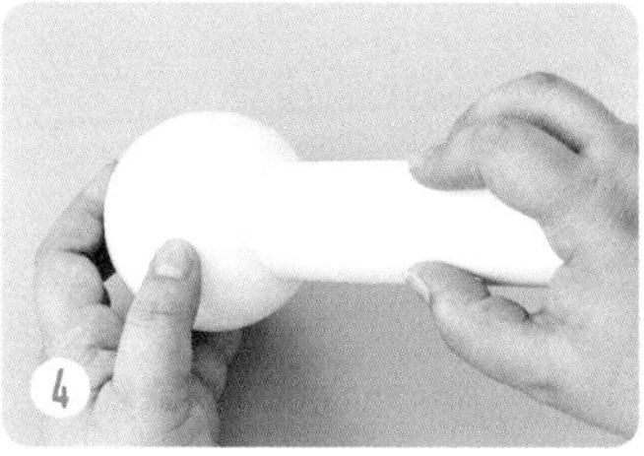

直径《ちょっけい》7.5cmの発泡《はっぽう》スチロールのボールに、トイレットペーパーの芯《しん》を押《お》しつけて円形の跡《あと》をつける。

大人と一緒《いっしょ》に

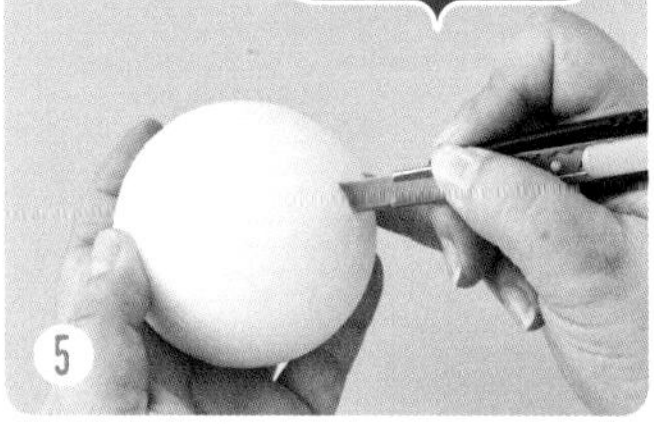

❹でつけた跡《あと》の部分をくりぬいてくぼみを作る。カッターを斜《なな》めに差《さ》し込《こ》み、1周《しゅう》する。

丸くくりぬいたところ。

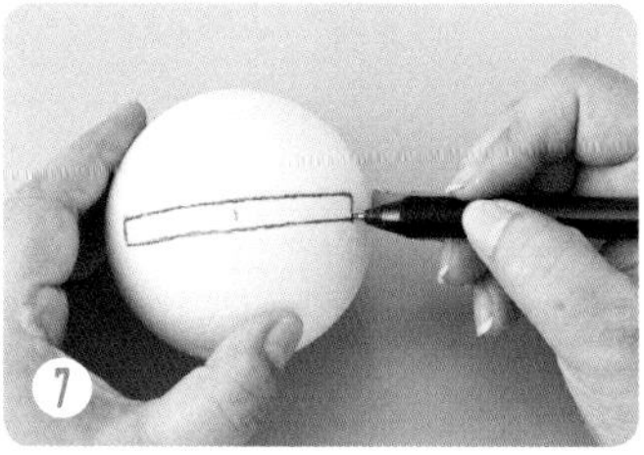

くぼみを下にして置《お》き、上側《うわがわ》をメジャーで測《はか》って0.4×7cmの細長い四角形の目印《めじるし》を書く。これが耳を差《さ》し込《こ》む溝《みぞ》になる。

大人と一緒《いっしょ》に

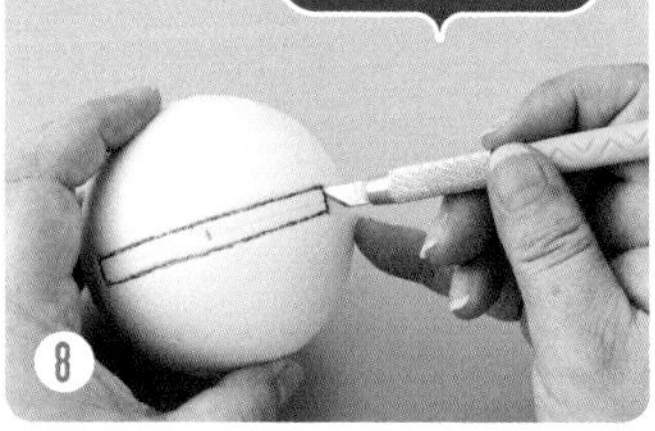

❼でつけた目印《めじるし》にデザインナイフで深さ1cm程《ほど》切り込《こ》みを入れ、溝《みぞ》を作る。

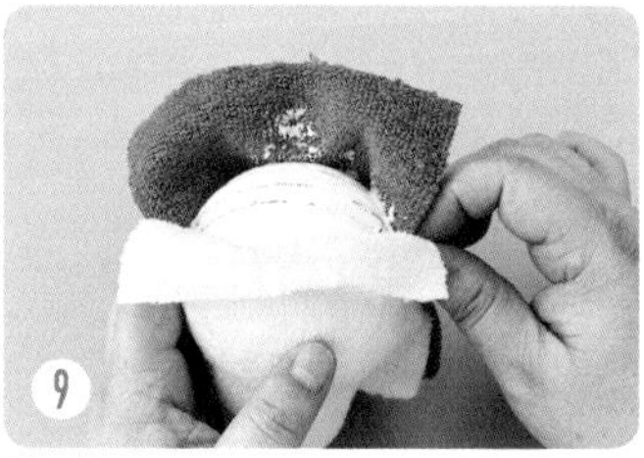

溝《みぞ》を境《さかい》として、半分の面に接着剤《せっちゃくざい》を塗《ぬ》る。13×13cmのタオル生地（オレンジ）を貼《は》り、もう半分にはクリーム色を貼《は》り、2枚《まい》で包《つつ》むようにする。

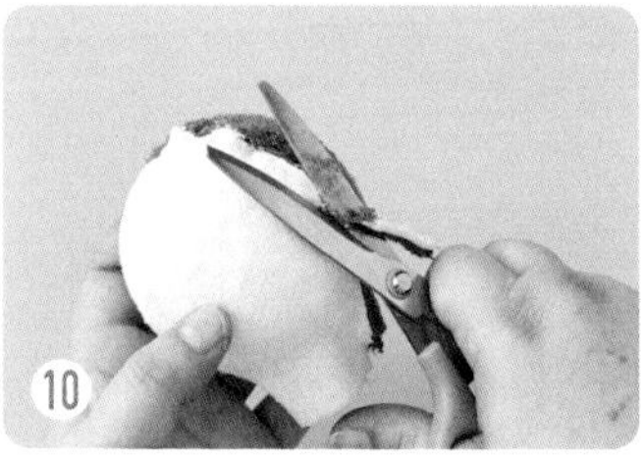

しわにならないように整え、生地の余《あま》った部分を切り、生地のつなぎ目を指で押《お》さえてなじませる。何度かに分けて行うときれいにできる。

下のくぼみのところは、はみ出した生地を1cm程《ほど》に切りそろえて、くぼみ側《がわ》に折《お》り込《こ》んで接着剤《せっちゃくざい》で貼《は》る。

溝《みぞ》のところにはみ出した生地は、そのままピンセットで押《お》し込《こ》む。

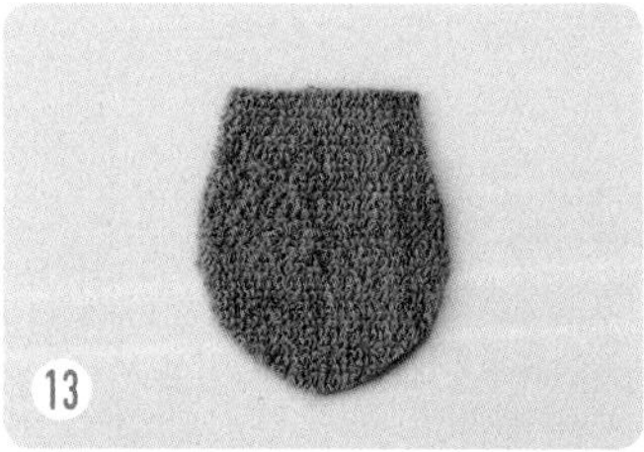

顔の模様《もよう》を作る。タオル生地（オレンジ・6×5cm）を型紙《かたがみ》に合わせて切る。

体

大人と一緒《いっしょ》に

⓭を頭に接着剤《せっちゃくざい》で貼《は》る。端《はし》は溝《みぞ》に0.5～1cm程《ほど》入れ込《こ》む。タオル生地がほつれないように切り口にうすく接着剤《せっちゃくざい》を塗《ぬ》る。

⓮で貼《は》ったタオル生地の端《はし》を溝《みぞ》に押《お》し込《こ》む。さらに溝《みぞ》の両端《りょうたん》に接着剤《せっちゃくざい》を入れ、左右の耳を差《さ》し込《こ》む。目と鼻はフェルト（黒）で作って貼《は》る。

直径《ちょっけい》5cmの発泡《はっぽう》スチロールのボールに、ペットボトルのキャップを押《お》しつけて円形の跡《あと》をつける。カッターで跡《あと》から先を切り落とす。

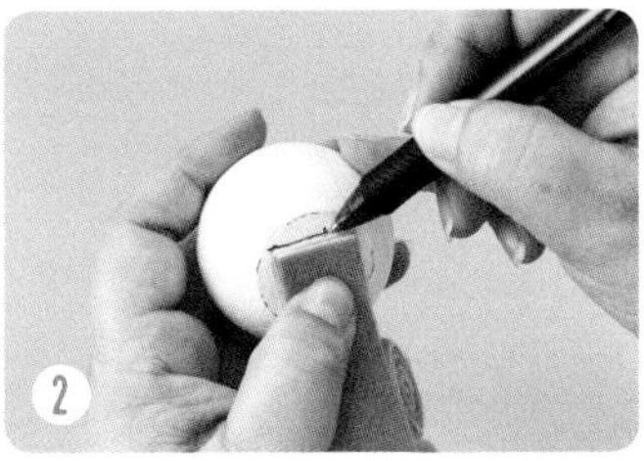

しっぽの付《つ》け根をおさめるくぼみをつけるため、❶で作った底面《ていめん》に、しっぽの端《はし》をあてて目印《めじるし》を書く。

大人と一緒《いっしょ》に

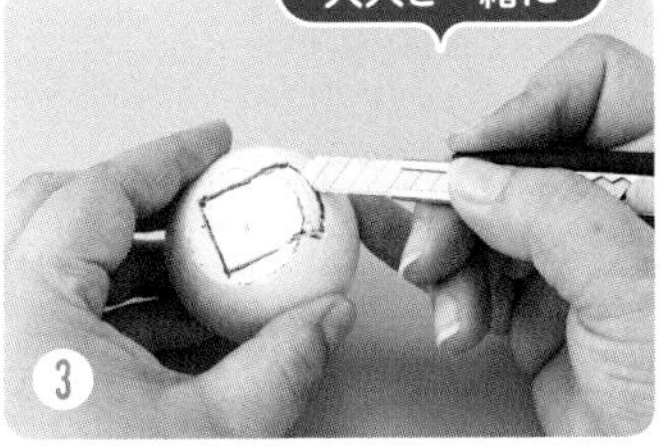

カッターで1cm程《ほど》の深さに切りぬく。

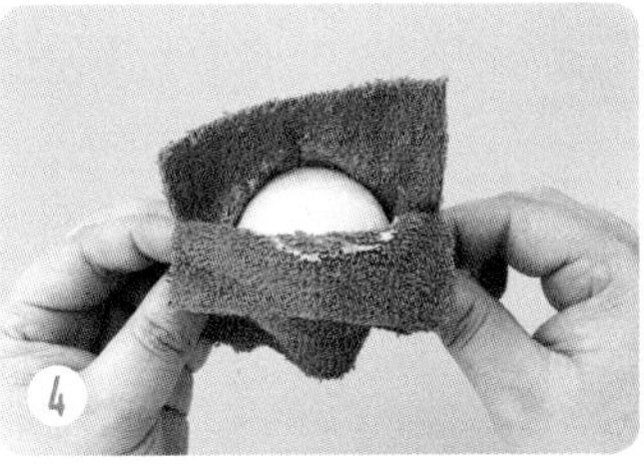

頭と同様に、9×9cmのタオル生地（オレンジ）2枚《まい》でボールを包《つつ》む。余《あま》った生地は切り、つなぎ目をきれいになじませる。

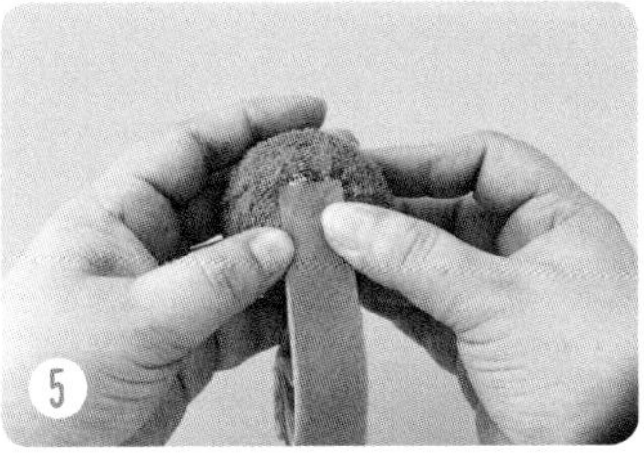

底《そこ》になる面は、はみ出した生地を1cm程《ほど》に切りそろえて接着剤《せっちゃくざい》で貼《は》る。くぼみにも生地を入れ込《こ》み、さらにしっぽを押《お》し込《こ》む。

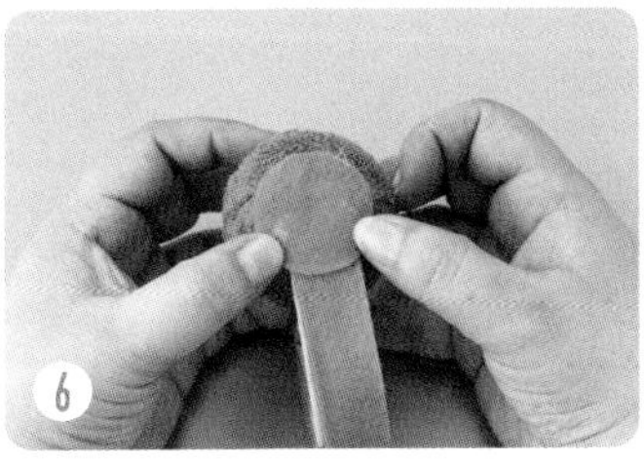

体用のフェルトを3.5cmの円形に切る。しっぽを押《お》し込《こ》んだ底《そこ》の面に、接着剤《せっちゃくざい》で貼《は》りつける。

タオル生地（クリーム色）を3.5cmの円形に切る。体の中央に貼《は》り、お腹《なか》にする。フチにうすく接着剤《せっちゃくざい》を塗《ぬ》っておく。

仕上げ

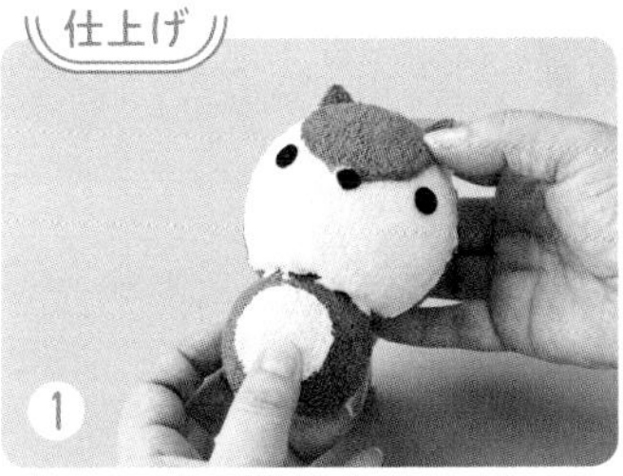

頭と体がしっかり乾《かわ》いたら、接着剤《せっちゃくざい》でくっつける。

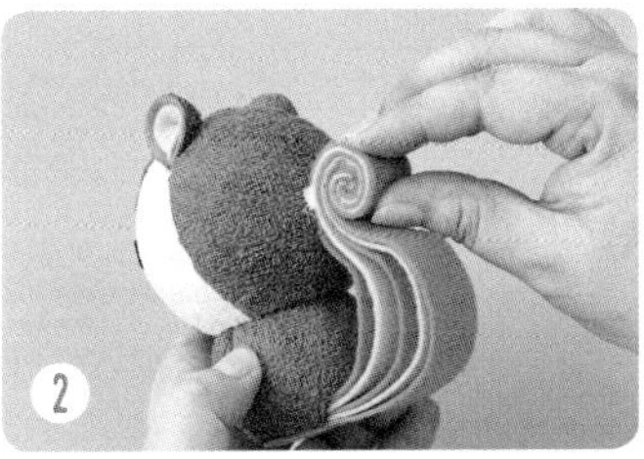

写真のように、頭の後ろにしっぽの端《はし》を接着剤《せっちゃくざい》で貼《は》る（くっつきにくい場合は、グルーガンを使う）。しっかり乾《かわ》かす。

できあがり

12月

作品→ P.27 ｜ 型紙《かたがみ》→ P.118

ローズ・ツリー

材料《ざいりょう》

- 画用紙（赤・24×12㎝）…1枚《まい》（土台用）
  （赤・八つ切り）…約《やく》4枚《まい》（ローズ用）
- トイレットペーパーの芯《しん》…1本
- あさひも（または紙ひも）
- リボン（飾《かざ》り用）

道具

- えんぴつ
- はさみ
- 丸箸《ばし》
- のり
- ものさし
- 両面テープ
- グルーガン
- コンパス
- つまようじ

動画《どうが》はこちら

作り方

土台

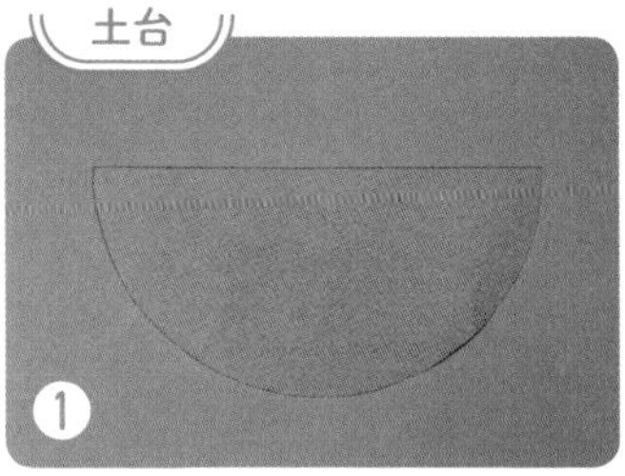

1 画用紙を型紙《かたがみ》に合わせて切る（直径《ちょっけい》24㎝の半円）。

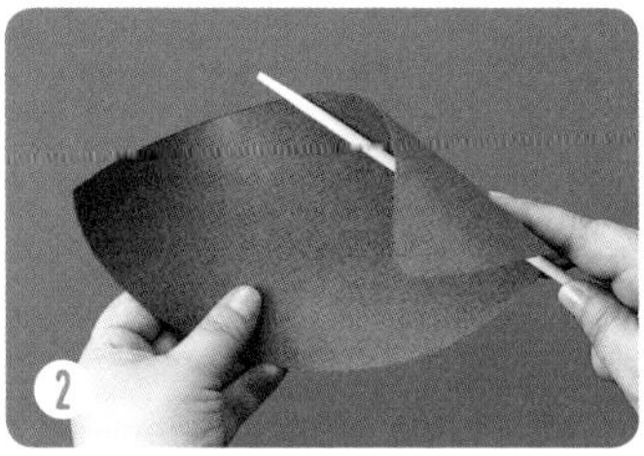

2 丸箸《ばし》でしごいて丸みをつける。

3 ¼の範囲《はんい》にのりを塗《ぬ》り、円すい状《じょう》になるように貼《は》り合わせる。

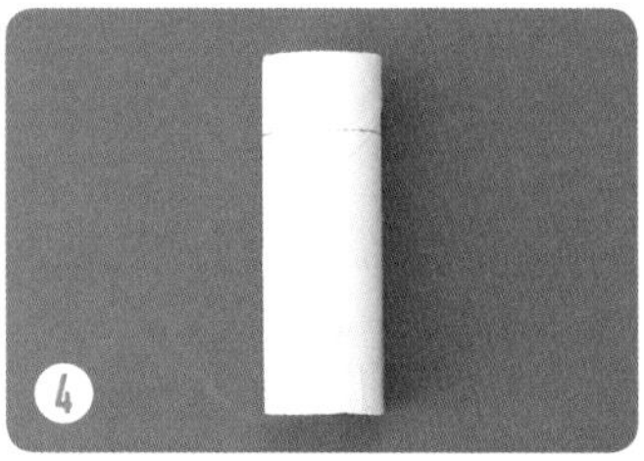

4 トイレットペーパーの芯《しん》の端《はし》から2.5㎝のところに目印《めじるし》をつける。反対側《はんたいがわ》は、端《はし》から4～5㎝の範囲《はんい》に両面テープを貼《は》る。

5 両面テープのはくり紙をはがして、あさひもまたは紙ひもを巻《ま》きつける。

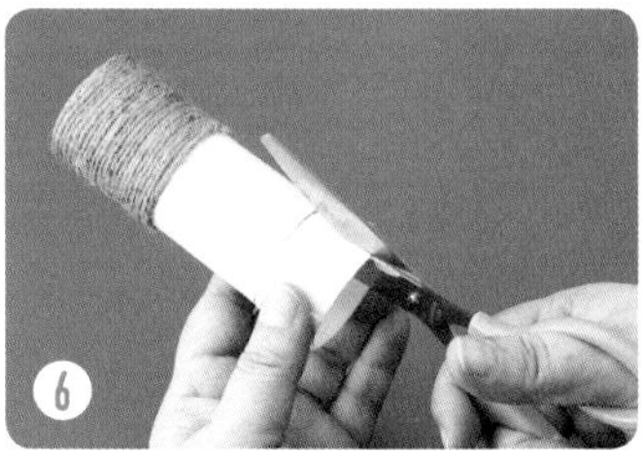

6 反対側《はんたいがわ》は目印《めじるし》の線まで、等間隔《とうかんかく》で8か所くらい切り込《こ》みを入れる。

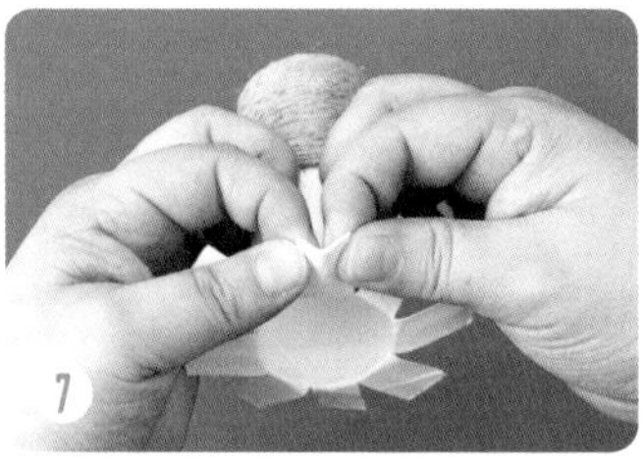

7 切り込《こ》みを入れた部分を外側《そとがわ》に折《お》り、丸みを伸《の》ばしてできるだけ平らになるようくせをつける。

大人と一緒《いっしょ》に

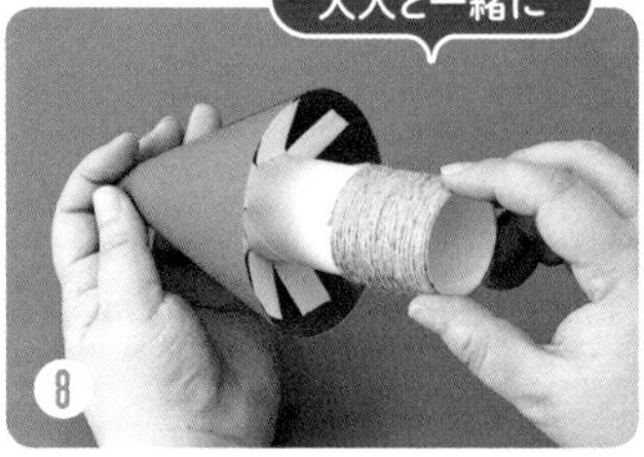

8 折《お》り返したところにグルーガンをつけ、❸の円すいに差《さ》し込《こ》んで固定《こてい》する。ツリーの土台の完成《かんせい》。

ペーパーローズ

1 画用紙を直径《ちょっけい》8㎝の円に切り、うず巻《ま》き状《じょう》にはさみで切り込《こ》みを入れる。

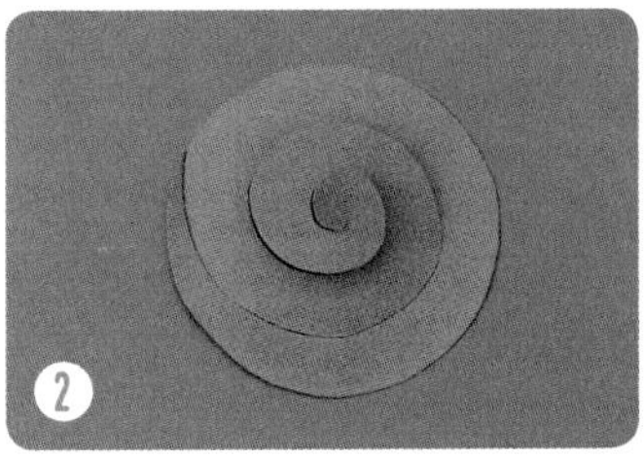

切《き》り込《こ》みを入れたところ。

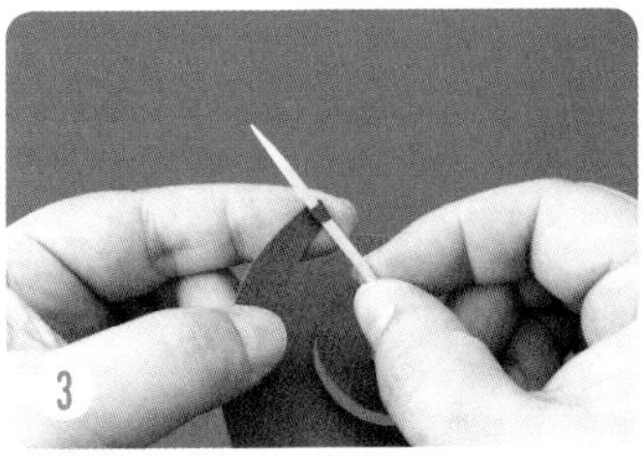

外側《そとがわ》からクルクルと、ローズの形になるように巻《ま》いていく。始めは巻《ま》きづらいので、つまようじを使って巻《ま》く。

途中《とちゅう》でつまようじを抜《ぬ》いて、さらに巻《ま》きつける。

大人と一緒《いっしょ》に

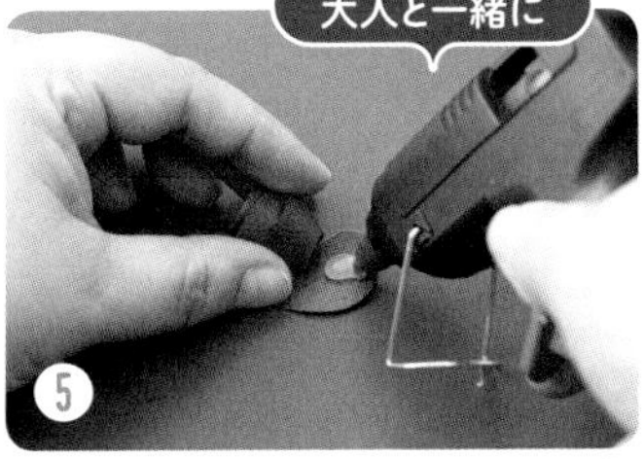

少し巻《ま》きぐせをゆるめて、画用紙の最《さい》後《ご》にグルーガンで巻《ま》いた部分を貼《は》る。

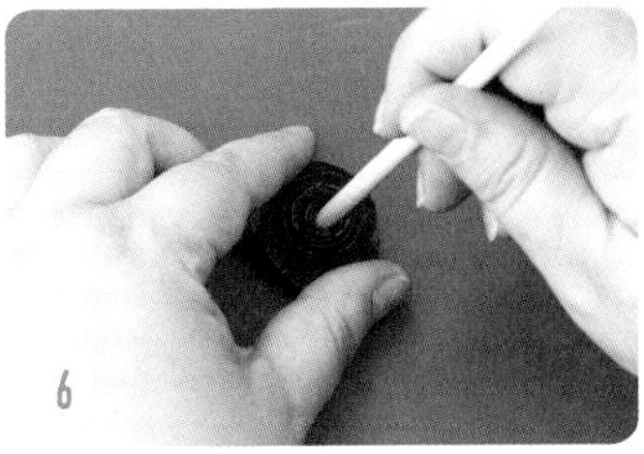

固《かた》まり切らないうちに、丸箸《ばし》で中央を押《お》さえて形を整えると完成《かんせい》。これを50個程《こほど》作る。

仕上げ

大人と一緒《いっしょ》に

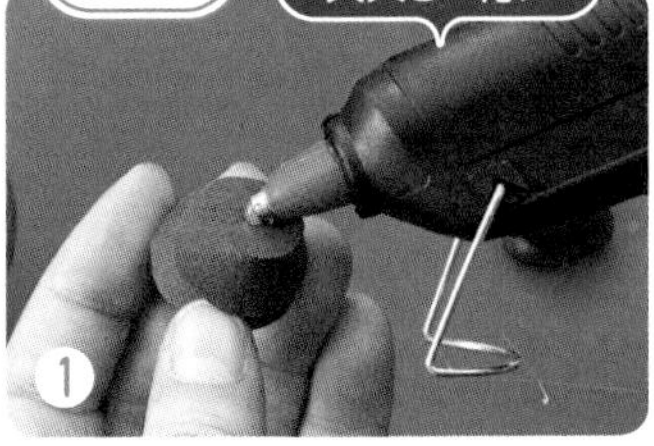

ツリーの土台にローズをグルーガンで貼《は》りつけていく。

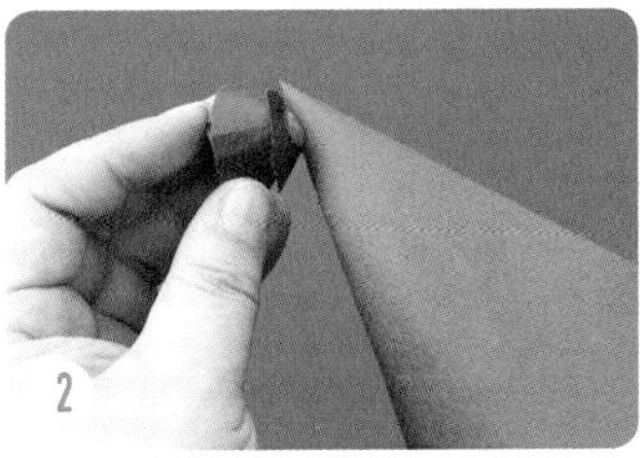

ツリーの頂点《ちょうてん》から貼《は》っていく。

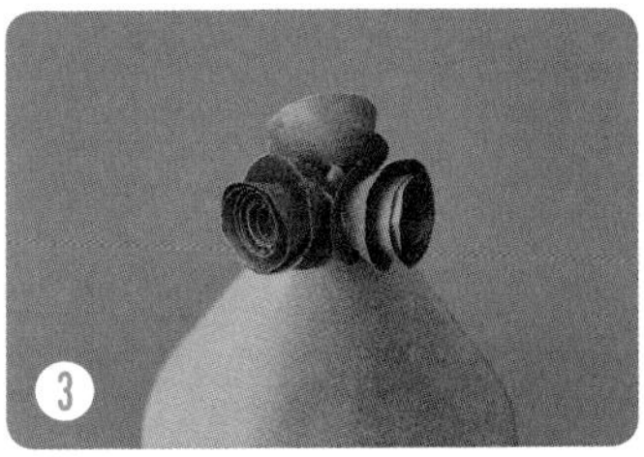

頂点《ちょうてん》に3つ等間隔《とうかんかく》になるように貼《は》ると、バランスがよくなる。

できるだけすき間なく貼《は》っていく。

下まで貼《は》ったら、頂点《ちょうてん》にリボンをつける。全体のバランスを見て、すき間があれば市販《しはん》の木の実やビーズなどを貼《は》る。

できあがり

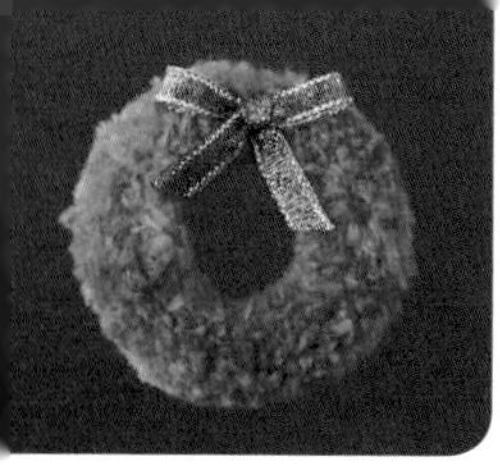

12月

作品→ P.26

毛糸のミニリース

材料《ざいりょう》

- 毛糸（白）
- アレンジワイヤー（または細めの針金《はりがね》）…1本（36㎝）
- レース糸
- リボン（飾《かざ》り用）

道具

- トイレットペーパーの芯《しん》
- はさみ
- 両面テープ（1〜1.5㎝幅）
- ものさし（2本）
- ペンチ（2本）
- ニッパー

動画《どうが》はこちら

作り方

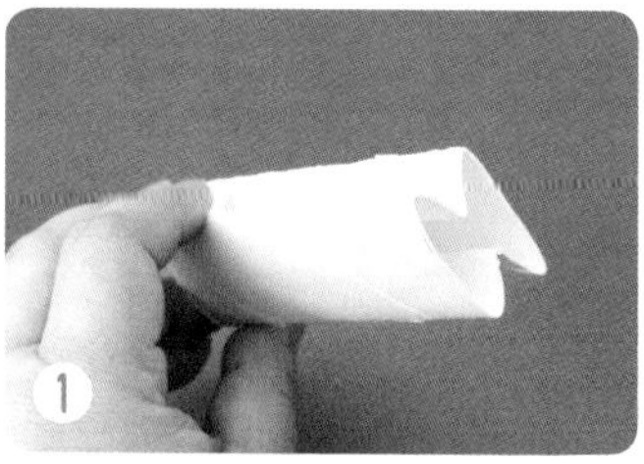

トイレットペーパーの芯《しん》を写真のように、真ん中に溝《みぞ》を作るようにつぶす。

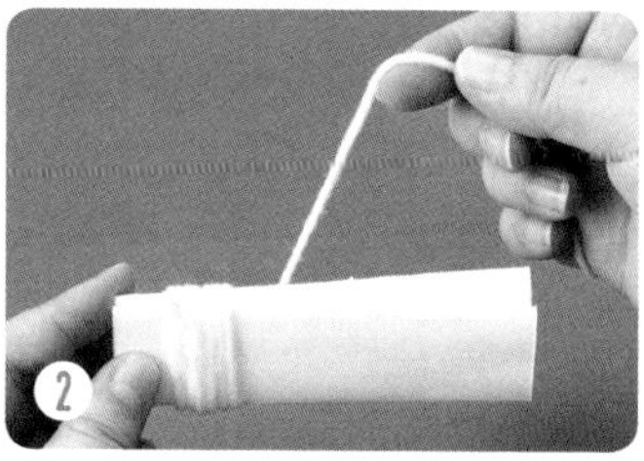

❶に、ぐるぐると毛糸を巻《ま》きつけていく。

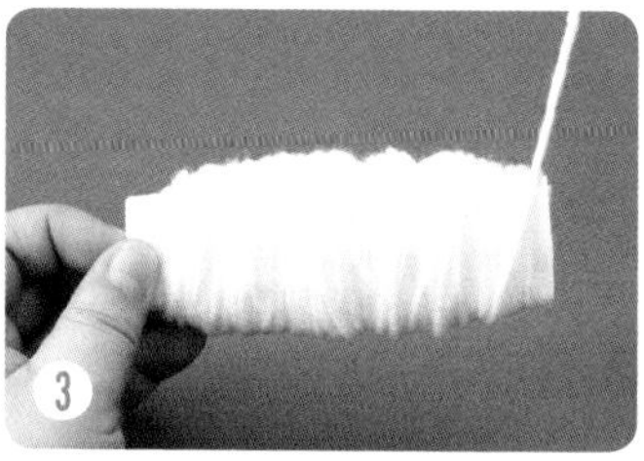

写真くらいのボリュームになるよう、くり返し巻《ま》きつける。

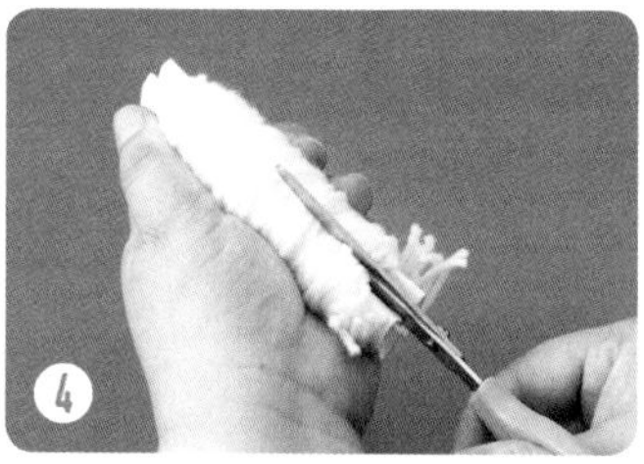

つぶしたトイレットペーパーの芯《しん》の溝《みぞ》にはさみを差《さ》し込《こ》んで、毛糸の両端《りょうたん》を切る。

短く長さのそろった毛糸ができる。

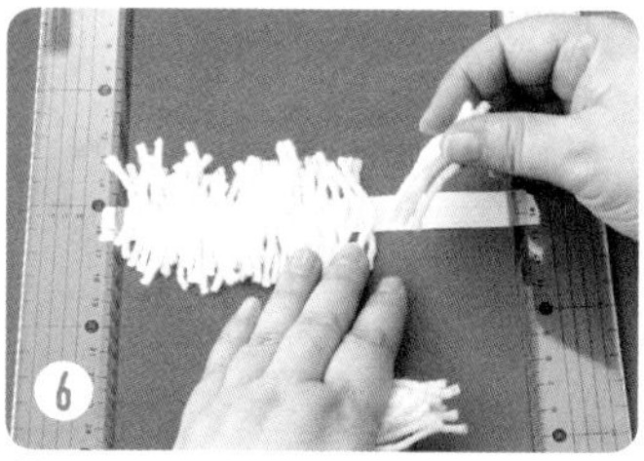

約《やく》18㎝にカットした両面テープの接《せっ》着《ちゃく》面を上にして、ものさしで両端《りょうたん》を押《お》さえる。接着《せっちゃく》面に❺の毛糸を置《お》いていく。

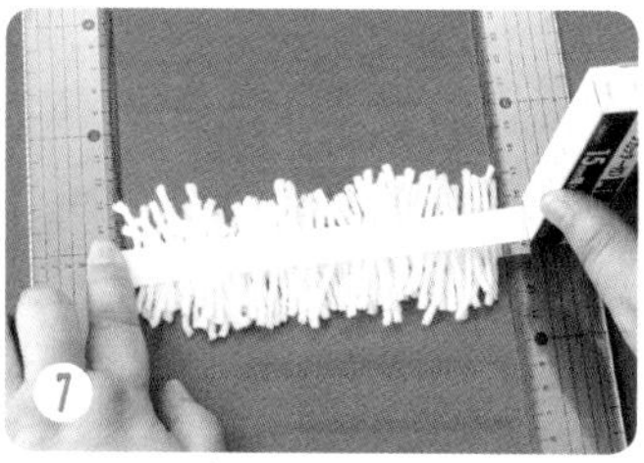

すき間なく置《お》いた毛糸の上に、両面テープを貼《は》る。貼《は》りつけた両面テープのはくり紙をはがす。

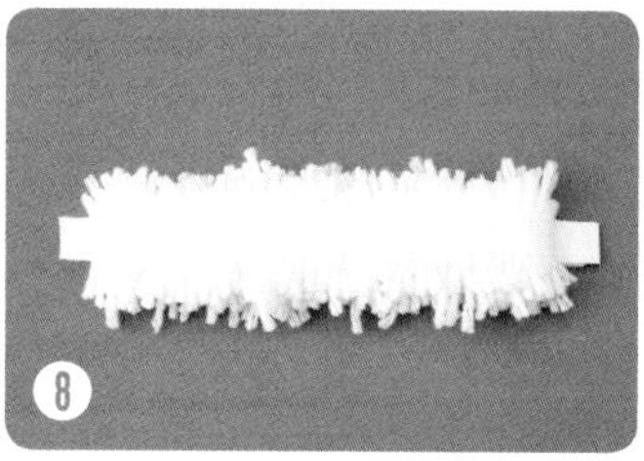

❻〜❼の工程《こうてい》をくり返す。3回終わったらものさしを外し、両面テープの端《はし》を押《お》さえて密着《みっちゃく》させる。

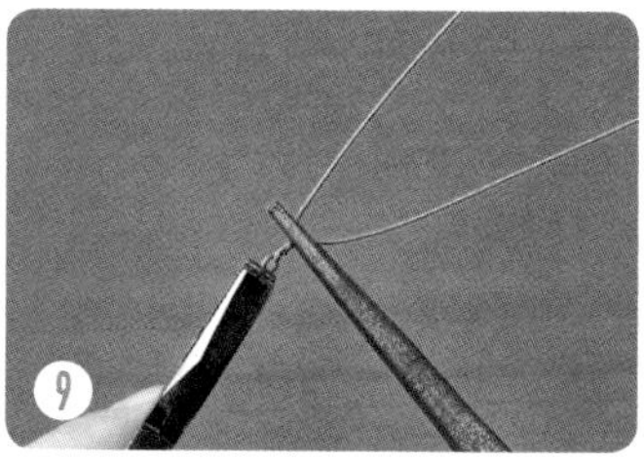

アレンジワイヤーを2つ折《お》りにし、折《お》り返したところをひねって小さな輪《わ》にする。ペンチを2本使うとやりやすい。

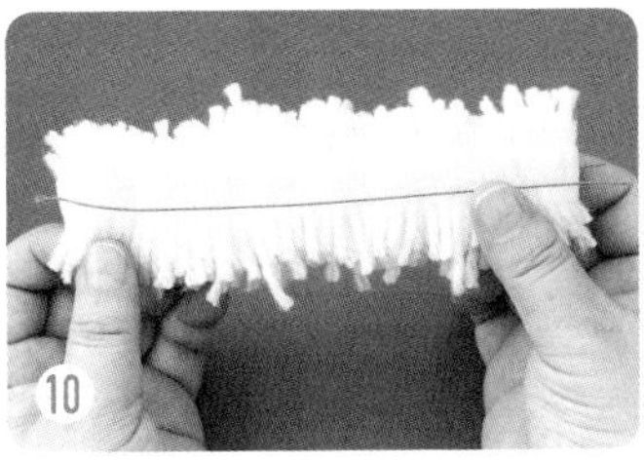

ワイヤーを開き、❽のはくり紙をはがしてはさむ。

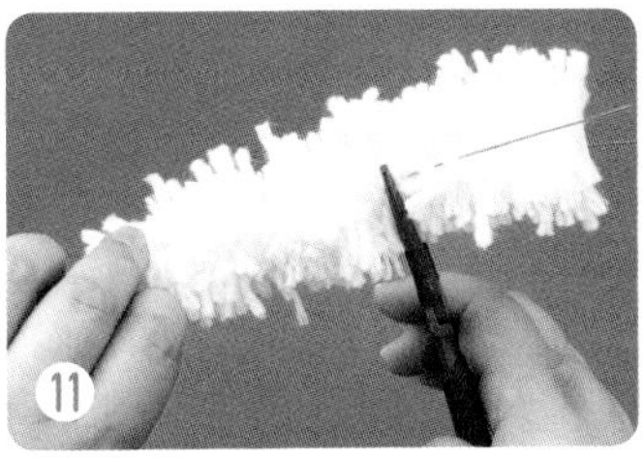

❾で作った輪《わ》を持ち、毛糸をはさんだワイヤーをねじっていく。

最後《さいご》までねじったところ。ワイヤーの余《あま》った部分はそのままにしておく。

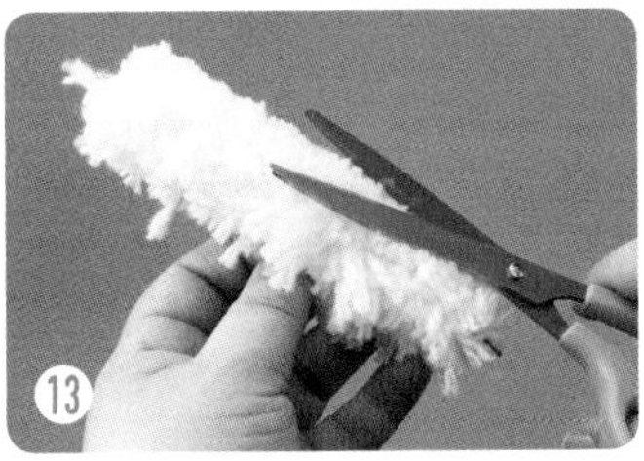

毛糸の長さをはさみできれいに切りそろえる。

棒状《ぼうじょう》に切りそろえたところ。

⓮をリース状《じょう》に曲げ、端《はし》の穴《あな》の中に反対の端《はし》を入れてひねる。余《あま》ったワイヤーをニッパーで切り、切り口を内側《うちがわ》に倒《たお》す。

はさみでもう一度リースの形を整え、ワイヤーの輪《わ》の位置《いち》でレース糸を結《むす》ぶ。つなぎ目を隠《かく》すようにリボンをつける。

POINT

ツリーに飾《かざ》るのにぴったりな小さなリース。リボンやビーズなどで自由にデコレーションして。緑や赤の毛糸もおすすめ！

\ できあがり /

12月

作品→ P.27

卵《たまご》型《がた》のクリスマス・オーナメント

動画《どうが》はこちら

材料《ざいりょう》

- 画用紙
  (青・10.7×15cm)…1枚《まい》
  (青・約《やく》4×8cm)…1枚《まい》
  (水色・6.4×25cm)…1枚《まい》
  (白・6.4×25cm)…1枚《まい》
- 折《お》り紙(好《す》きな柄《がら》)…1枚《まい》
- トイレットペーパーの芯《しん》…1本
- 段《だん》ボール(約《やく》8×8cm)…1枚《まい》
- リボン…約《やく》20cm

道具

- ものさし
- えんぴつ
- 両面テープ
- のり
- はさみ(またはカッター)
- コンパス
- 接着剤《せっちゃくざい》
- 千枚通《せんまいどお》し
- アレンジワイヤー(または細めの針金《はりがね》)

作り方

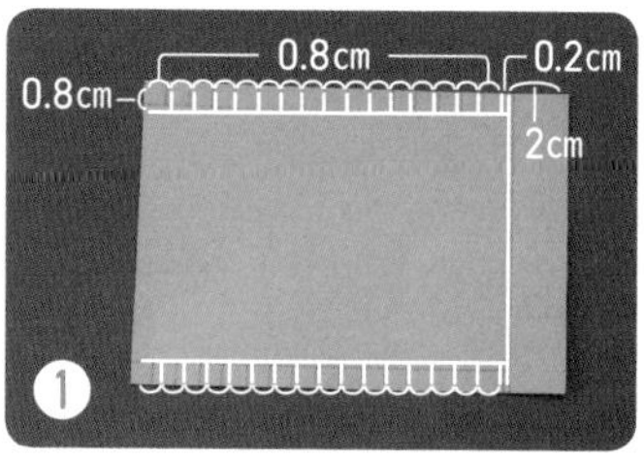

10.7×15cmの画用紙に写真のように目印《めじるし》をつける。右端《みぎはし》にのりしろ2cm、上下に0.8cm幅《はば》。左端《ひだりはし》から0.8cmきざみで目印《めじるし》を入れていく。

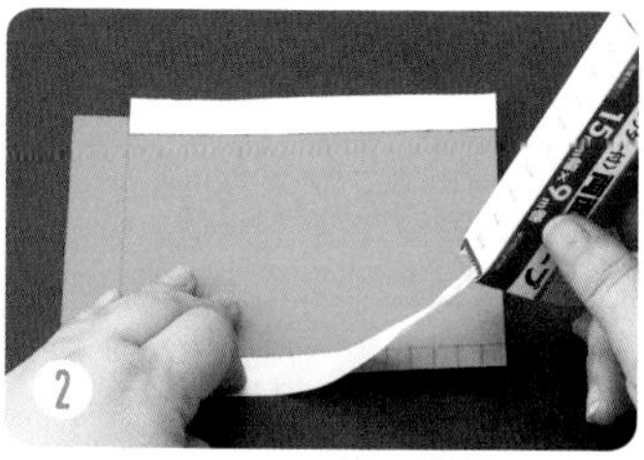

画用紙の上下0.8cm幅《はば》の目印《めじるし》の部分に、両面テープを貼《は》る。はみ出た部分は、はさみで切りとる。

折《お》り紙を9.1×13cmのサイズに切り、両面テープを裏面《うらめん》の4辺《へん》に貼《は》る。はくり紙をはがし、写真のように❷に貼《は》る。

❸を裏返《うらがえ》し、短い辺《へん》の両端《りょうたん》に両面テープを貼《は》る。長さ11cmに切ったトイレットペーパーの芯《しん》に巻《ま》きつけるように1周貼《しゅうは》る。

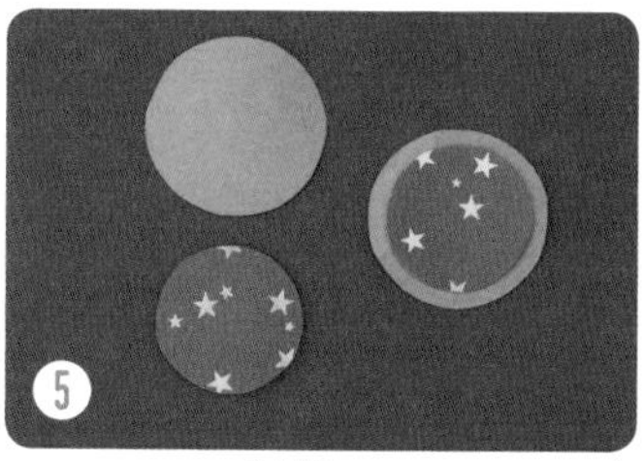

画用紙(青)を直径《ちょっけい》4cmの円形に、折《お》り紙を直径《ちょっけい》3.9cmの円形に切る。のりで貼《は》り重ねる。これを2つ作る。

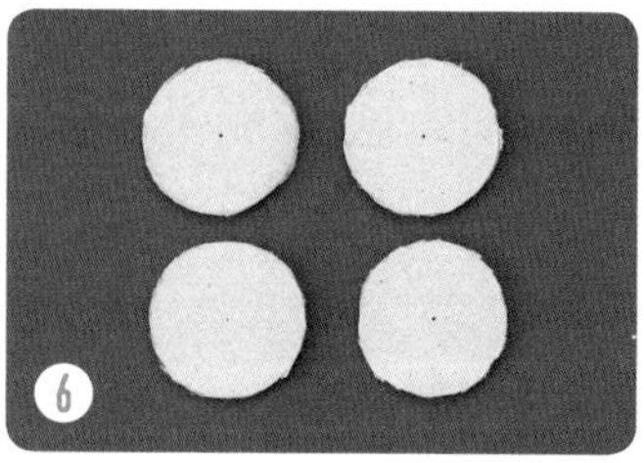

トイレットペーパーの芯《しん》の太さに合わせて、段《だん》ボールを円形に切る。4つ作る。

❻の段《だん》ボール2枚《まい》を、接着剤《せっちゃくざい》で❺の裏《うら》面《めん》にそれぞれ貼《は》る。

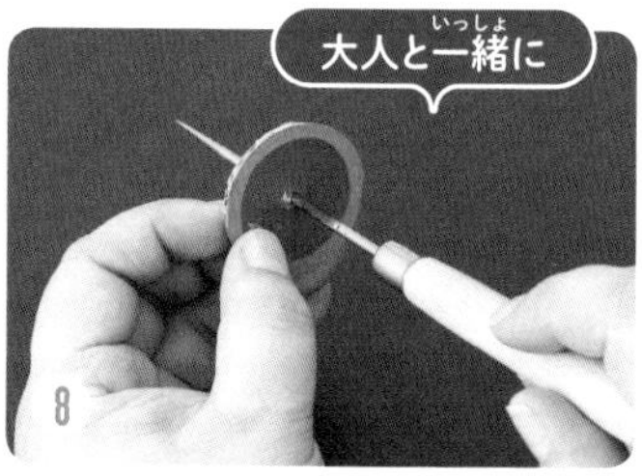

接着剤《せっちゃくざい》が乾《かわ》いたら、❼の中心に千枚《せんまい》通《どお》しで穴《あな》をあける(穴《あな》をあけるのは1枚《まい》だけ)。

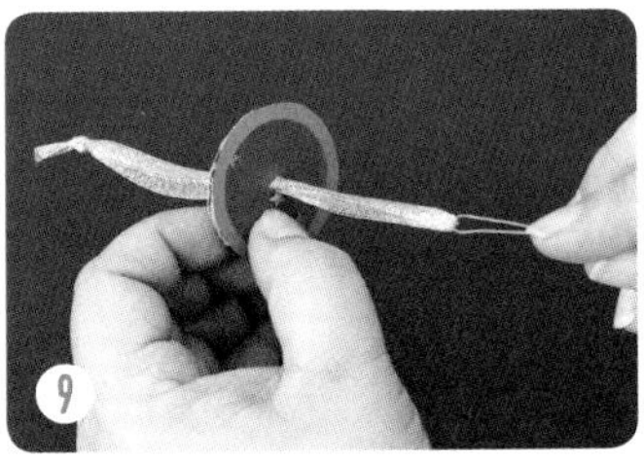

リボンを結《むす》んで輪《わ》にする。アレンジワイヤーに引っかけて、❽の穴《あな》に通す。

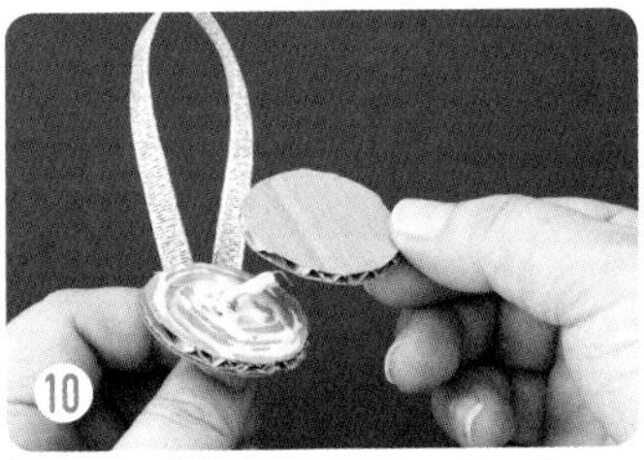

結《むす》び目を隠《かく》すようにもう1枚《まい》の段《だん》ボールを接着剤《せっちゃくざい》で貼《は》る。もう1組はリボンなしで作る。

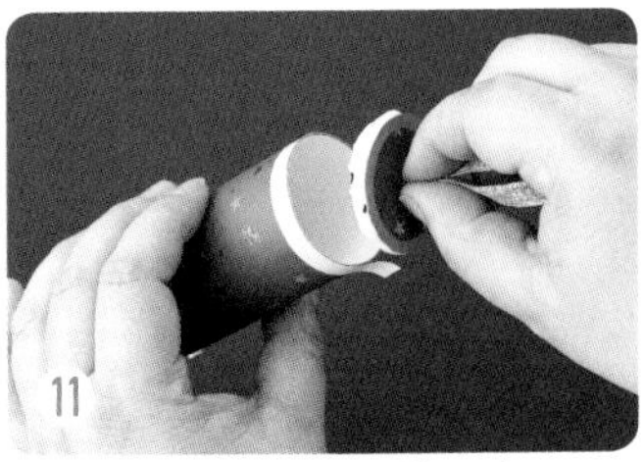

段《だん》ボールの断面《だんめん》に接着剤《せっちゃくざい》を塗《ぬ》り、❹で作った筒《つつ》の上下にはめ込《こ》むように貼《は》りつける。

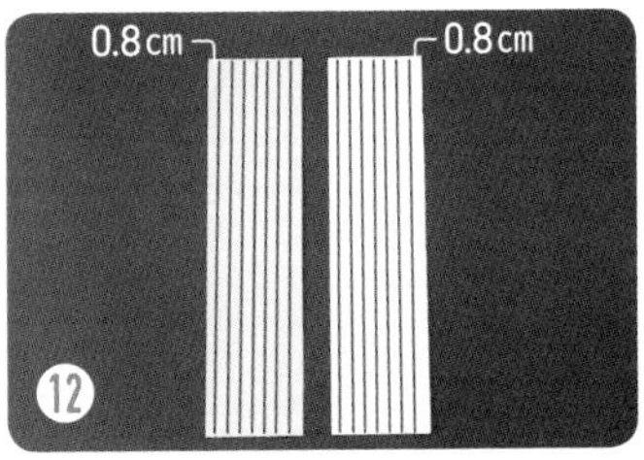

画用紙（水色）（白）にそれぞれ写真のように8㎜幅《はば》の目印《めじるし》をつける。

目印《めじるし》通りに、画用紙を細長く切る。

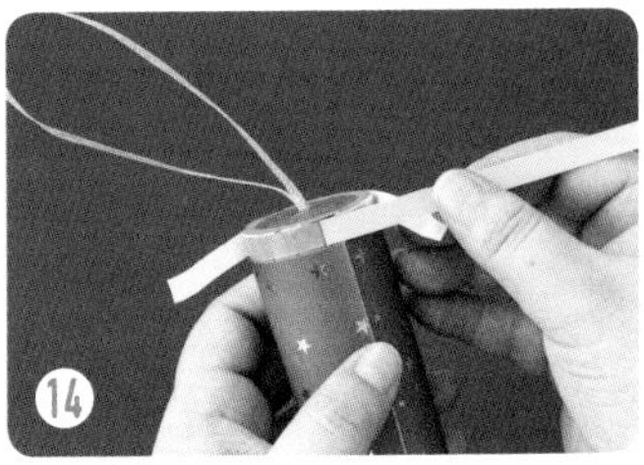

⓫の上側《うわがわ》の両面テープのはくり紙を少しはがし、水色の画用紙を目印《めじるし》に合わせて貼《は》る（青い画用紙のつなぎ目からスタートする）。

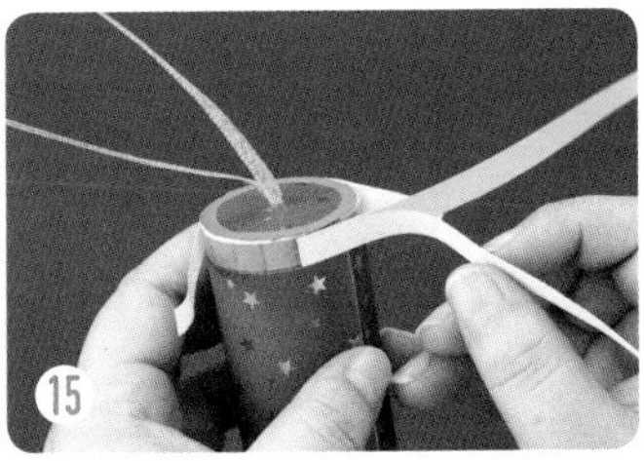

左隣《どなり》の目印《めじるし》に合わせて、⓭の画用紙（白）を貼《は》る。

水色と白の画用紙を交互《こうご》に、目印《めじるし》に合わせて貼《は》っていく。1周《しゅう》すべて貼《は》り終わったところ。

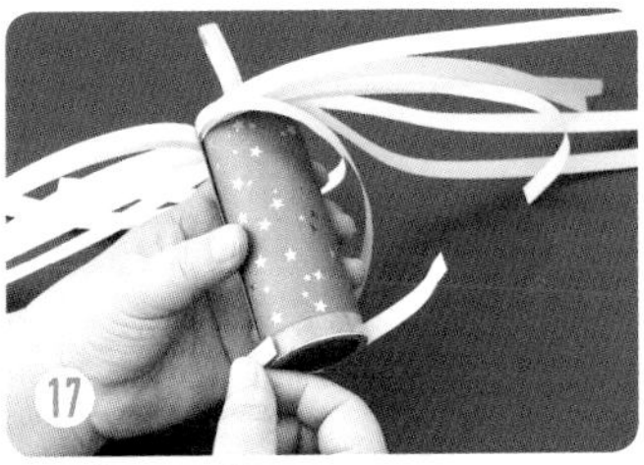

⓮で貼《は》った1枚《まい》目の画用紙をぐるりと1周《しゅう》させ、筒《つつ》の下側《したがわ》の目印《めじるし》に合わせて貼《は》る（今度も青い画用紙のつなぎ目からスタート）。

次の画用紙（白）を⓱と同様に1周《しゅう》させ、最初《さいしょ》に貼《は》った水色の右隣《みぎどなり》に貼《は》る。これをくり返していく。

POINT

天井《てんじょう》から吊《つ》るすと、ふるふるとゆれるきれいなオーナメント。⓱のスタート位置《いち》によって完成《かんせい》サイズが変《か》わるから試《ため》してみて！

＼できあがり／

12月

作品→ P.27

クリスマスの星

材料《ざいりょう》

- 折《お》り紙…5枚《まい》
- リボン

道具

- のり
- クラフトパンチ

動画《どうが》はこちら

作り方

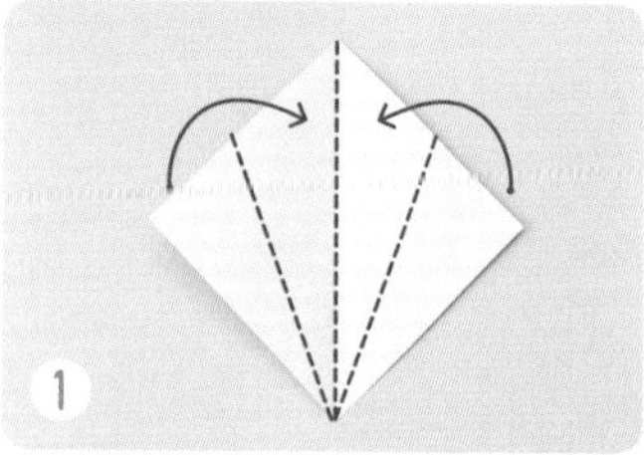

折《お》り紙を対角線に折《お》り、いったん開く。中央の折《お》り目に、左右の辺《へん》を合わせて折《お》る。

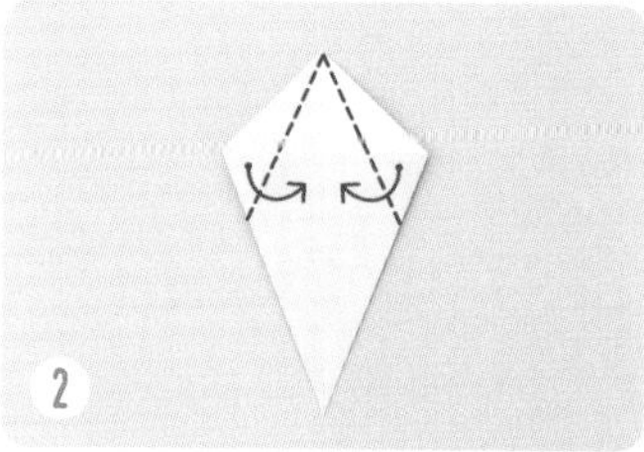

上の辺《へん》も同じように、左右から中央の折《お》り目に合わせて折《お》る。

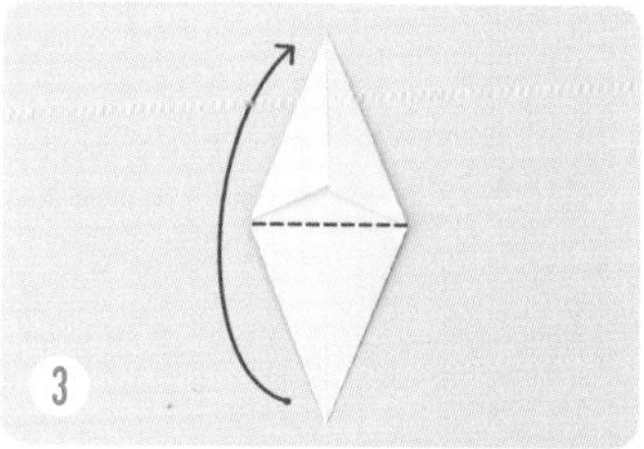

下の角を後ろから上に持ち上げ、半分に折《お》る。

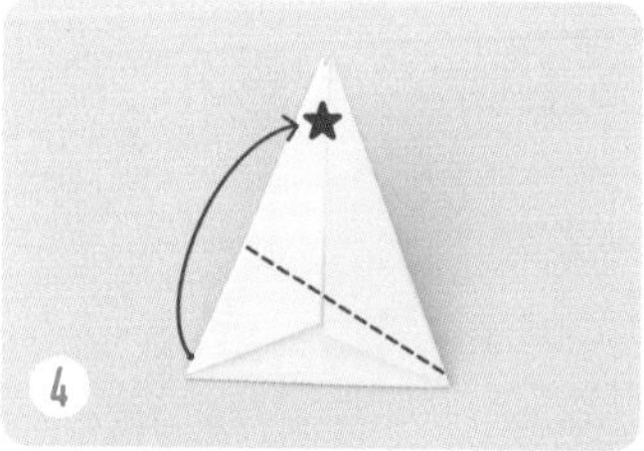

左下の角を手前側《がわ》から折《お》りたたみ、中央の★の線に合わせる。このとき、後ろ側《がわ》の三角形は一緒《いっしょ》に折《お》らず、下に伸《の》ばす。

折《お》っているところ。

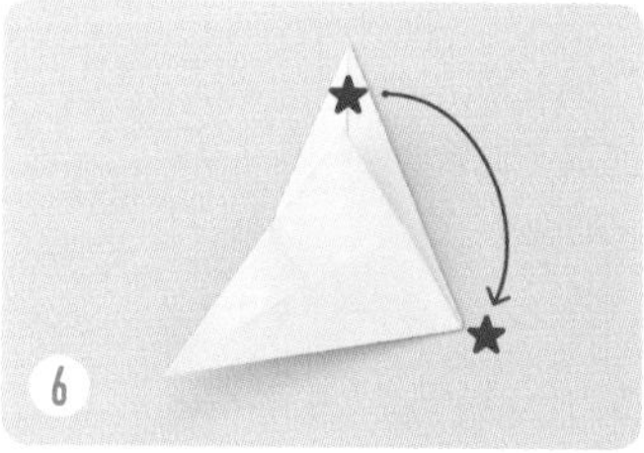

折《お》ったところ。角の中に指を入れて開き、★を重ねるように倒《たお》す。

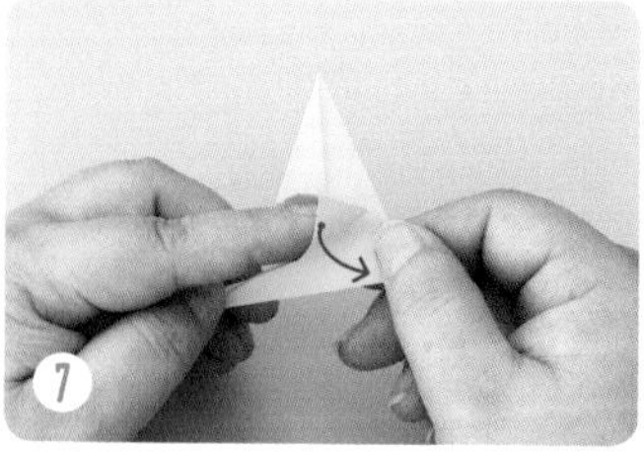

開いているところ。上部は右の辺《へん》に合わせるように、下側《したがわ》は下の辺《へん》に合わせるようにたたむ。

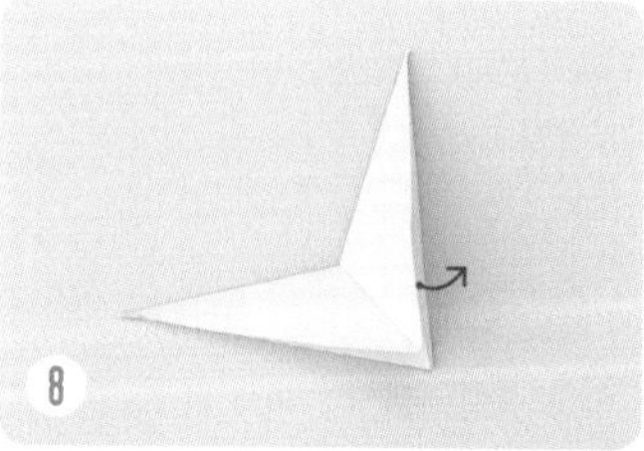

折《お》り終わった形。上に突《つ》き出した部分を右側《みぎがわ》から開き、中にたたまれている三角の部分を引き出す。

手前側《がわ》も同様に引き出す。

パーツのできあがり。これを5つ作る。

❽～❾で引き出した部分の裏表《うらおもて》にのりを塗《ぬ》って、次のパーツに差《さ》し込《こ》んで貼《は》る。

5つのパーツを次々《つぎつぎ》差《さ》し込《こ》み貼《は》っていくと、立体的《てき》な星になる。

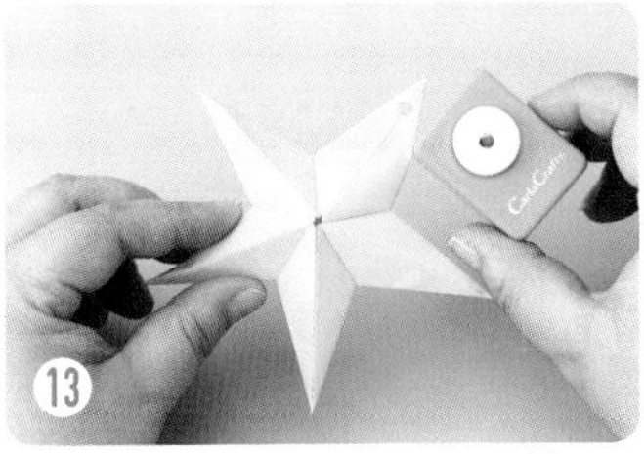

頂点《ちょうてん》の1つにクラフトパンチで穴《あな》を開け、リボンを通す。

小さいサイズの折《お》り紙（7.5×7.5㎝）で、約《やく》10㎝の星ができる。通常《つうじょう》サイズ（15×15㎝）の折《お》り紙なら約《やく》20㎝の大きな星に。

＼できあがり／

POINT

メタリック系《けい》の折《お》り紙で作るのもきれいです。大小たくさん作って、クリスマスパーティーをにぎやかに！

12月

作品→ P.26

ベル

材料《ざいりょう》

- デコレーションボール（直径約《ちょっけいやく》1cm）…2個《こ》
- アレンジワイヤー（18cm）…2本
- 画用紙（緑・10×5cm）…1枚《まい》
  （赤・10×5cm）…1枚《まい》
- リボン（飾《かざ》り用）
- 木の実の飾《かざ》り（あれば）

道具

- 接着剤《せっちゃくざい》
- ものさし
- コンパス
- はさみ
- 丸箸《ばし》
- のり
- ペンチ
- ペン

動画《どうが》はこちら

作り方

デコレーションボールにアレンジワイヤーを刺《さ》し通す。ワイヤーの先端《せんたん》は1cm程度《ていど》曲げ、接着剤《せっちゃくざい》をつけておく。

画用紙を直径《ちょっけい》10cmの半円に切る。丸箸《ばし》で丸みをつける。

半円の$\frac{1}{3}$の範囲《はんい》にのりを塗《ぬ》り、円すい状《じょう》に貼《は》り合わせる。

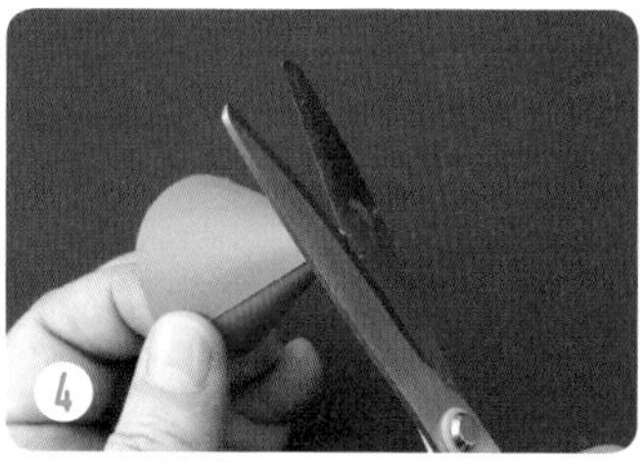

円すいの先端《せんたん》をはさみで少し切り、アレンジワイヤーが通るくらいの穴《あな》をあける。

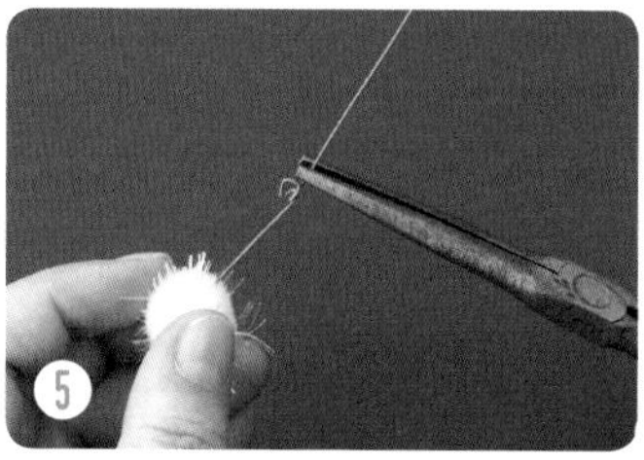

❶のワイヤーを❹に刺《さ》す。ボールが半分のぞく位置《いち》にくるよう、ワイヤーに輪《わ》を作ってストッパーにする。

❹に❺を刺《さ》してベルがひとつ完成《かんせい》。同様にもう1つ作り、2つで1セットにする。ベルは色違《いろちが》いでもOK。

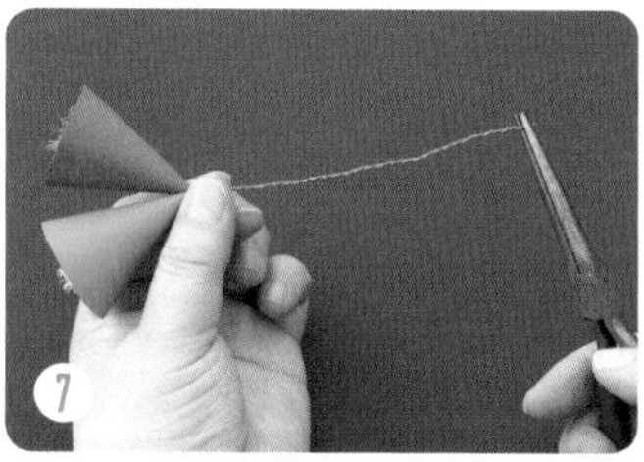

2つのベルから伸《の》びるアレンジワイヤーを合わせ、端《はし》までひねる。

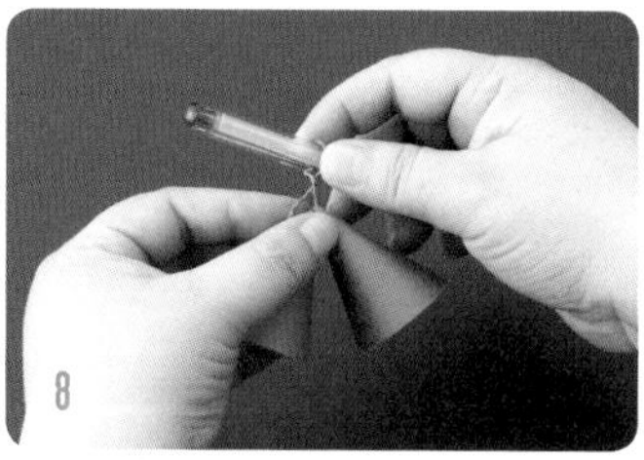

ペンの軸《じく》を使い❼のワイヤーの中央に輪《わ》を作り、余分《よぶん》なワイヤーは切る。リボンや市販《しはん》の木の実の飾《かざ》りをつける。

＼できあがり／

型紙《かたがみ》の使い方

112~118ページの型紙《かたがみ》の使い方を紹介《しょうかい》します。いくつかの方法《ほうほう》があるので、やりやすい方法《ほうほう》や作品に合った方法《ほうほう》で作ってください。

使い方❶

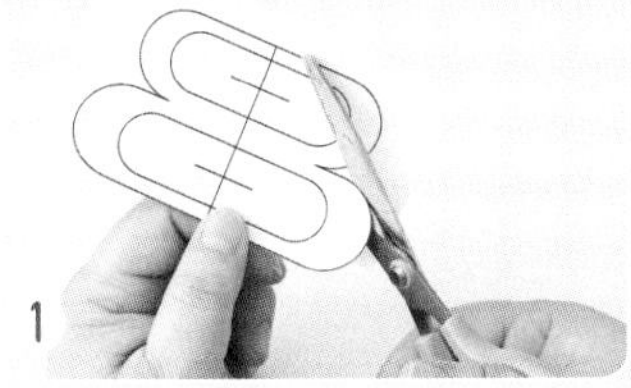

型紙《かたがみ》をコピーして、はさみで切る。

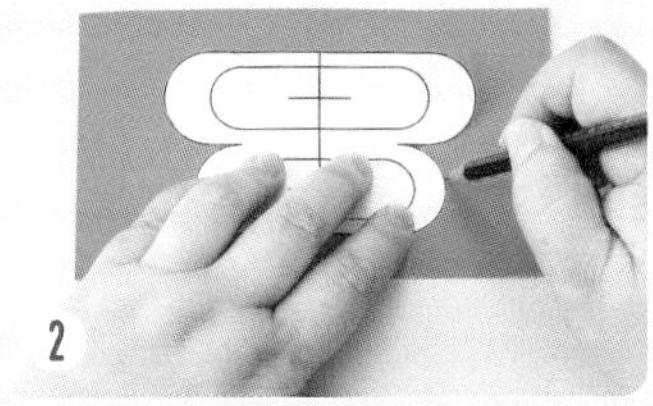

切った型紙《かたがみ》を紙や布《ぬの》に重ねて写しとる。

書いた線の通りにはさみで切る。

使い方❷

型紙《かたがみ》をコピーして紙に重ね、ピンチでとめる。型紙《かたがみ》の線の通りに紙を一緒《いっしょ》に切る。

使い方❸

厚紙《あつがみ》を用意する。型紙《かたがみ》をコピーしてはさみで切り、厚紙《あつがみ》に重ねて写しとる。

書いた線の通りに厚紙《あつがみ》を切る。

厚紙《あつがみ》を画用紙に重ねて、えんぴつで線を引く。

画用紙を3~4枚《まい》分折《お》り重ねて、書いた線のとおりにはさみで切る。一度で3~4枚《まい》ができる。厚紙《あつがみ》を使って、必《ひつ》要《よう》な枚数《まいすう》分くり返す。

POINT

使い方❸は、同じ型紙《かたがみ》でたくさん切りたいときにGOOD! えんぴつでなぞった線は、消しゴムで消しておくと仕上がりがきれいです。

型《かた》紙《がみ》

本書で紹介《しょうかい》している作品の型紙《かたがみ》です。実寸《じっすん》大でコピーしてお使いください。
型紙《かたがみ》のくわしい使い方は、111ページで確認《かくにん》してください。

雪だるま

|作り方→ P.36|

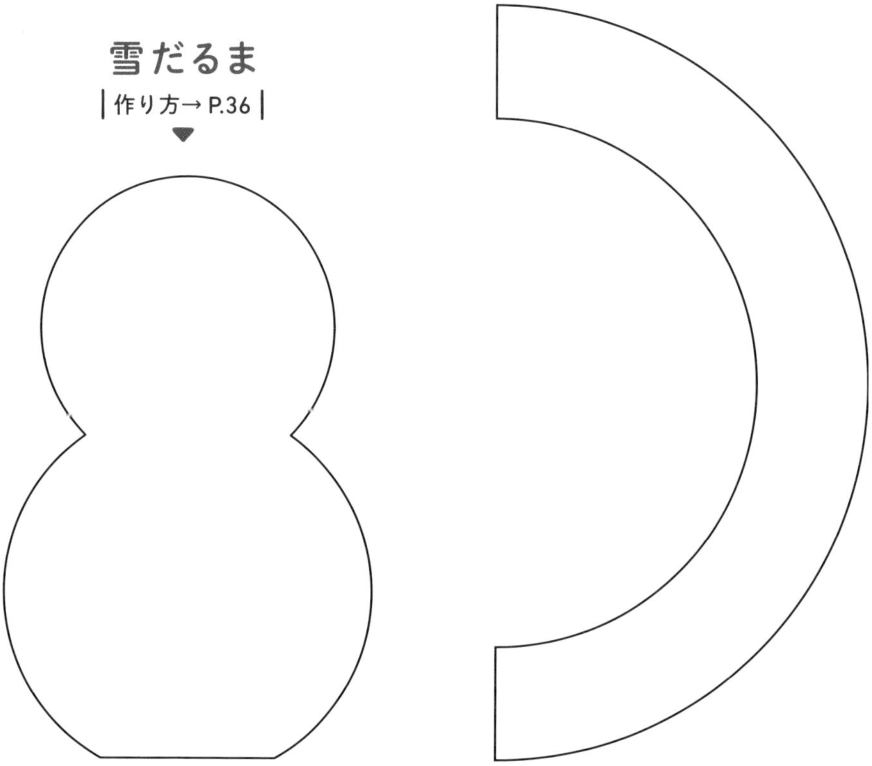

立体のハート

|作り方→ P.40|

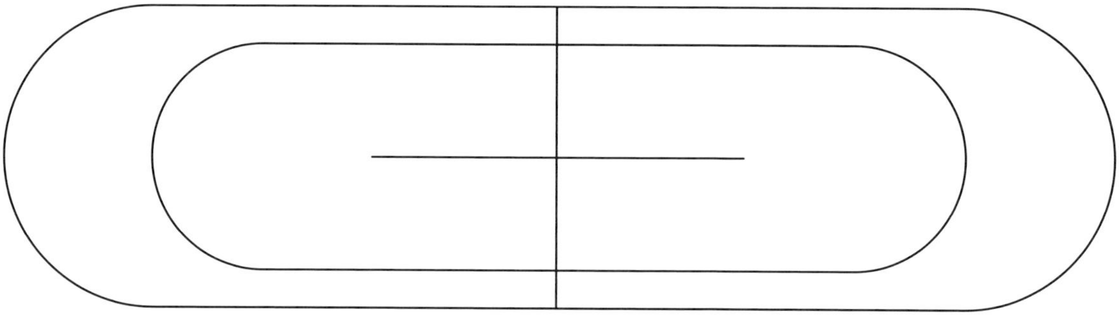

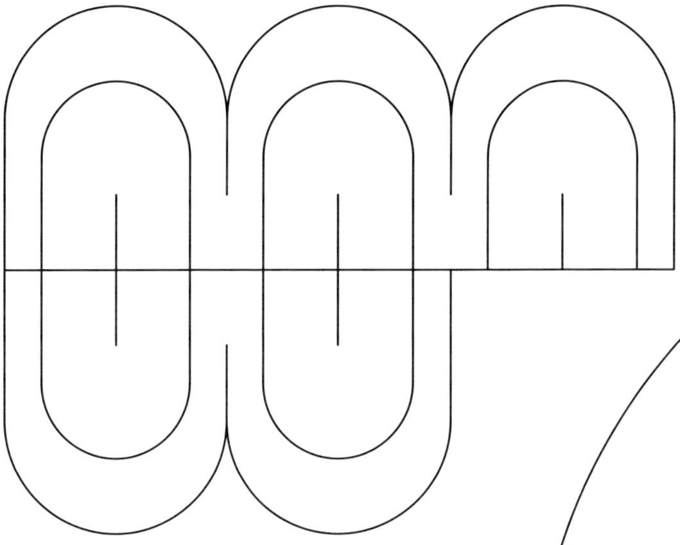

◀ 梅《うめ》の花

| 作り方→ P.42 |

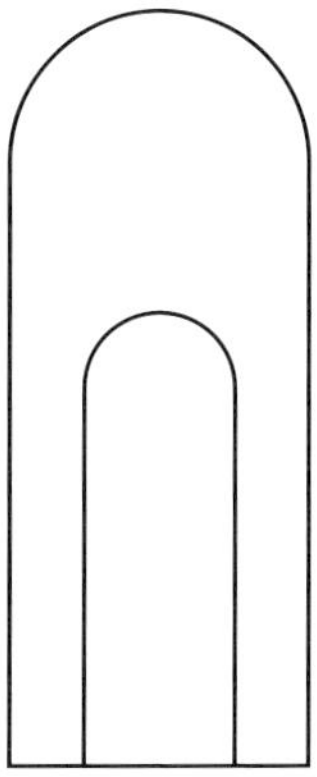

うさぎの
ひな人形
（耳・体）▶

| 作り方→ P.43 |

※体の右側《がわ》の辺《へん》は
破《は》線《せん》で切ってください。

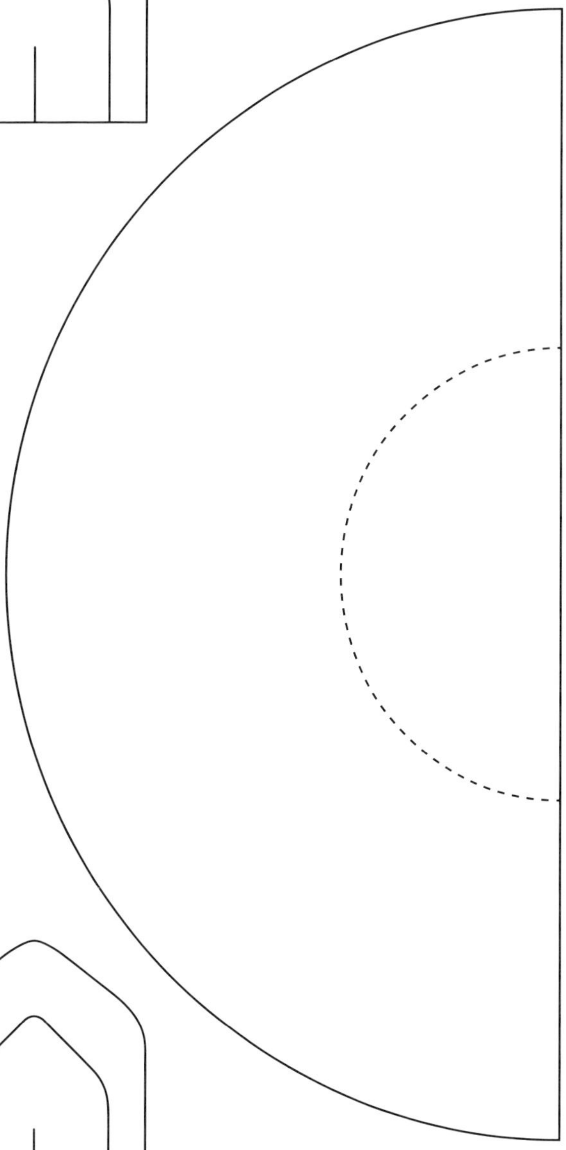

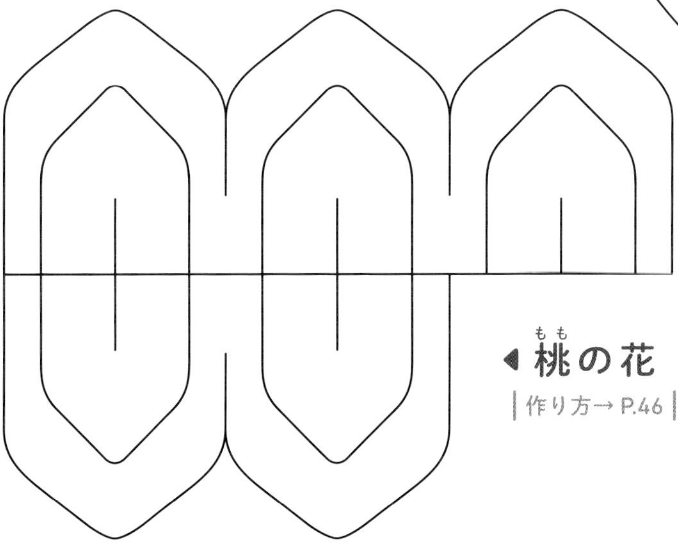

◀ 桃《もも》の花

| 作り方→ P.46 |

▲
アイスクリーム
（コーン）

| 作り方→ P.80 |

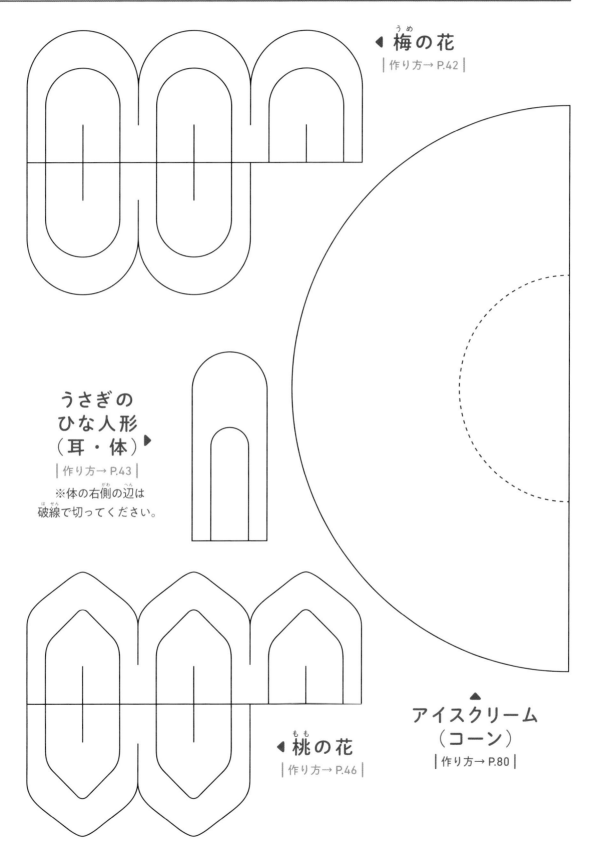

型《かた》紙《がみ》

桜《さくら》の花①

作り方→ P.52

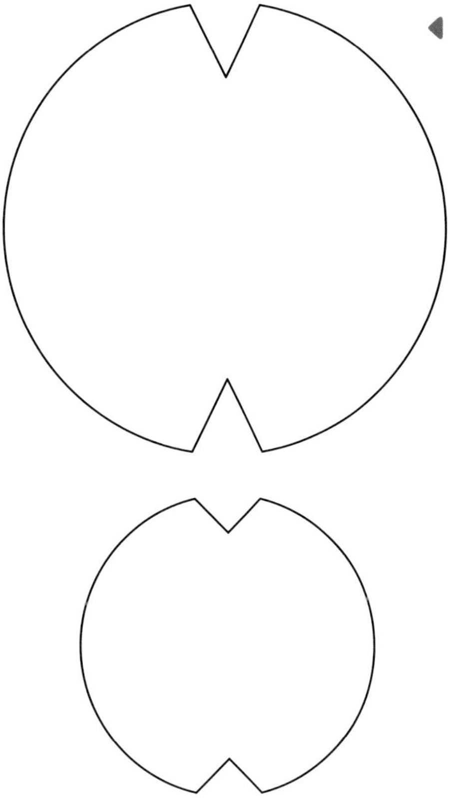

桜《さくら》の花②

作り方→ P.53

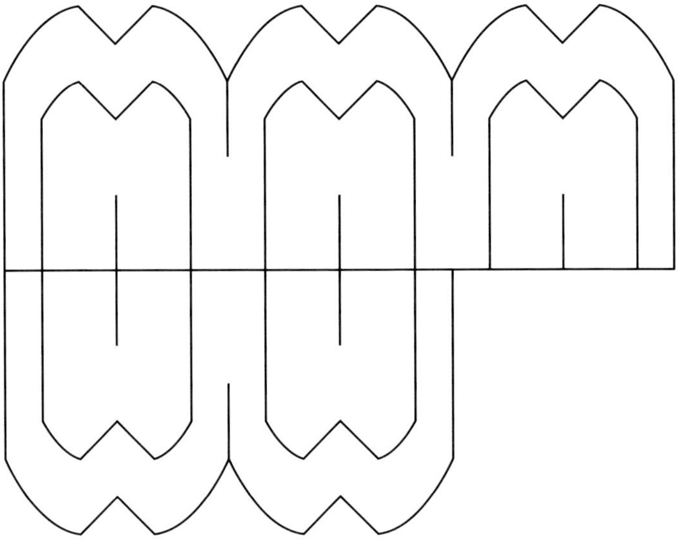

ちょうちょ①

作り方→ P.54

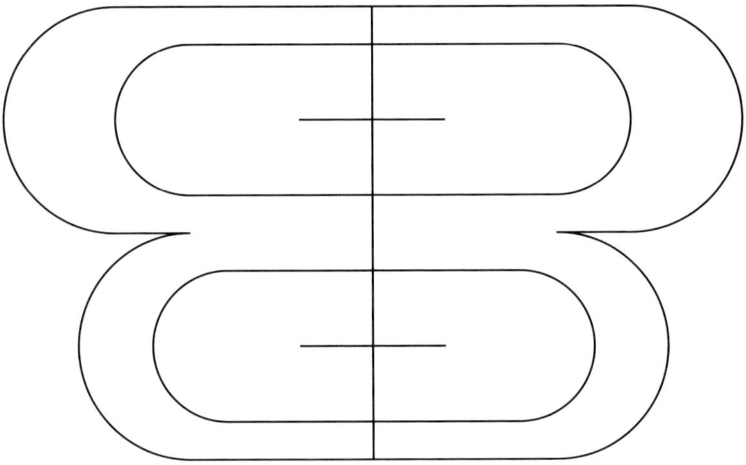

ちょうちょ②

作り方→ P.55

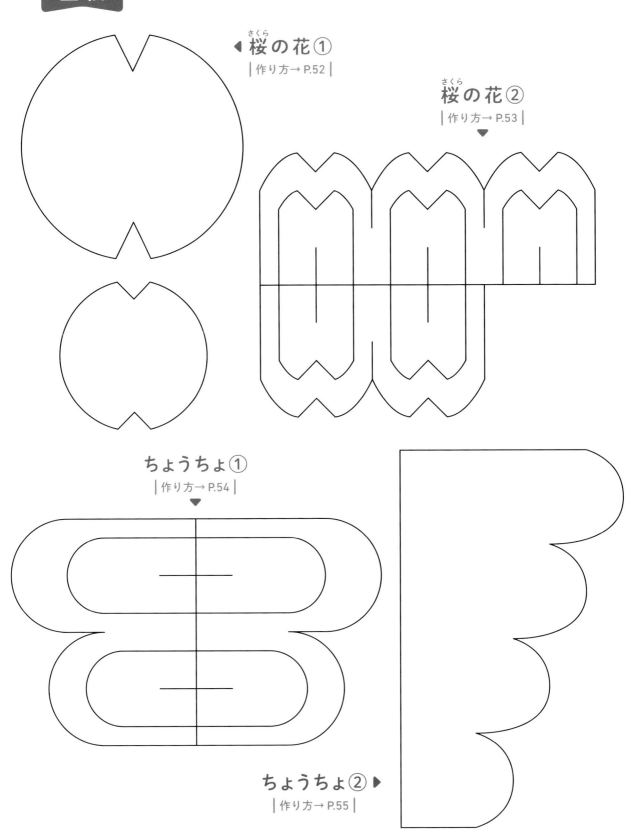

こいのぼりのガーランド

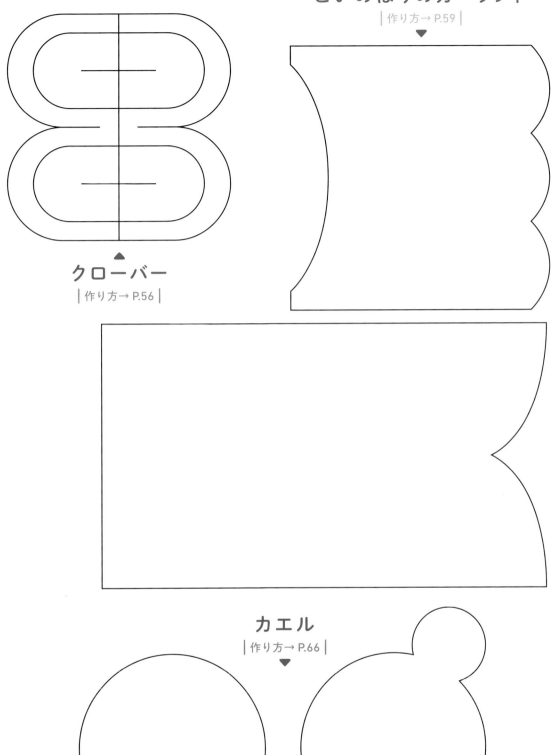

| 作り方→ P.59 |

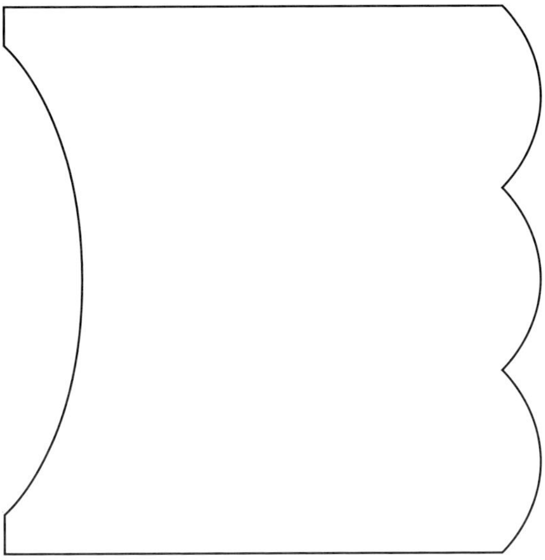

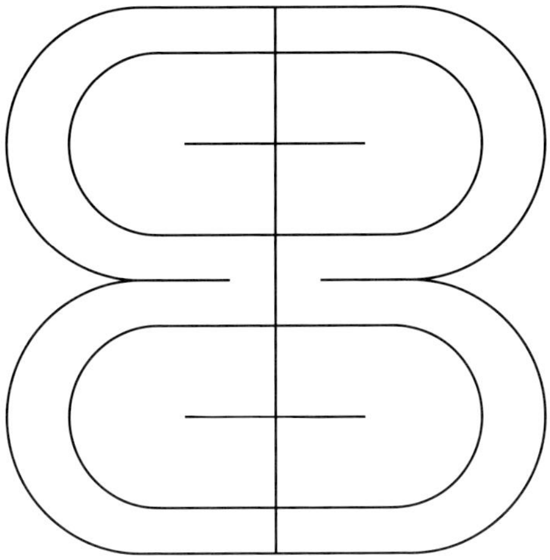

クローバー

| 作り方→ P.56 |

カエル

| 作り方→ P.66 |

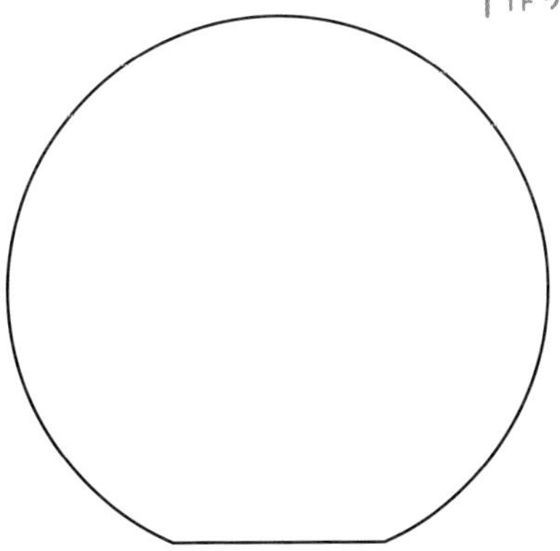

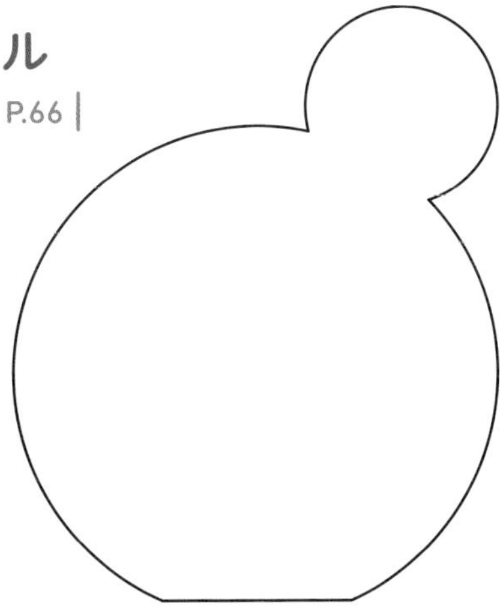

型《かた》紙《がみ》

ブドウ

|作り方→ P.84|

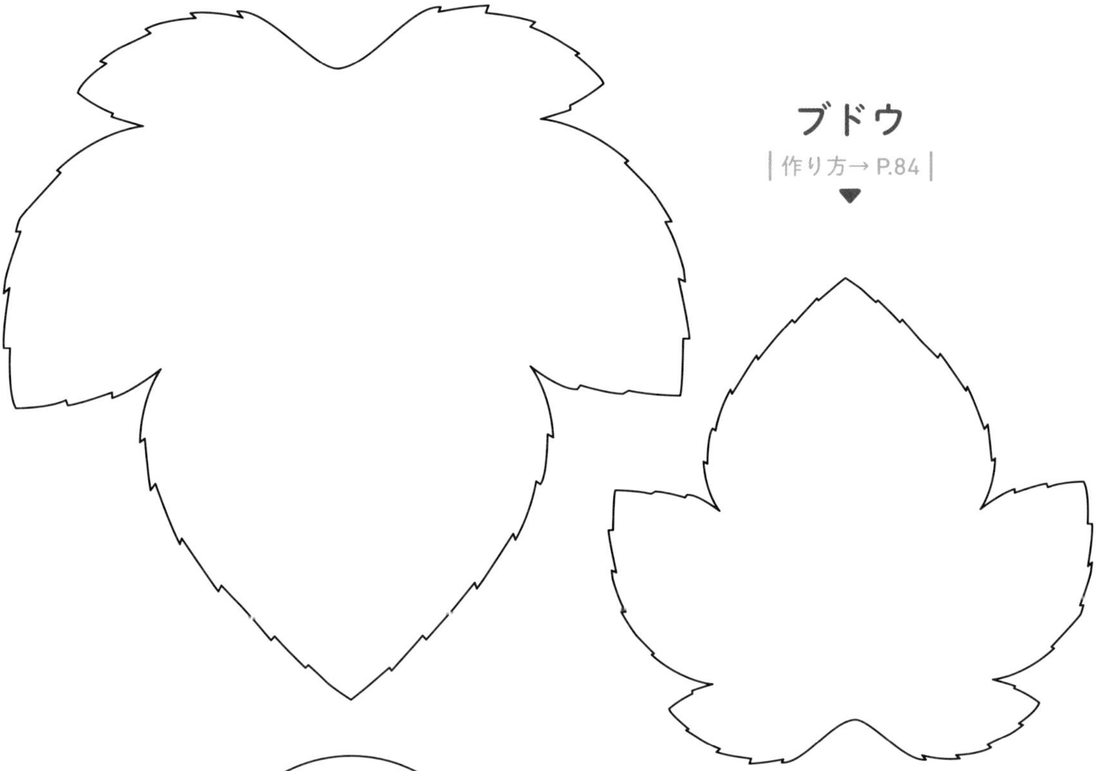

サボテン

|作り方→ P.88|

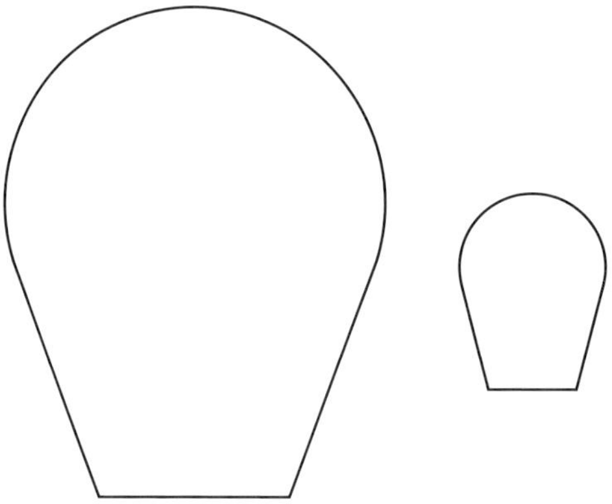

おばけ

|作り方→ P.92|

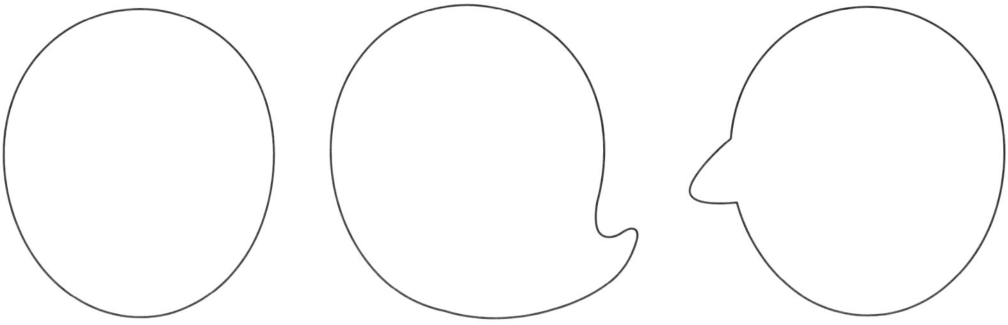

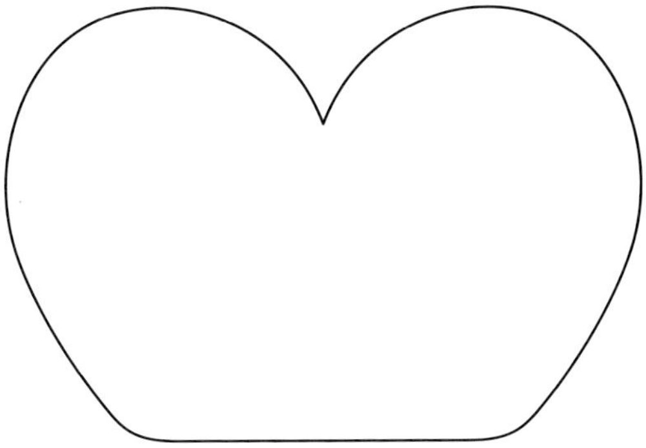

▲
カボチャ
| 作り方→ P.93 |

りす
| 作り方→ P.99 |
▼

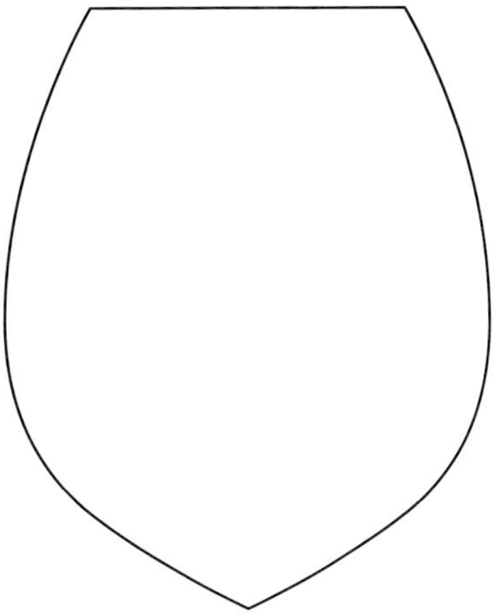

▼ 直径《ちょっけい》2～10㎝の円です。コンパスがない場合に、お使いください。

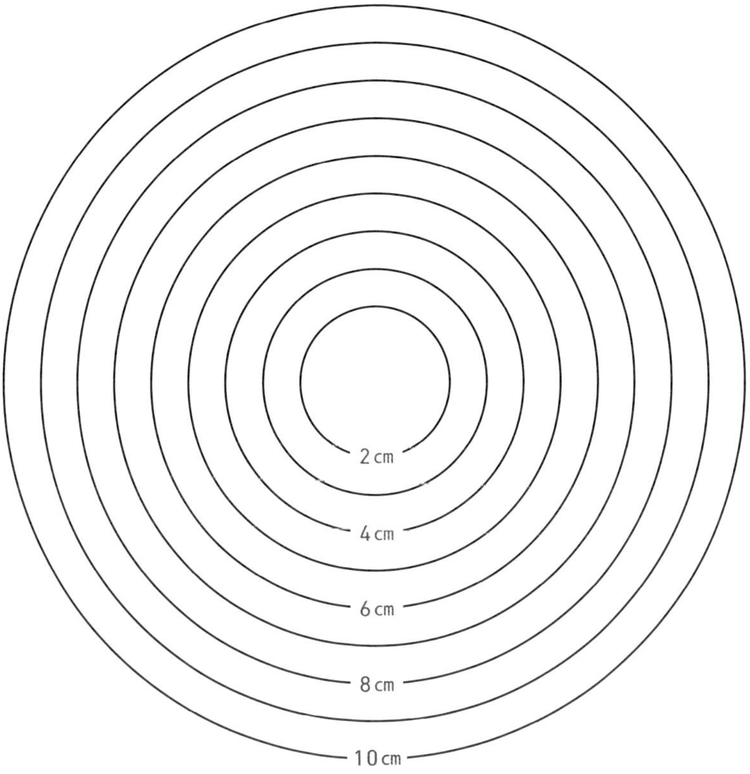

型《かた》紙《がみ》

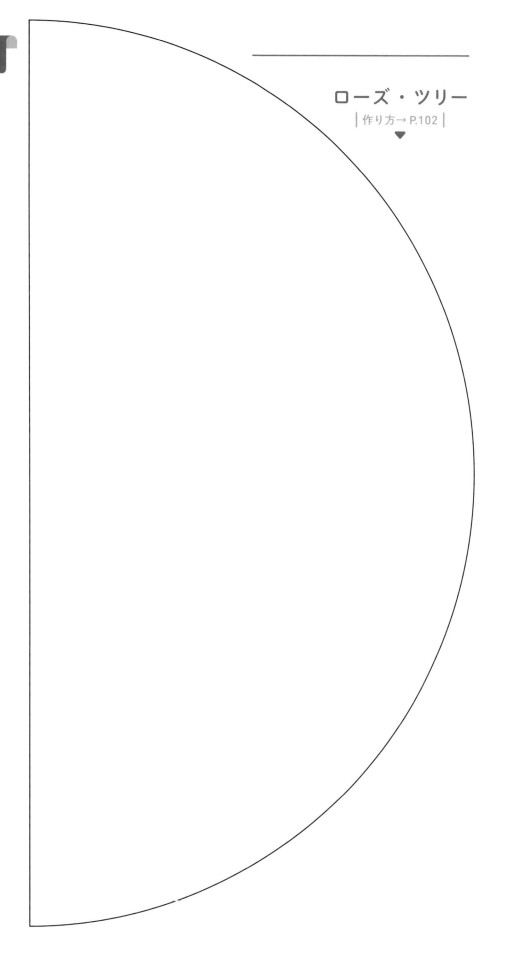

ローズ・ツリー

作り方→ P.102

ガイド線

アイスクリームを作るときに、画用紙を貼《は》り合わせるガイドとしてお使いください。

アイスクリーム

|作り方→ P.80|

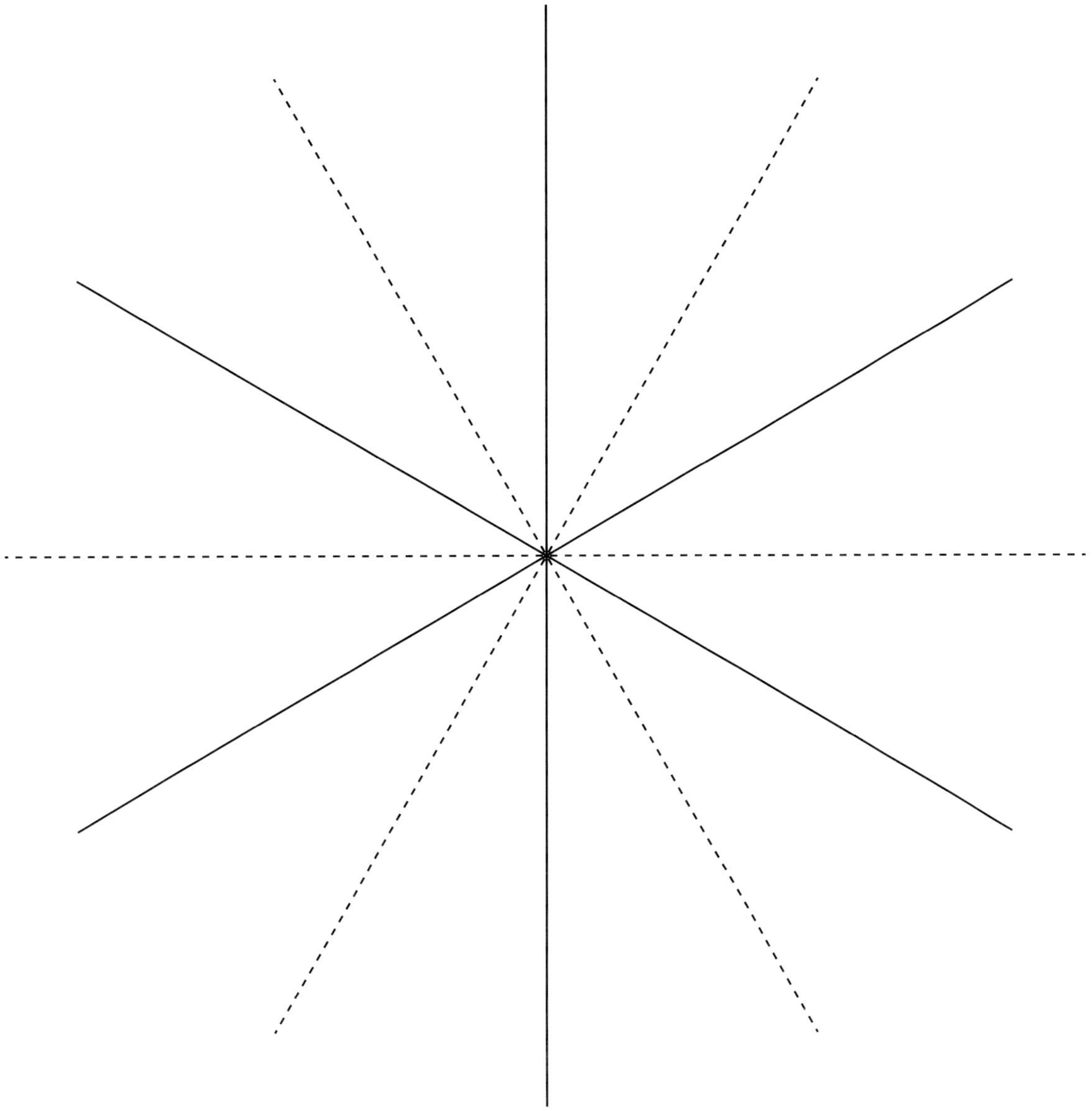

うさミミcraft

2017年7月にYouTubeで活動を始め、現在（2020年12月）では登録者数19万人を誇る。
「かわいく」「簡単に」「安く」をモットーとして、画用紙をメインに使うペーパークラフトや、布を使ったハンドメイド作品、お花紙のペーパーフラワーなど独自の発想でものづくりを展開し、季節に合った作品を投稿している。
作品数は、代表作である「（ペーパーポンポン）簡単！かわいい蝶々の作り方」「（画用紙）夏の飾り　簡単で可愛い風鈴の作り方」「（ペーパーフラワー）可愛い！コピー用紙で桜の花の作り方」などを含め280を超える。
YouTubeチャンネル　うさミミcraft

STAFF

装丁・本文デザイン	細山田光宣、狩野聡子（細山田デザイン事務所）、横村 葵
DTP	株式会社明昌堂
撮影	長谷川梓
スタイリング	古瀬絵美子
ライティング	明道聡子
ライティング協力	今泉ナオ
校正	麦秋新社
編集	田中悠香（ワニブックス）

※動画の視聴には、インターネット接続が必要です。
別途通信料がかかり、お客様のご負担となります。

紙1枚からこんなにかわいい！

うさミミcraftの
おうちでクラフト12か月

2020年12月15日　初版発行
2021年11月1日　2版発行

著者　うさミミcraft

発行者　横内正昭

編集人　青柳有紀

発行所　株式会社ワニブックス
〒150-8482
東京都渋谷区恵比寿4-4-9 えびす大黒ビル
電話　03-5449-2711(代表)
03-5449-2716(編集部)
ワニブックスHP　http://www.wani.co.jp/
WANI BOOKOUT　http://www.wanibookout.com/

印刷所　凸版印刷株式会社
製本所　ナショナル製本

ISBN978-4-8470-9993-9